Das Leben des Verfassers ist ein überzeugendes Beispiel für die Richtigkeit der von ihm vertretenen Erfolgsprinzipien. Er fing als Lehrling mit monatlich fünfundvierzig Dollar an und brachte es zum Präsidenten von acht namhaften Konzernunternehmen und zum Erfolgsberater von hundertzwei bedeutenden Firmen und »führenden Köpfen« Amerikas. Mit fünfzig aber zog sich der Ratgeber amerikanischer Wirtschaftsprominenz zurück, gründete »The Success Foundation«, eine wohltätige Stiftung zur Begabtenförderung, und verfaßte vier Schlüsselwerke bewährter Erfolgsmethoden, durch die er – im Sinne seines Anliegens – der Erfolgsberater nicht nur von über hundert Firmen, sondern auch von Millionen Menschen geworden ist.

Von M. R. Kopmeyer sind außerdem als Knaur-Taschenbücher erhältlich:

»Lebenserfolg« (Band 7682)
»Persönlichkeitsbildung« (Band 7683)
»Wohlstandsbildung« (Band 7684)

Vollständige Taschenbuchausgabe
Droemersche Verlagsanstalt Th. Knaur Nachf., München
Lizenzausgabe mit freundlicher Genehmigung des Ariston Verlages, Genf
Titel der Originalausgabe »How to Get Whatever You Want«

Aus dem Amerikanischen von Christine Wessely

Umschlaggestaltung Adolf Bachmann
Gesamtherstellung Ebner Ulm
Printed in Germany 6 5
ISBN 3-426-07685-3

M. R. Kopmeyer: Wunscherfüllung

So bekommen Sie, was Sie sich wünschen

Knaur®

×+

Dies ist Ihr persönliches
Erfolgssymbol.
In dem vorliegenden Buch werden Sie
die Bedeutung des Zeichens erfahren
und seine Anwendung kennenlernen.

Inhaltsverzeichnis

Kapitel 1

Sie sind zum Erfolg geboren

Sie sind zum ERFOLG geboren! ERFOLG ist ein Naturgesetz!

ERFOLG ist ein natürlicher *Drang, dem alles Leben auf unserer Erde gehorcht.* Pflanzen suchen instinktiv nach Nahrung, Feuchtigkeit und allem, was sie sonst noch zum Wachsen brauchen – und sie haben damit Erfolg. Gäbe es den Erfolgsinstinkt nicht, gäbe es keine Pflanzen. Tiere suchen instinktiv nach Nahrung, Wasser und Geschlechtspartnern. Ohne den Erfolgsinstinkt, der ihnen verschafft, was sie brauchen, gäbe es keine Tiere.

Die Menschen, die ja auf einer höheren Entwicklungsstufe stehen als Pflanzen und Tiere, haben einen viel weiter entwickelten Erfolgsinstinkt. Die Menschen, und zwar alle Menschen – auch Sie – wurden mit diesem natürlichen Instinkt geboren, mit dem Trieb, *dem Drang, alles zu bekommen, was sie brauchen und sich wünschen.*

Dennoch versagen manche Menschen. Warum wohl?

Sicher nicht, weil das von der Schöpfung so vorgesehen wäre. Die Natur hat alle Menschen für den Erfolg geschaffen und dafür, daß sie in Übereinstimmung mit dem Naturgesetz alles erreichen, was sie benötigen. Manche Menschen scheitern aber trotzdem. Sie gebrauchen ihren natürlichen Erfolgsinstinkt nicht, mit dem sie von Geburt an ausgestattet sind.

Schon *die Tatsache, daß Sie Erfolg haben möchten* – nur das ist schließlich der Grund, warum Sie dieses *»Schlüsselwerk bewährter Erfolgsmethoden«* lesen –, ist der positive Beweis dafür, daß Ihr Erfolgsinstinkt sehr stark ausgebildet und imstande ist, *Ihnen zu verschaffen, was immer Sie wünschen . . . und zwar jetzt, sofort!*

Ein bekanntes Sprichwort sagt: »Wenn einer lernen will, findet er auch einen Lehrer.«

Sie sind nun soweit, daß Sie lernen wollen, wie man bekommt, was man sich wünscht. Der »Lehrer«, den das Sprichwort meint, ist auch zur Stelle, wie versprochen: *dieses Buch.*

Es wird Ihnen genau zeigen, wie Sie es anfangen müssen!

Kapitel 2

Dieses Buch ist für Sie . . . gerade für Sie!

Es ist der ZWECK DIESES BUCHES, Ihnen zu sagen, *wie Sie bekommen können, was immer Sie sich wünschen.*

Damit wir uns nicht mißverstehen: Wenn Sie lesen, daß »Sie« gemeint sind, dann betrifft das wirklich *Sie*, Ihre Person! Dieses Buch bietet Ihnen bewährte Erfolgsmethoden, die *Sie* brauchen, um zu bekommen, was *Sie* sich wünschen.

Dieses Buch wurde *für Sie* geschrieben, egal wer Sie sind, ganz gleich, wo Sie leben oder wie alt Sie sind; ganz gleich auch, wie es mit Ihrer Lebenseinstellung, mit Ihrer bisherigen Ausbildung (oder mangelnden Ausbildung) bestellt sein mag. Es richtet sich an Sie, ganz gleich, in welchen Lebensumständen Sie sich augenblicklich befinden, ob Sie arbeiten oder ohne Arbeit sind, ob Sie reich sind oder nur den mittleren oder bloß den unteren Einkommensschichten angehören, ganz gleich auch, ob Sie in einer Villa im Gartenviertel oder in einer Mietkaserne im schäbigsten Stadtviertel leben – *dieses Buch ist für Sie geschrieben, genau für Sie!*

Die ERFOLGSMETHODEN, die Sie in diesem Buch kennenlernen werden, können von Ihnen angewendet werden, wer immer Sie sind. Es ist ganz unwichtig, *wer* Sie sind. Wichtig ist nur, daß Sie *künftig die Erfolgsmethoden einsetzen*, die es Ihnen ermöglichen werden, alles zu erreichen, was Sie sich wünschen.

Die Erfolgsmethoden dieses Buches können *von Frauen und Männern in jedem Alter* angewendet werden, von den Heranwachsenden über Menschen jeder Altersstufe bis zu den Senioren mit siebzig oder achtzig Jahren. Der Autor weiß von vielen Männern und Frauen über achtzig, die nicht nur für sich selbst die in diesem Buch vertretenen Methoden mit Erfolg anwenden, sondern auch viel Freude daran haben, sie weiterzugeben. Sie schenken das Buch ihren Kindern, Enkeln, Verwandten und Freunden. Auch an Organisationen, die ihnen geeignet schienen, haben manche es vergeben – bisweilen alle vier Bände dieses *»Schlüsselwerks bewährter Erfolgsmethoden«* zusammen*.

Ich erhalte übrigens oft Briefe älterer Menschen von siebzig und darüber, die mir schreiben, wie viel gerade sie von diesen Büchern profitieren, wie sehr sie ihnen helfen. Und dann heißt es meist: »Ich wünschte nur, ich hätte Ihre Bücher schon viele Jahre früher gelesen!«

SCHLUSSFOLGERUNG: Gleichgültig wie jung oder alt Sie auch sein mögen – freuen Sie sich, daß Sie dieses Buch nun in Händen halten. Ich möchte es nochmals wiederholen: *Dies ist Ihr Buch,* wo Sie auch leben mögen, in einer Großstadt, in einer kleinen Stadt oder in einem Dorf. Erfolg ist keine Frage des Ortes, sondern allein das Resultat Ihres Verhaltens, eines *Verhaltens, das Sie sich mit Hilfe der bewährten Erfolgsmethoden dieses Buches aneignen werden.* Denn Erfolg hängt nicht davon ab, wo Sie die gelernten Methoden einsetzen, sondern viel mehr davon, ob Sie diese erprobten Techniken anwenden – und wie wirkungsvoll Sie sie gebrauchen.

Dies ist Ihr Buch, völlig ungeachtet Ihrer persönlichen Herkunft. Es ist gottlob schon weitgehend Allgemeingut geworden, daß die Menschen nicht mehr nach ihrer Abstammung beurteilt werden oder sich ihrer Herkunft schämen müssen. Wir können es gar nicht oft genug sagen: *Diese Erfolgsmethoden sind für alle, und sie werden auch bei allen Menschen funktionieren – ohne Ausnahme.*

Dies *ist* Ihr Buch, Sie dürfen es ruhig glauben, ob Ihre bisherige Ausbildung nun bruchstückhaft ist (Sie haben vielleicht nicht einmal die Pflichtschule abgeschlossen) oder ob Sie einen akade-

* M. R. Kopmeyers *»Schlüsselwerk bewährter Erfolgsmethoden«* besteht aus folgenden vier Bänden:

- *Wunscherfüllung – So bekommen Sie, was Sie sich wünschen.*
- *Persönlichkeitsbildung – So werden Sie, was Sie sein möchten*
- *Lebenserfolg – So gelangen Sie an Ihre Ziele*
- *Wohlstandsbildung – So werden Sie reich und wohlhabend*

mischen Grad erworben haben. Der bekannte amerikanische Psychologe Dr. WALTER SCOTT, Präsident der berühmten Northwestern-Universität, behauptete: *»Erfolg oder Versagen ist viel eher die Folge unserer geistigen Einstellung als unserer geistigen Fähigkeiten.«* Und Ihre geistige Einstellung bestimmen Sie allein, wie Ihre Ausbildung auch aussehen mag.

Wenn Sie imstande sind, dieses Buch zu lesen, dann können Sie auch die einfachen, leicht durchführbaren Erfolgsmethoden anwenden, die in diesem Schlüsselwerk des Erfolges aufgezeigt werden. Schließlich ist es der alleinige Zweck dieses Buches, die Leser *einfach und problemlos zum Erfolg zu führen – und das schnell!*

Die Spitzenmanager der größten amerikanischen Konzerne gehen nach den in diesem Buch aufgezeigten Erfolgsmethoden vor – und das ist häufig auch genau der Grund, warum sie Aufsichtsratsvorsitzende, Generaldirektoren und Topmanager geworden sind. (Der Autor war vor seinem Übertritt in den Ruhestand selbst Präsident von acht Konzernen und Erfolgsberater für einhundertzwei Gesellschaften; er hat also persönliche Erfahrung sowohl in der Anwendung als auch in der Weitergabe seiner Erfolgsmethoden.)

Sie jedoch müssen keineswegs eine Spitzenposition bekleiden, wenn Sie von diesem Buch profitieren wollen, im Gegenteil, der Autor selbst war Lehrling, als er sein Erfolgsprogramm in Angriff nahm. *Vergessen Sie ruhig Ihre momentane Situation,* schließlich sollen Sie mit Hilfe unserer Erfolgsmethoden in die Lage versetzt werden zu erreichen, was immer Sie sich wünschen!

Nochmals: Daß Sie bekommen, was Sie sich wünschen, hängt keineswegs davon ab, *wer* Sie sind, *was* Sie sind oder *wo* Sie leben, sondern nur davon, daß Sie *beständig die Erfolgsmethoden anwenden,* die Sie auf den folgenden Seiten kennenlernen werden.

Dieses Buch beruht auf der altbekannten und unwiderlegbaren Beobachtung, daß die Flut nicht nur einige oder ganz spezielle Boote hebt, sondern *alle* Boote. Und mit der gleichen Gültigkeit wird dieses Buch *alle* seine Leser fördern – ohne Unterschied der Ausgangslage, der persönlichen Begabung oder der Gunst beziehungsweise Ungunst der Umstände. Dieses Buch wurde für jeden

Menschen geschrieben, der Erfolg haben will, insbesondere für den, der es bereits in der Hand hält wie *Sie!*

»Die Flut hebt alle Boote« – Dieses Buch wird *alle* seine Leser fördern.

Kapitel 3

Wie Sie alles bekommen, was Sie sich wünschen

Dieses Buch dient dem AUSSCHLIESSLICHEN ZWECK, Sie in die Lage zu versetzen, *alles zu bekommen, was Sie sich wünschen – was immer es auch sein mag.* Wir setzen als einzige Einschränkung voraus, daß es sich dabei um nichts Unmögliches handelt. Sie verstehen sicher, wie das gemeint ist: Es hat keinen Sinn, sich den Mond in die Tasche zu wünschen; aber wenn das, was Sie gerne erreichen möchten, überhaupt erreichbar ist, dann können Sie es auch erreichen. Sie erreichen es, *indem Sie die einfachen, leicht anwendbaren bewährten Erfolgstechniken beherzigen,* die wir Ihnen aufzeigen werden. Sie haben ein einmaliges Erfolgsprogramm in einundsiebzig Kapiteln vor sich, das Ihnen Glück, Liebe, Erfolg, Wohlstand, – wenn Sie sich das wünschen – oder Einfluß, Beliebtheit, Macht, Ruhm – was immer Sie sich wünschen – einzubringen vermag.

Es ist tatsächlich leicht und einfach, alles zu erreichen, was Sie erreichen wollen. Es ist weder Schwieriges noch Kompliziertes dabei. Jeder kann dieses Erfolgsprogramm in Angriff nehmen – auch Sie, wie gesagt, vor allem Sie.

Um alles zu bekommen, was Sie sich wünschen, ist dreierlei nötig:

1. Sie müssen wissen, *was* Sie machen wollen – und dieses Buch wird Ihnen in klaren, leichtfaßlichen Erklärungen zeigen, was das ist.
2. Sie müssen wissen, *wie* Sie es machen sollen – und dieses Buch wird Ihnen die einfachsten, leichtesten und schnellsten Erfolgsmethoden zur Verfügung stellen.

3. Sie müssen diese einfachen bewährten Erfolgsmethoden *anwenden,* und zwar ständig. Aber Sie werden feststellen, daß es viel bequemer ist und dazu noch mehr Spaß macht, diese Techniken anzuwenden, als die unerfreulichen Auswirkungen ständigen Mißerfolges zu durchstehen.

Ob Sie es glauben wollen oder nicht, es sind wirklich nur diese drei Punkte, die über Ihren Erfolg entscheiden: erstens, daß Sie wissen, was Sie tun müssen; zweitens, daß Sie wissen, wie Sie vorgehen sollen; und daß Sie, drittens, Ihr Wissen auch in die Tat umsetzen – *es gibt keinen anderen Weg!*

Dieses ganze umfangreiche Buch dient allein dem Zweck, Ihnen diese drei Dinge nahezubringen: es zeigt Ihnen zuerst das *Was,* dann das *Wie* und schließlich, als das Wichtigste, es motiviert Sie, daß Sie das Notwendige auch *tatsächlich tun,* und zwar so einfach, rasch und mühelos wie möglich. So werden Sie erreichen, was immer Sie sich wünschen, und zwar auf dem schnellsten Weg.

Es handelt sich dabei um einen reinen Lernprozeß. Sie werden keine Zauberkraft erlangen; Zauberkraft ist Illusion, aber kein Weg zum Erfolg. Dieses Buch wird Ihnen allerdings dazu verhelfen, sich *eine persönliche Kraft und eine bezwingende Ausstrahlung* anzueignen, die Sie nie in sich vermutet hätten – Qualitäten, die Ihnen die leicht erlernbaren und ebenso leicht anwendbaren Erfolgsmethoden der Motivationspsychologie, psychologisch begründeter Persönlichkeitsentwicklung und psychologisch richtiger Menschenbeeinflussung verschaffen werden.

Sie werden es an sich selbst erleben: Dieses PROGRAMM BEWÄHRTER ERFOLGSMETHODEN wird Sie in die Lage versetzen, *alles zu bekommen, was Sie sich wünschen,* indem Sie erfahren, wie Sie vorgehen müssen, zielführend, rasch und im Vertrauen auf den sicheren Erfolg!

Kapitel 4

Zu wissen – was!

Die GRUNDVORAUSSETZUNG, die Sie erfüllen müssen, um zu bekommen, was Sie wollen, ist zu wissen, was Sie wollen. *Sie müssen wissen, was Sie wollen!*

Keine genaue Vorstellung davon zu haben, was man will, das ist, als ob man auf eine Reise ginge, ohne das Reiseziel zu kennen, ohne zu wissen, wie weit es entfernt ist und welchen Weg man nehmen soll. Die Aussicht, ein Ziel zu erreichen, indem man, ohne zu wissen wie lange, auf einer unbekannten Straße dahinrollt, ist illusorisch; meinen Sie nicht auch?

Was *Sie* wollen, das ist in unserem Fall Ihr Reiseziel oder besser gesagt: Ihr LEBENSZIEL. Es ist klar: *Niemand kann an ein Ziel kommen, das er nicht hat.* Sie müssen also wissen, was Sie wollen.

Viele Menschen bleiben einfach deshalb erfolglos, weil sie nicht wissen, was sie wollen. So stolpern sie ziellos durchs Leben und *halten nach irgend etwas Ausschau – aber wonach?* Das eben wissen sie nicht. Sie wandern ziemlich hoffnungslos im Kreis herum, nur um sich letztlich immer wieder dort zu finden, wo sie angefangen haben. Dann versuchen sie es einmal anders: sie stürzen kühn heraus – aber in die falsche Richtung. Sie glauben aufzusteigen, und in Wirklichkeit sinken sie nur immer tiefer. Was sie als »unerhörte Chance« sehen, die sie hinauf- und weiterbringen sollte, erweist sich allzuoft als entmutigender, trauriger Fehlschlag. Sie wissen genau, daß sie etwas möchten, daß sie sich nach etwas sehnen, nach irgend etwas – nur wissen sie eben nicht, was es ist.

Beginnen Sie gleich jetzt, darüber nachzudenken, was Sie wollen. Sie müssen sich nicht sofort entscheiden. Lassen Sie sich ruhig Zeit. Aber überlegen Sie weiter, während Sie unser Buch lesen. Denken Sie jedoch nicht nur daran, wenn Sie lesen, sondern auch sonst, wenn Sie ein bißchen Zeit zur Selbstbesinnung haben. Wann immer Sie eine Atempause einschalten, aber auch wenn Sie mit manuellen Tätigkeiten beschäftigt sind, die es Ihnen gestatten, Ihre Gedanken wandern zu lassen. Sooft Sie können, ja geradezu unaufhörlich sollten Sie sich fragen: »Was will ich?«

Doch versuchen Sie, nur an jene Wunschvorstellungen zu denken, die Ihnen tatsächlich wichtig sind, die ein echtes Lebensziel darstellen. Was wollen Sie? Ist es Glück, Liebe, Erfolg? Ist es Wohlstand, Einfluß, Macht? Oder eher Popularität und Ruhm? *Was wollen Sie mehr als alles andere im Leben?*

Sie können einige oder alle diese ZIELSETZUNGEN verwirklichen – und andere mehr. Aber Sie müssen *sich entscheiden, welche Ziele Sie haben.*

Wenn Sie fortfahren, sich diese Frage zu stellen, werden Sie bestimmt ziemlich genau wissen, *was* Sie sich wirklich wünschen, *was* Sie wirklich wollen, sobald Sie dieses Buch zu Ende gelesen haben. Denn in den einundsiebzig Kapiteln erhalten Sie Entscheidungshilfen für diese wichtige Fragestellung und erfahren sodann, *wie Sie erreichen können, wofür Sie sich entschieden haben.* Was immer es auch sein mag: Sie können es bekommen!

Schon weil Sie wissen, daß Sie an Ihre Ziele kommen können, werden Sie leichter feststellen, welche Ziele Sie haben. Und wenn Sie einmal klar sehen, *was* Sie im Leben am meisten anstreben, dann *haben Sie den ersten Schritt bereits gemacht, um es auch zu erlangen.*

Kapitel 5

Sich zu entscheiden – wofür!

Zu bekommen, was man sich im Leben wirklich wünscht, ist zunächst einfach eine FRAGE DER RICHTIGEN WAHL. Man muß sich entscheiden, was man alles will und in welcher Reihenfolge, und dann muß man lernen, wie man es bekommen kann.

Ob es Ihnen nun bewußt ist oder nicht, Tatsache ist, daß Sie ununterbrochen gezwungen sind, Entscheidungen zu treffen, zwischen verschiedenen Möglichkeiten zu wählen. Sie müssen sich ständig entschließen, ob Sie *dies oder das* tun wollen oder ob Sie vielleicht lieber *gar nichts* tun möchten. Das einzige, das Sie nicht tun können – niemals – ist, sich nicht zu entscheiden, keine Wahl zu treffen. Das gibt es im Leben nicht. Sogar der Entschluß, *nichts* (wirklich nichts) zu tun, ist ebenso ein Entschluß wie die Entscheidung, *etwas* zu tun.

Aber mit der Entschließung, nichts zu tun, haben Sie bereits eine Wahl getroffen, die darüber entscheidet, ob Sie bekommen, was Sie sich wünschen, oder nicht. Wenn Sie nichts tun, bekommen Sie nichts. *Indem Sie nichts tun, bekommen Sie nichts.* Fragen Sie einen Menschen, der allgemein als Versager gilt. Er könnte Ihnen in diesem Zusammenhang eine Menge erzählen!

Sie können der Notwendigkeit nicht entkommen, *andauernd zu wählen, sich ständig zu entscheiden.* Wenn Sie eine fällige Entscheidung hinauszögern oder ihr ängstlich aus dem Weg zu gehen versuchen, wählen Sie in Wirklichkeit doch: nämlich die Untätigkeit. Und damit, wir sagten es schon, haben Sie eine Entscheidung getroffen, die Ihr Leben ebensosehr oder noch stärker beeinflussen kann wie der Entschluß, etwas Bestimmtes zu tun. *Wer nichts tut, kann nichts werden!*

Wenn Sie sich aber einmal entschlossen haben, etwas zu werden (erfolgreich, berühmt, wohlhabend, glücklich usw.), müssen Sie logischerweise etwas tun – und damit stehen Sie vor der Wahl, welchen der verschlungenen Pfade des Lebens Sie einschlagen wollen.

Sie müssen wählen, welche Handlungen Sie setzen, welchen Menschen Sie sich anschließen und welche Anliegen Sie vertreten wollen. Sie müssen sich entscheiden, welche Stellung Sie antreten wollen und in welcher Stadt, in welcher Gegend Sie wohnen, mit welchem Partner Sie auf welches Lebensziel hinsteuern wollen! Sie müssen wählen!

Diese ENTSCHEIDUNGEN kann niemand für Sie treffen – nicht dieses Buch, nicht Ihre Umwelt, niemand und nichts. *Sie selbst müssen sich entscheiden!* Es sind Ihre ureigensten persönlichen Entscheidungen.

Aber dieses Buch kann Ihnen dabei wertvolle Unterstützung bieten. Es ist ein Erfolgsprogramm bewährter Methoden und Techniken, die Ihnen die ständig anfallenden *Entscheidungen des Lebens erleichtern* werden. Dieses Buch hilft Ihnen, im Einzelfall die Wahl zu treffen.

Mit diesem Wissen ausgestattet aber können Sie erfolgreich darüber entscheiden, wie Sie bekommen können, was Sie sich wünschen. Das nächste Kapitel wird Sie über dieses Wie informieren!

Kapitel 6

Zu wissen – wie!

In den beiden vorstehenden Kapiteln wurde die Notwendigkeit betont zu wissen, was man will, und zu entscheiden, für welche Ziele man lebt.

Wenn ein Mensch nicht weiß, was er will, hat er kein Lebensziel, das er anstreben kann. Wenn er nicht weiß, wofür er sich entscheiden soll, führt seine Suche nach einem befriedigenden, lohnenden Leben in die Irre. Aber auch wenn er weiß, *was* er will und *wofür* er sich entschieden hat, garantiert das noch nicht, daß er erreicht, was er im Leben erreichen will.

Man muß auch *wissen, wie man vorgehen soll!* Unser Buch ist ein Wegweiser zum Erfolg. Es sagt Ihnen in klaren, einfachen Worten, wie Sie alles bekommen, was Sie sich wünschen. Und dieses Buch verrät Ihnen auch, wie Sie vorgehen müssen: Es ist die sichere, vielfach erprobte und wirksame Methode der ERFOLGSPSYCHOLOGIE.

Dies sind die drei wichtigen Zweige der Erfolgspsychologie:

1. Sie werden die *Motivationspsychologie* dafür einsetzen, sich selbst zu einer dynamischen und erfolgreichen Handlungsweise zu motivieren – und Sie werden imstande sein, auch andere Menschen zu bewegen, sich für Sie einzusetzen und Ihnen zu helfen, daß Sie bekommen, was Sie sich wünschen. Mit Hilfe der Motivationspsychologie *werden Sie in Schwung kommen und andere Menschen durch die Kraft Ihrer Persönlichkeit anregen.*
   Die Antriebe der Motivationspsychologie werden Sie aus Ihrer augenblicklichen Lage herausreißen und Sie auf Erfolgskurs zu neuen Zielen bringen.

2. Die Techniken, die Sie in den folgenden Kapiteln kennenlernen werden, sollen Sie auch befähigen, sich mit Hilfe der *psychologisch begründeten Persönlichkeitsentwicklung* zu verändern, und zwar auf leichte, rasche und für Sie vorteilhafte Art. Sie werden sich wundern, wie rasch Sie verschiedene persönliche Veränderungen an sich selbst werden feststellen können. Lesen Sie die nächsten Kapitel sorgfältig.
   Ihre Familie, Ihre Freunde, Ihr Arbeitgeber, alle Menschen, auf die Sie gerne Eindruck machen möchten, werden sofort feststellen, daß Sie sich verändert haben – von dem Moment an, an dem Sie begonnen haben, die wahrhaft verblüffenden Methoden zur Persönlichkeitsentwicklung anzuwenden. Nur indem Sie *sich selbst weiterentwickeln,* können Sie alles erhalten, aber auch verdienen, was Sie anstreben: Glück, Liebe, Erfolg, Wohlstand, Einfluß, Macht, Beliebtheit, Ruhm oder was immer Sie sich im Leben wünschen mögen. Doch niemand kann Ihnen diese großen Dinge schenken. *Sie müssen sie sich selbst verdienen,* und Sie müssen sich entschieden für sie einsetzen. Auf den folgenden Seiten erfahren Sie, wie Sie durch eigene Persönlichkeitsentwicklung auf psychologischer Grundlage in die Persönlichkeit verwandelt werden, die alles das verdient und auch bekommt, was sie sich wünscht.
3. Um Ihren persönlichen Erfolg zu sichern, werden Sie auch die wirkungsvollen Methoden der *psychologisch richtigen Menschenbeeinflussung* kennenlernen. Mit ihrer Hilfe werden Sie lernen, wie Sie andere Menschen leicht überzeugen und bewegen können, Ihnen bereitwillig und sogar freudig dabei zu helfen, daß Sie Ihre Ziele erreichen.

Sie können die Hilfe und Bereitschaft anderer Menschen zur Mitarbeit jedoch nicht mit Druck oder Gewalt erzwingen. *Druck erzeugt Widerstand! Gewalt erzeugt Feinde!* Und genau das – Widerstand und Feindschaften – sind Faktoren, die Sie auf Ihrem Weg nach oben nicht brauchen können. Sie können aber mit Sicherheit die bereitwillige Hilfe und sogar die freudige Mitarbeit anderer für sich gewinnen, indem Sie sich der psychologisch richtigen Menschenbeeinflussung bedienen: Sie können Ihre Mitmenschen so beeinflussen, daß sie aus eigener Überzeugung tun, was Sie sich von ihnen wünschen. In den folgenden Kapiteln sollen Sie genau erfahren, wie Sie dabei vorzugehen haben.

Von dem Zeitpunkt an, da Sie dieses Buch lesen, werden Sie selbst eine neue Art Ausstrahlung bekommen: *die selbstsichere, mitreißende Ausstrahlung, zu der die Erfolgspsychologie jedem ihrer überzeugten Verfechter verhilft.* Das mag Ihnen als große Versprechung erscheinen; aber Sie werden den Unterschied an sich selbst feststellen, indem Sie bemerken, daß Sie tatsächlich erfolgreich auszusehen beginnen, daß Sie sich *verhalten, wie jemand, der gewohnt ist, Erfolg zu haben* – und schließlich werden Sie wirklich und wahrhaftig *erfolgreich sein.* Durch die Anwendung der Methoden der Erfolgspsychologie werden Sie den Erfolg, das Gelingen all Ihrer Unternehmungen und Pläne, geradezu anziehen wie ein Magnet; und als ob Sie magnetisiert wären, wird Ihnen zufallen, was Sie sich wünschen.

Dieses Erfolgsprogramm wird Ihnen die Mittel dazu in die Hand geben. Sie beginnen damit, Energie zu verströmen – wie ein Vulkan.

Kapitel 7

Energie wie ein Vulkan!

Ein hoher Berg bietet ein eindrucksvolles Bild, wenn Sie ihn zum erstenmal sehen. Nachdem Sie sich aber einmal an seinen Anblick gewöhnt haben, oder sogar an den Anblick einer ganzen Bergkette, bei der sich ein Gipfel an den anderen reiht, verliert das Bild leicht an Reiz, ja es kann geradezu monoton werden; Ihr Berg wird ein Berg von vielen, ein Teil der Landschaft, ein Berg neben Bergen, mitten unter Bergen.

Da erhebt er sich also, ein Berg wie alle anderen – still und ein bißchen langweilig.

Und nun stellen Sie sich daneben einen VULKAN vor!

Ein Vulkan ist ein Berg, der sichtbar *mit Energie geladen* ist; er erregt den Betrachter, er wird geradezu lebendig, er leuchtet, er bietet Handlung, er ist als Berg eine *unverwechselbare, eindeutige Persönlichkeit.*

So müssen auch *Sie* wirken! Seien Sie nicht einfach ein Teil der Landschaft – unter Menschen würden wir wohl besser sagen: weder ein Teil der Menge noch nur ein Mitglied einer bestimmten Gruppe (Sie wissen schon: die Bergkette!), noch bloß irgendein Angestellter wie alle anderen.

Seien Sie etwas Besonderes! Wie zum Beispiel ein Vulkan! Niemand kann einen Vulkan übersehen. Er ist eine Show mit nur einem Hauptdarsteller: nämlich mit ihm selbst. Wenn Sie daher möchten, daß die Menschen in Ihnen etwas Besonderes sehen, dann *müssen Sie eine Persönlichkeit sein, die man nicht übersehen, nicht verwechseln kann.*

Werden Sie energisch, wachen Sie auf. Werden Sie jemand, der andere in Trab bringt und in Bewegung setzt. Fangen Sie Feuer und drehen Sie Ihre innere Flamme auf groß. Sie werden beginnen, Wärme auszustrahlen. *Werden Sie etwas, werden Sie zum Ereignis, werden Sie jemand!*

Die Menschen übersehen einen Vulkan nicht. Er ist schließlich nicht ungefährlich. Er versprüht nicht allein Funken und Flammenschein in die Luft, er birgt in sich eine ungeheure Hitze. Geschmolzene, rotglühende Lava ergießt sich, wenn er ausbricht, aus dem feurigen Schlund, und nichts kann sie aufhalten. Vernichtung und Tod droht allem, was sich ihr in den Weg stellt. Es ist die Beweisführung der Natur über die vernichtende Kraft einer sich manifestierenden ununterdrückbaren Hitze. Man kann nicht anders, als ihr Respekt zollen. Niemand kann der entströmenden, sich ausbreitenden und alles verzehrenden Hitze Einhalt gebieten oder Widerstand leisten.

Natürlich können und sollen Sie nicht die lebensbedrohliche Vernichtungskraft eines Vulkans auszustrahlen versuchen; das wäre weder wünschenswert noch zielführend, noch besonders menschlich. Aber Sie verstehen sicher, was wir mit diesem Bild sagen möchten: Wenn Sie Aufmerksamkeit erregen möchten, wenn Sie wünschen, daß man Ihnen mit Achtung begegnet, wenn Sie ungehindert vorwärtskommen wollen, dann *müssen Sie Energie verströmen – wie ein Vulkan.* Denken Sie immer daran, daß die Quelle seiner Kraft die Hitze ist, und *beweisen Sie Temperament!*

Kapitel 8

Seien Sie kein kalter Fisch!

Im letzten Kapitel haben wir das Bild eines Vulkans beschworen. Vielleicht lesen Sie es nochmals durch, bevor Sie dieses Kapitel beginnen. Würden Sie nun einmal einen Vulkan – mit einem KALTEN FISCH vergleichen?

Dieser Vergleich kann einen dauerhaften Einfluß auf Ihre Persönlichkeit bewirken. Vulkan – toter Fisch!

Haben Sie in letzter Zeit einen toten Fisch gesehen? Haben Sie einen kalten toten Fisch betrachtet, einen wirklich toten, wirklich kalten, einen tiefgefrorenen Fisch? Haben Sie versucht, ihm in sein kaltes, starres Auge zu blicken und mit ihm »in Kontakt zu treten«? Haben Sie einen Funken Zusammengehörigkeitsgefühl mit diesem kalten Fisch verspürt? Nein?

Rührt das etwa nur daher, daß Sie diesen toten Fisch nicht näher kannten? Sollten Sie vielleicht versuchen, mit einem *bestimmten* kalten Fisch bekannt zu werden, und würden Sie dann seine inneren Qualitäten schätzen lernen und etwas Wärme für ihn empfinden? Eilen Sie also ins nächste Fischgeschäft und suchen Sie sich dort *den* kalten Fisch aus, der Ihnen am freundlichsten und sympathischsten erscheint. Schauen Sie ihn nicht nur an. Kaufen Sie ihn, den freundlichsten kalten Fisch, den Sie im Laden finden können. Nehmen Sie ihn in die Hand. Sehen Sie ihm in die Augen. Versuchen Sie so ernsthaft wie möglich, mit ihm *persönlichen Kontakt aufzunehmen.* Versuchen Sie eine Beziehung zu dem kalten Fisch zu entwickeln, die Ihnen etwas bedeutet.

Sollten Sie aber (ich kann Sie verstehen!) nicht den Wunsch verspüren, Ihren ganz speziellen kalten Fisch zu kaufen, um mit ihm Kontakt aufzunehmen, dann stellen Sie sich zumindest vor, daß Sie es versuchen. Lassen Sie den kalten Fisch vor Ihrem geistigen Auge erscheinen und stellen Sie sich bitte die körperlichen Eindrücke einer Berührung mit ihm vor, die »tiefen Emotionen«, die Sie bei seiner Berührung durchfluten, oder die persönliche Beziehung, die sich *im direkten Augenkontakt* ergibt, wie ihn erfolgreiche Menschen so oft anwenden: Welcher Art sind nun Ihre Gefühle für den von Ihnen ausgesuchten, ganz speziell kalten Fisch?

Wenn Sie dies tatsächlich oder in der Phantasie durchgespielt haben, werden Sie auch verstehen, was wir Ihnen mit diesem trübseligen Vergleich sagen wollten: Seien Sie kein kalter Fisch!

Kapitel 9

Geysir oder Spritzpistole

In den vorangegangenen Kapiteln, in denen wir die Wirkung eines Vulkans mit der eines kalten Fisches verglichen haben, ist Ihnen sicher nicht entgangen, warum wir Ihnen diese Bilder nahebringen wollten: es ist eine Lektion in PERSÖNLICHKEITSENTWICKLUNG.

Dieses Thema wollen wir nun weiterführen. Allerdings wenden wir uns von der Frage von Wärme (oder Hitze) und Kälte ab, dem Problem von Kraft und Stärke zu – oder ihrem Nichtvorhandensein.

Wahrscheinlich haben Sie schon von dem wildromantischen Yellowstone-Nationalpark in den Vereinigten Staaten von Amerika gehört. Stellen Sie sich nun mit uns zusammen vor, daß wir Sie auf einer imaginären Reise dorthin begleiten. In einer großen Menge von schaulustigen Touristen aus aller Welt warten wir auf den Ausbruch des berühmten *Geysirs Old Faithful* (des »Alten Getreuen«, wie er wegen seiner regelmäßigen Eruptionen genannt wird). Und gleichzeitig stellen Sie sich bitte vor, daß Sie eine *Kinderspritzpistole* in der Hand halten. Und dann ist es soweit: Urplötzlich springt der riesige Geysir mit all seiner wunderbaren, ehrfurchtgebietenden Kraft in einer turmhohen, dampfenden und zischenden Wassersäule zum Himmel empor – eines der eindrucksvollsten *Schauspiele unbesiegbarer Naturkraft,* die Menschen je bestaunt haben. Zahllose Touristen aus aller Welt stehen in atemloser Bewunderung vor dieser großartigen Demonstration entfesselter Kraft . . . und jetzt sehen Sie einmal die Wasserpistole an, die Sie in der Hand haben. »Kühn« ziehen Sie den Abzugshahn – und aus der Mündung Ihrer

Spritzpistole kommt ein winziger Wasserstrahl, wird sogleich schwächer, tröpfelt nur noch – aus.

Also?

Also: Sie haben ja nun selbst den Unterschied zwischen einem mächtigen Geysir und so einem kleinen Spritzding gesehen. Beide Male sahen Sie die gleiche Materie in Aktion: Wasser. Doch mit welch unterschiedlichem Effekt!

Diesen Unterschied sollten Sie sich gut einprägen. Denn auch in Ihrem Leben sind Sie vor die gleiche Alternative gestellt: Wollen Sie lieber wie ein Geysir oder wie eine Kinderspritzpistole auf Ihre Umwelt wirken – mit demselben Material: *Ihrer eigenen Persönlichkeit.*

Sie können die eindrucksvolle Stärke eines großen Springquells gewinnen oder aber sich mit der traurigen Schwäche eines winzigen Strahls begnügen, der bald in einem müden, bodenwärts gerichteten Tröpfeln endet. *Die Wahl liegt bei Ihnen.*

Wenn Sie sich dafür entscheiden, lieber groß und eindrucksvoll als klein und schwach zu wirken, dann werden Sie im Folgenden Methoden und Techniken finden, die Ihnen helfen, Ihr Ziel zu erreichen.

Kapitel 10

Entschuldigungen für Versagen gibt es nicht!

Menschen, die es nicht geschafft haben, ihre Fähigkeiten in ERFOLGE umzumünzen, haben *immer Entschuldigungen parat.* Wie alle Gesetzesbrecher (solche Leute haben ja tatsächlich ein Gesetz gebrochen: das Erfolgsgesetz!) haben sie stets eine ihrer Meinung nach stich- und hiebfeste Erklärung für ihr Versagen.

Sie haben irgendein Handikap zu tragen, das sie eingebildet oder sogar wirklich – behindert. Und das ist »natürlich nicht ihre Schuld«. (Es ist *nie* ihre Schuld!) Damit wollen wir natürlich nicht behaupten, daß es nicht auch Menschen mit echten Behinderungen gibt. Selbstverständlich gibt es sie.

In gewissem Sinne aber ist jeder von uns irgendwie gehandikapt, bewußt oder unbewußt, stärker oder schwächer, und die Überwindung mancher dieser Behinderungen erfordert einige Anstrengung und Willenskraft. Dazu kommt noch, daß Behinderungen, die nur in der Vorstellung existieren, keineswegs leichter zu überwinden sind als rein körperlich bedingte. Schmerz ist Schmerz, und der Betroffene leidet darunter, ob die Beschwerden nun von einer physischen Verletzung *oder einem psychischen Abwehrmechanismus* herrühren. Kopfschmerzen sind scheußlich, mögen sie nun ihre Ursache in einer Überanstrengung der Augen oder in einer unterbewußten Alibifunktion haben, mit der man einer unangenehmen Aufgabe zu entkommen versucht. So oder so – der Kopf tut eben weh.

Und Kopfschmerzen sind nur ein harmloses Bespiel. Es gibt Menschen, die erblinden, teilinvalid oder komplett pflegebedürftig werden, die jede nur vorstellbare Krankheit erleiden, nur *weil ihr Unterbewußtsein diese körperlichen Symptome benutzt, um ihnen ein Alibi zu verschaffen* dafür, daß sie nicht tun, was sie eigentlich tun sollten: den Erwartungen ihrer Mitmenschen zu entsprechen.

Gelegentlich sind diese geistig oder gefühlsmäßig ausgelösten Schmerzen oder *psychosomatischen Leiden* auch Mittel der Selbstbestrafung für ein echtes oder eingebildetes Schuldgefühl, das tief ins Unterbewußtsein hinabgedrängt wurde – so tief, daß die Leidenden selbst die Ursache meist nicht erkennen und die Schuld auf etwas anderes schieben. Es gilt heute als erwiesen, daß zumindest die Hälfte (nach Meinung vieler Fachleute ein noch bedeutend höherer Prozentsatz) aller Krankheiten psychische Ursachen hat.

Seien nun unsere Handikaps eingebildet oder wirklich, physischer oder psychischer oder auch finanzieller Natur – wir alle haben sie zu tragen, und es liegt nicht in der Absicht des Autors, daß Sie deren Bedeutung unterschätzen sollten.

Statt dessen wollen wir Ihnen lieber zeigen, wie man Handikaps leichter »wegstecken« kann, wie Sie Ihre eigenen Behinderungen und Benachteiligungen überwinden können, ja mehr noch: *wie Sie Ihre Handikaps in ein Sprungbrett zum Erfolg umfunktionieren können.*

Wir werden Ihnen nun eine Reihe von wahren Geschichten erzählen, die wie Märchen klingen: von armen, kleinen Jungen, die Millionäre wurden, von Körperbehinderten, die Weltmeisterschaften gewannen, von Schwächlingen, die zu den stärksten Männern der Welt wurden, von einem tauben Musiker, der größte Symphonien der Musikgeschichte komponierte, von »alten« Männern, die, als sie eigentlich schon für den Ruhestand reif zu sein schienen, riesige Vermögen erwarben.

Doch was ist Ihre Lieblingsentschuldigung? Sie haben ein Handikap zu tragen, das Sie bremst? *Herzlichen Glückwunsch* – Sie können es nämlich dazu verwenden, mit seiner Hilfe wesentlich erfolgreicher zu werden, als Sie es sonst schaffen könnten. Sie werden allerdings als Rennläufer keine Chance haben, wenn Sie keine Beine haben. Falls Sie aber »nur« schwächlich sind oder sogar wenn Ihre Beine infolge eines Unfalles oder einer Krankheit verkrüppelt sein sollten, können Sie immer noch ein hervorragender Sportler werden. – Das trifft für alle Arten von Behinderungen zu! Das Buch der Rekorde ist voll mit Namen von Siegern, die unüberwindbar *scheinende* Handikaps meisterten.

Viele Behinderte sind so sehr entschlossen, ihr Schicksal zu überwinden, daß sie auf dem Wege der Überkompensation sogar weit mehr erreichen als »normale« Frauen und Männer.

Bitte denken Sie nicht, daß es Zynismus ist, wenn wir feststellen: *Ein Handikap kann Ihr größter Vorteil sein!*

ANETTE KELLERMAN war gelähmt und kränklich – und doch wurde sie Weltmeisterin im Tauchen und galt schließlich als eine Frau mit einer wundervollen Figur.

SANDOW begann als kränklicher Schwächling. Er trainierte und trainierte, bis er einen der vielleicht eindrucksvollsten Körper in der Geschichte der Menschheit hatte und als der stärkste Mann seiner Tage gelten konnte.

Einige Jahre später gelang dem bis zu seinem elften Lebensjahr schwächlichen und gelähmten GEORGE JOWETT etwas Ähnliches: Innerhalb von zehn Jahren erzielte er durch intensives Training eine so vollendete Muskulatur, daß er Weltmeister im Gewichtheben werden konnte.

Wenn *Sie unter einer körperlichen Behinderung leiden,* können Sie zweierlei tun:

1. Sie können sich selbst bemitleiden und erwarten, daß auch andere das tun, oder
2. Sie können Ihre Behinderung mit Willenskraft und Geistesstärke überwinden – und wenn Sie willens sind, den Preis in der Münze von hartem Training, systematischem Üben und schwerer Arbeit zu zahlen, können Sie sogar ein Meister werden, wie dies so viele andere Behinderte fertigbrachten.

Aber vielleicht sind Sie gar nicht körperbehindert? Vielleicht liegt Ihr Handikap in geringer Schulbildung oder in Ihrer Armut? Hören Sie sich die Geschichten einiger anderer armer Menschen an.

Da dieses Buch im amerikanischen Lebensbereich entstand, entstammen viele unserer Beispiele der Umwelt der USA, aber wir sind sicher, daß Sie einerseits von manchen der erwähnten Persönlichkeiten ebenfalls gehört haben und daß Sie andererseits uns glauben, daß sich leicht auch im europäischen Raum genügend Beispiele finden ließen, und daß Sie schließlich erkennen, worauf es bei den erwähnten Lebensgeschichten ankommt, auch wenn Ihnen der eine oder andere Name gänzlich unbekannt sein sollte.

Fangen wir gleich mit dem armen ANDREW CARNEGIE an. Dem armen Andrew Carnegie? Dem großen Stahlbaron, der so viele Millionen Dollar machte, daß er sie gar nicht schnell genug verschenken konnte, obwohl er freizugängliche öffentliche Bibliotheken in zahlreichen Großstädten der USA einrichtete? Nun, Andrew Carnegie war ursprünglich so arm, daß er anfangs für einen Monatslohn von vier Dollar arbeiten mußte.

JOHN D. ROCKEFELLER, der später einer der reichsten Männer der Welt werden sollte, begann mit einem wesentlich höheren Anfangsgehalt als Carnegie: Rockefeller verdiente sechs Dollar pro Woche!

Er war also ungleich besser bezahlt als HENRY FORD, der an seinem ersten Arbeitsplatz ganze zweieinhalb Dollar pro Woche erhielt!

Dann wäre da noch THOMAS ALVA EDISON zu nennen, der als Zeitungsverkäufer bei der Eisenbahn begann und der der größte Erfinder aller Zeiten wurde – und dabei erlitt er mehr experimentelle Fehlschläge (Sie haben richtig gelesen: Fehlschläge!) als irgendein anderer Mensch seiner Zeit. Aber jedesmal, wenn ihm ein Versuch mißlang, fand er heraus, was für den Fehlschlag verantwortlich war, bis schließlich seinem Experiment Erfolg beschieden war. Das ist ein sehr praktischer Weg zur Größe: *Pflastern Sie mit Fehlschlägen Ihren Weg zum Erfolg!* (Darüber werden Sie in einem späteren Kapitel noch Genaueres lesen.)

Aber kehren wir wieder zum Thema Armut zurück. In einem winzigen walisischen Dorf wurde D. A. THOMAS als Sohn bitterarmer Eltern geboren. Er war nicht nur arm, er war auch noch überaus zart. Daher begann er – was eigentlich alle besonders schwächlichen Menschen tun sollten und was einige von ihnen auch tatsächlich tun – mit einem harten sportlichen Training. Er wanderte viel, fuhr Rad und schwamm. Er war aber auch ein guter Boxer und wurde trotz seiner schwachen Augen Mittelgewicht-Champion von Cambridge. Und er trainierte sich auch im Geschäftlichen und gründete mehr als dreißig Gesellschaften. Er starb als vielfacher Millionär.

Ein anderer »schwächlicher kleiner Junge« erhielt so wenig regulären Schulunterricht, daß seine Mutter ihn unterrichten mußte. Er las Bücher, er verschlang sie, viele gute Bücher. Und auch er liebte das Experimentieren – so erfand er eines Tages die Dampfmaschine, die die industrielle Welt veränderte. Sein Name? JAMES WATT.

Und wahrscheinlich haben Sie auch von dem nichtsnutzigen kleinen Bauernbuben gehört, dessen Vater starb, noch bevor er geboren wurde. Seine Mutter mußte ihn mit einem unvorstellbar geringen Jahreseinkommen großziehen. Sie kennen ihn sicher: Es handelt sich um SIR ISAAC NEWTON, den Entdecker des Gesetzes der Schwerkraft.

Auch GEORGE F. JOHNSON war ein armer Mann. Er verdiente zwanzig Dollar pro Woche in einer kleinen Schuhfabrik, die schließlich auch noch bankrott ging. Der Hauptgläubiger war ein Mr. Endicott. Johnson gestand zwar, daß er kein Geld besaß, aber er »kaufte« von Endicott den halben Anteil an der bankrotten Firma für einen persönlichen Schuldschein über einhundertfünfzigtausend Dollar. Als Endicott-Johnson-Company wurde daraus die größte Schuherzeugung auf dem damaligen amerikanischen Markt.

Vor einer ganzen Reihe von Jahren lebte in den Vereinigten Staaten ein schwacher, lahmer, kleiner Bursche mit Namen ELIAS HOWE. Er war so arm, daß er und seine Familie die meiste Zeit buchstäblich Hunger litten. Er erfand die erste wirklich funktionstüchtige Nähmaschine, aber niemand wollte sie ihm abkaufen. Seine Werkstatt unter dem Dach des Hauses brannte ab. Seine Frau starb. Er aber gab nicht auf. Endlich gelang es ihm, erste Stücke seiner Nähmaschine zu verkaufen. Innerhalb von zwölf Jahren wurde Howe Millionär, da er trotz aller widrigen Umstände und Entmutigungen immer weitermachte.

MICHAEL FARADAY wurde als Sohn eines armen Schmiedes über einem Pferdeleihstall geboren. Nicht gerade ein sehr vielversprechender Start für den Begründer der Elektrizitätswissenschaft und einen der ersten Wissenschaftler seiner Zeit!

In einer winzigen Hütte in Virginia wurde JOSEPH FELS als Sohn armer Eltern geboren. Seine Schulbildung war noch armseliger als seine Lebensumstände. Er begann seine Karriere als

Vertreter für Seife. Unter größten persönlichen Opfern und mit äußerster Sparsamkeit legte er viertausend Dollar auf die Seite, mit denen er eine unbedeutende Seifenfabrik erwarb. Diese kleine Anlage entwickelte sich jedoch zu einem riesigen Unternehmen und brachte ihm schließlich viele Millionen ein.

ALICE FOOTE MACDOUGALL verkaufte an einem kleinen Kiosk in der Grand Central Station in New York Kaffee und Waffeln. Genaugenommen verkaufte sie die Waffeln nicht einmal; sie verschenkte sie vielmehr als Draufgabe zum Kaffee. Der Wert der Restaurant-Kette, die sich mit den Jahren aus dieser kleinen Bude entwickelte, wurde auf fünf Millionen Dollar eingeschätzt.

KING CAMP GILLETTE stammte aus einer kleinen Stadt im Staate Wisconsin. Als er siebzehn war, verlor sein Vater seinen ganzen Besitz durch einen Brand. Der junge Gillette war plötzlich ganz auf sich allein gestellt. Wie er seinen Weg machte? Sie haben doch vermutlich alle vom Gillette-Rasierapparat und den Gillette-Klingen gehört, nicht wahr?

Mit einem Barbesitz von eineinhalb Dollar (Sie haben ganz richtig gelesen!) kam ein junger Mann namens STEWART eines Tages in New York an. Seine einzige Chance, zu Geld zu kommen, lag in seiner Arbeitskraft. Und wie er arbeitete! Er machte ein kleines Geschäft auf, das schließlich unter dem Namen John Wanamaker Store zu einem der ersten ganz großen Warenhäuser in New York wurde.

Sowohl ANDREW JACKSON als auch ABRAHAM LINCOLN, zwei der bedeutendsten Präsidenten der Vereinigten Staaten, stammten aus allerbescheidensten Umständen und besaßen weder nennenswerte Schulbildung noch Beziehungen.

ULYSSES S. GRANT war als Geschäftsmann zunächst ein Totalversager. Mit neununddreißig Jahren war er so arm, daß er Klafterholz sägen mußte, um überhaupt leben zu können. Neun Jahre später aber war er Präsident der Vereinigten Staaten.

Wenn wir im Geiste durch die Geschichte zurückwandern, können wir die wertvollste Lektion lernen, die das Leben zu bieten hat: *Niemand hält uns zurück – nur wir selbst.*

In Deutschland wurde nach dem Ersten Weltkrieg der Sattler FRIEDRICH EBERT der erste Präsident der Weimarer Republik.

In der türkischen Armee diente ein unbekannter Offizier namens KEMAL MUSTAFA. Aus ihm wurde der »Vater der modernen Türkei«, Atatürk.

JULIUS CÄSAR war Epileptiker, aber er eroberte ein Riesenreich für Rom.

DEMOSTHENES stotterte. So ging er an den Meeresstrand, füllte seinen Mund mit Kieselsteinchen und suchte mit seiner Stimme das Gebrüll der Brandung zu übertönen. Er wurde der größte Redner des antiken Griechenland.

CHARLES DARWIN galt als Neurastheniker. Seine Nerven waren so schwach, daß ihn das Schreiben eines Briefes über ein Thema, das ihn besonders erregte, den Nachtschlaf kostete. Aber in seinem tiefen Inneren fand er die enorme Kraft und Vitalität für seine umfangreichen wissenschaftlichen Forschungen, die zu dem die Welt der Wissenschaft verändernden Werk *»Die Entstehung der Arten«* führten.

Sie denken, es sei ein Handikap, »alt« zu sein? Wir haben das Wort »alt« in Anführungszeichen gesetzt, weil in der Wissenschaft und Literatur beträchtliche Meinungsverschiedenheiten darüber bestehen, wann die angebliche Periode der einsetzenden Unfähigkeit eigentlich beginnt. Augenblicklich sind aber die Wissenschaftler in steigendem Maße davon überzeugt, daß der Mensch lernen wird, mindestens *hundertundfünfzig Jahre* (!) alt zu werden – mit völlig ausreichenden geistigen und körperlichen Fähigkeiten.

In der Zwischenzeit – wir stehen erst am Anfang dieser Entwicklung – könnte es vielleicht ganz interessant sein, sich einige der Leistungen anzusehen, die Menschen in beträchtlich hohem »Alter«, wenn man die derzeitige durchschnittliche Lebenserwartung berücksichtigt, erbracht haben. Ein paar Beispiele mögen für viele andere stehen.

Nach dem Ersten Weltkrieg wurde der Friedensvertrag von Versailles abgeschlossen. Der dynamischste und bedeutendste in der ganzen Versammlung der einberufenen Politiker war GEORGE CLEMENCEAU, der »Tiger von Frankreich«. Er war damals fünfundsiebzig Jahre alt.

ANDREW MELLON, einer der größten amerikanischen Bankfachleute aller Zeiten, bewahrte sich seine Kraft, Ausdauer und ungewöhnliche Energie bis zum Ende seines einundachtzig Jahre währenden Lebens.

VANDERBILT plante und erbaute die meisten seiner zahllosen Eisenbahnlinien in seinem achten Lebensjahrzehnt. Den Großteil seiner Millionen »machte« er in einem Alter, in dem sich bequemere Männer längst im Ruhestand befinden.

KANT verfaßte einige seiner wichtigsten philosophischen Werke, als er schon über siebzig war.

MONET, der große französische Impressionist, arbeitete noch mit sechsundachtzig Jahren an seinen wunderschönen, großartigen Gemälden.

ALEXANDER VON HUMBOLDT begann sein berühmtes Buch *»Kosmos«* mit sechsundsiebzig Jahren und vollendete es mit neunzig.

GOETHE schrieb den zweiten Teil des *»Faust«* mit achtzig.

Im gleichen Alter verfaßte VICTOR HUGO seinen *»Torquemada«*.

TIZIAN schuf mit achtundneunzig Jahren seine unvergleichliche Darstellung der *»Seeschlacht von Lepanto«*.

Soviel zum Thema »Alter«. Es stellt sich einem wirklich die Frage, ob es richtig ist, die zwangsweise Versetzung in den Ruhestand von einem bestimmten Alter abhängig zu machen.

Wie aber, wenn Sie »richtig« behindert sein sollten?

BEETHOVEN schrieb noch unsterbliche Symphonien, als er schon taub war.

JOHN MILTON schrieb das *»Verlorene Paradies«* nach seiner Erblindung.

AUDUBON gelangte aus Armut und Schande zu dauerhaftem Ruhm, indem er unser Wissen über das Leben der Vögel wesentlich erweiterte.

ALEXANDER POPE war so verkrüppelt, daß er sich kaum bewegen konnte; dennoch gilt er als einer der Größten der englischen Literatur.

JEANNE D'ARC, ein armes Bauernmädchen, das weder lesen noch schreiben konnte, wurde in der dunkelsten Stunde ihres Vaterlandes zur »Retterin Frankreichs«.

THEODORE ROOSEVELT war ein kränklicher, schwacher junger Mann, aber aufgrund ungeheurer Willenskraft und anstrengenden Trainings erlangte er solche Stärke und Kraft, daß er an der Spitze der kühnen »Rauhen Reiter« die Höhe von San Juan erstürmte und später Präsident der Vereinigten Staaten von Amerika wurde.

Franklin D. Roosevelt wurde ebenfalls Präsident, obwohl er als Opfer der Kinderlähmung schwer behindert war.

In einer Gefängniszelle schrieb John Bunyan das unsterbliche Epos der englischen Literatur *»Des Pilgers Wanderfahrt«*.

Robert Louis Stevenson wiederum war keine einzige Stunde seines späteren Lebens schmerzfrei. Er hatte einen trockenen Husten, war ständig fiebrig und litt an Tuberkulose. Dennoch schenkte er Generationen von Kindern und Jugendlichen bis heute und für alle Zukunft die Abenteuergeschichte *»Die Schatzinsel«*, die erstaunliche Lebensphilosophie seiner *»Reisen mit einem Esel«* und zahllose Stunden der Unterhaltung und Ergötzung mit anderen Produkten seiner Phantasie und seiner flinken Feder.

Es wird aus den Lebensgeschichten von Frauen und Männern in den verschiedensten Umständen und Verhältnissen klar ersichtlich, daß all die sogenannten Handikaps und echte Behinderungen wie Lähmung, Krankheit, Unglück, Armut, fehlende Schulbildung und sogar »Alter« durch Willensstärke und Geisteskraft – und mit Hilfe der Erfolgsmethoden, die wir Ihnen zeigen werden – überwunden werden können.

Wenn Sie zu den tatsächlich Behinderten gehören sollten, können Sie den von den Psychologen *Überkompensation* genannten geistigen Mechanismus dafür einsetzen, größere Erfolge zu erzielen, als es Ihnen sonst möglich gewesen wäre.

Um es einfacher zu sagen: *Erfolg ist für jeden von uns greifbar!* Dieses *»Schlüsselwerk bewährter Erfolgsmethoden«* wird Ihnen sagen, wie. Es wird Ihnen alle Methoden vorstellen, die Sie brauchen, um *zu erreichen, was Sie sich wünschen.*

Im nächsten Kapitel erhalten Sie einige Schlüssel zur Schatzkammer des Erfolgs.

Kapitel 11

Schlüssel zur Schatzkammer des Erfolges

Sie können fast unbegrenzten Erfolg haben, Sie können alle schönen Dinge des Lebens bekommen, indem Sie eines der vielen Tore öffnen, die in die SCHATZKAMMER DES ERFOLGES führen.

Es gibt viele *verschiedene Schlüssel zu vielen verschiedenen Toren,* und die Zielsetzung dieses Buches ist es, solche Schlüssel zu leicht und rasch erreichbarem Erfolg in die Hände möglichst vieler Menschen zu legen. Die von uns angebotenen Verfahrensweisen erfordern keine formale Ausbildung, keinerlei außergewöhnliche Anlagen oder überdurchschnittliche Fähigkeiten und keine persönlichen Beziehungen oder Verbindungen. Unser Buch verheißt zu Recht *allen Menschen Erfolg auf leichte und schnelle Art,* nicht nur einigen wenigen Glücklichen.

In unserer Welt der fast unbegrenzten Möglichkeiten stellt der Erfolg tatsächlich eine Schatzkammer dar, in die viele Türen führen. Jede dieser Türen aber ist nur durch einen ganz speziellen Schlüssel zu öffnen.

○ *Der Schlüssel zum Erfolg unter dem Motto »Eignen Sie sich persönliche Anziehungskraft an«*

Da haben wir zunächst einmal eine Methode, die nicht nur in Hollywood beherzigt wird. Film- und Fernsehstars werden allerdings gelehrt, wie man die persönliche Anziehungskraft entwickelt, durch die man massenhaft Bewunderer anzieht, Ruhm erlangt und erstaunlichen Reichtum anhäuft.

Der Weg zu diesem Ziel ist einfach, denn er beruht auf Verhaltensweisen, deren DREI MERKMALE wie folgt gekennzeichnet werden können:

1. Kultivieren Sie einen sozusagen *magnetischen inneren Glanz.*
2. Strahlen Sie einen ebenso *magnetischen äußeren Glanz* aus.
3. Lächeln Sie *mit den Augen.*

Wenn Sie diese drei Dinge bei den richtigen Menschen, zur rechten Zeit und am rechten Ort einsetzen, besitzen Sie bereits einen wichtigen Schlüssel zum Erfolg.

Viele Menschen haben sich dieser Methode bedient, keineswegs nur Film- oder Fernsehschauspieler. Diese Leute nahmen sich die Zeit und die Mühe, das Geheimnis des persönlichen Magnetismus zu ergründen und *die Methode der Ausstrahlung persönlicher Anziehungskraft* zu erlernen, zu üben und anzuwenden. (Diese Methode wird detailliert in einem anderen Band des *»Schlüsselwerks erprobter Erfolgsmethoden«* mit dem Titel *»Persönlichkeitsbildung«* erläutert.)

○ *Der Schlüssel zum Erfolg unter dem Motto »Gewinnen Sie Freunde und Einfluß«*

Wir wollen uns nun den nächsten Schlüssel ansehen: Sie gewinnen Freunde und nutzen Ihren und deren Einfluß.

Diese Methode hat zwei sehr WÜNSCHENSWERTE EIGENSCHAFTEN, die für sie sprechen:

1. Sie ist recht *angenehm in der Anwendung.*
2. Richtig eingesetzt, bringt sie *gute Resultate.*

Wir möchten diese Art des Vorgehens empfehlen, obwohl wir der Meinung sind, daß sie einiger wichtiger Merkmale entbehrt, die Sie später noch kennenlernen werden.

Dennoch hat es sehr viel Gutes, wenn man sich Freunde macht – gemeint sind »richtige« Freunde. Allerdings müssen Sie vielleicht *sehr viel Zeit* dafür aufwenden, Freunde zu gewinnen; das ist ein Nachteil dieser Methode. Außerdem haben schon viele Menschen zu ihrem Leidwesen erkennen müssen, daß manche Freundschaften sich als wenig dauerhaft erwiesen und daher keine Basis für ausreichenden und anhaltenden Erfolg darstellen.

Auch ist eine Einflußnahme, die auf Freundschaft beruht, *keineswegs immer wirksam.* Es gibt tiefenpsychologische Beeinflussungsmethoden, die sich als wesentlich verläßlicher erweisen, wenn es darum geht zu bekommen, was man sich wünscht. Auf die dabei mitspielenden psychischen Mechanismen werden wir ebenfalls noch zurückkommen.

Dennoch möchten wir, wie schon gesagt, auch die Methode empfehlen, Freunde zu gewinnen und auf sie und durch sie Einfluß auszuüben, wenngleich wir sie für ein bißchen hausbakken halten. Da sie aber durchaus brauchbare Resultate bringt (das ist ja letztlich das Wichtigste), sollten Sie sie getrost anwenden.

○ *Der Schlüssel zum Erfolg unter dem Motto »Service über alles«*

»Am meisten verdient, wer am besten bedient.« Dieser Leitsatz gilt als einer der bekanntesten SLOGANS IM GESCHÄFTSLEBEN. Er ist auch ein besonders vernünftiger Schlüssel zum Erfolg. Und mit ihm werden Sie tatsächlich Erfolg haben – wenn Sie beherzigen, was »am besten bedienen« bedeutet, nämlich geradezu *überwältigend gut bedienen:* das heißt nicht nur einfach ordnungsgemäß und zufriedenstellend tun, was erwartet wird.

Fast alle Geschäftsleute versuchen (mit mehr oder weniger Erfolg), den normalen, ordentlichen Service zu bieten. Und genau das ist auch der Grund, warum damit zwar ordentliche, aber kaum je außerordentliche Ergebnisse erzielt werden. Es ist einfach nichts Außergewöhnliches daran, die normalen und angemessenen Dienstleistungen zu erbringen. Sie können vermutlich davon leben, aber Sie werden damit kaum reich werden.

Wir wollen Ihnen in diesem Buch aber Wege aufzeigen, wie man reich werden kann. Und einer der sichersten Wege dazu ist nun einmal ein *Service unter dem Motto »Service über alles«.*

Das Geheimnis liegt darin, für die Menschen, die Sie beeinflussen wollen, mehr zu tun, als irgend jemand anderer tun würde oder tun könnte. Wenn Sie das nicht können, müssen Sie eben einige *Veränderungen durchführen, bis Sie dazu in der Lage sind.* Wenn Sie das aber einfach nicht wollen, dann sollten Sie lieber auf anderen Wegen Ihr Glück versuchen.

Wir sprechen hier über persönliche Dienstleistungen, darüber, wie man Tag für Tag bemüht ist, auf immer neue und andere Art jenen *zu helfen, von denen man selbst Hilfe erwartet.*

Und natürlich sollten Sie diese Vorleistung geben, ohne an Ihren unmittelbaren eigenen Nutzen zu denken. Je weniger direkte Vorteile Sie nämlich von einer Gefälligkeit, einer Hilfeleistung haben, desto stärker werden Sie damit jene Menschen beeindrucken, die Sie gerne beeinflussen möchten. Überzeugt von der Aufrichtigkeit Ihrer Bemühungen, werden sich Ihre Freunde, Bekannten oder Gesprächspartner um so stärker *verpflichtet fühlen, gegebenenfalls auch Ihnen behilflich zu sein.*

Aber vergessen Sie nicht: Erwartete, normale, reguläre, routinemäßige Gefälligkeit wird Sie mit Sicherheit nicht weiterbringen. Sie müssen sich schon die Mühe geben, *Ihr Gegenüber mit ungewöhnlicher Aufmerksamkeit zu überraschen* (und dabei sind Dinge eingeschlossen, die überhaupt keinen Zusammenhang mit dem haben, was Sie selbst eigentlich wollen). Natürlich sind wir alle so vernünftig, anderen wenn möglich nicht auf die Nerven zu fallen; aber es ist kaum möglich, daß man Freunden, Kollegen oder Kunden je auf die Nerven geht, wenn man ihnen dauernd hilft, ihrerseits erfolgreich zu sein.

Vor ziemlich langer Zeit hörte der Autor einen äußerst eindrucksvollen Vortrag über das Thema *»Was sind Ihre Extras?«*. Der Vortragende sprach darüber, welche Anstrengungen jeder einzelne zusätzlich in die Zusammenarbeit mit anderen einbringen sollte, welche Mehrarbeit er leisten könnte, die andere nicht erbringen. Es sind nämlich gerade jene Extras, die Aufmerksamkeit erwecken, die Sie aus der Menge herausheben und Ihnen einbringen, was Sie reich macht.

Der Schlüssel zum Schatzhaus des Erfolges unter dem Motto »Service über alles« heißt also ganz allgemein *»Gefälligkeit über alles«*.

○ *Der Schlüssel zum Erfolg unter dem Motto »Handeln Sie dynamisch und voll Energie!«*

Was war im Lauf der Geschichte das Hauptmerkmal fast aller außergewöhnlich erfolgreichen Persönlichkeiten? GRENZENLOSE

ENERGIE! Alle außerordentlich Erfolgreichen waren so etwas wie *mit Superenergie geladene Dynamos.* Wie jene Erfolgreichen müssen Sie Ihre persönliche Dynamik entwickeln und ständig einsetzen, eine Dynamik die so tiefgreifend, so unglaublich intensiv und soviel mitreißender ist als die Ihrer Umgebung, daß Sie einfach alle Widerstände allein durch die grenzenlose Fähigkeit überwinden, daß Sie alles, was Sie anpacken in Schwung bringen.

Menschen, die »haben«, und Menschen, die »nicht haben«, waren ursprünglich meist *solche, die »handelten«, und solche, die »nicht handelten«.*

Eine der arbeitsparenden Bequemlichkeiten des Heute ist das Morgen! Arbeit und Tätigkeiten auf morgen zu verschieben, spart Ihnen aber nicht nur die Arbeit von heute, sondern »erspart« Ihnen auch zugleich den Erfolg von morgen. So geht es also nicht!

Sie sollten nicht glauben, daß die Welt Sie erhalten muß. *Die Welt schuldet Ihnen gar nichts.* Sie war nämlich zuerst da.

Doch vielleicht sind Sie immer so schrecklich müde und schlapp? Weil Sie so hart arbeiten? Weil Sie nie so richtig Schwung haben? Vielleicht können Sie diese Entschuldigung für Ihr Versagen sich selbst *vorspiegeln, weil Sie unbedingt daran glauben wollen.* Aber Sie werden sie kaum je einem Psychologen, Ihrem Hausarzt, ja nicht einmal Ihrer eigenen Familie oder Ihren Freunden glaubhaft machen können – obwohl einige von ihnen vielleicht aus Höflichkeit so tun werden, als ob sie Ihnen glaubten.

Jeder Arzt oder Psychologe wird Ihnen sagen, daß chronische Müdigkeit – mit Ausnahme einiger äußerst seltener Drüsenerkrankungen oder anderer körperlicher Fehlfunktionen – *von Langeweile, Angst, Gereiztheit, Sorgen, Unverträglichkeit und Ressentiments oder auch von tief im Unterbewußtsein verborgenen Schuldgefühlen verursacht wird.*

Wir schreiben jedoch kein Buch über chronische Müdigkeit und wie man sie beseitigt, daher wollen wir das Thema hier nicht weiter behandeln. Wir möchten – falls Sie an chronischer Müdigkeit leiden sollten – Ihnen nur empfehlen, zuerst Ihren Hausarzt aufzusuchen und dann eines der hervorragenden Bücher zu lesen, die es zu dieser Thematik gibt. Sie können natürlich auch bei einer psychologischen Beratung Zuflucht nehmen. Auf jeden Fall aber sollten Sie den nächsten Absatz genau lesen und überdenken.

Wir reden von den vielen Schlüsseln zum Erfolg und einer der besten ist der zweckentsprechende *Einsatz Ihrer unbeschränkten Energie*. Falls Sie jedoch über keine unbeschränkte Energie verfügen, sollten Sie den Rat des berühmten Psychologen WILLIAM JAMES beherzigen. Er verdeutlichte nämlich, *daß das Gefühl stets auf die Handlung folgt* und nicht umgekehrt. Um sich energiegeladen zu *fühlen*, müssen Sie daher ganz einfach energiegeladen *handeln*.

Tun Sie, was Sie tun sollten, sogar dann – oder vielmehr gerade dann – wenn Sie sich überhaupt nicht danach fühlen. Sie werden voll Überraschung merken, daß Sie genügend Energie haben, um alles zu erledigen, was Sie vorhaben. Um Unternehmungsgeist in sich zu fühlen, muß man einfach *etwas unternehmen – jetzt gleich!*

○ *Der Schlüssel zum Erfolg unter dem Motto »Setzen Sie Ihre Geisteskraft ein«*

Diese Methode besteht wesentlich darin, sich der unbegrenzten und immer wirksamen KRAFT DES POSITIVEN DENKENS zu bedienen. Es besteht kein Zweifel darüber, *daß die durch unser Denken bewußt freisetzbaren Kräfte des Unterbewußtseins erstaunliche Auswirkungen auf das Leben eines Menschen und selbst auf die von seiner Umwelt ausgehenden Einflüsse haben können.* Wir haben Gründe anzunehmen, daß man mittels GEISTESKRAFT das Leben und die Lebensumstände sogar anderer Menschen beeinflussen kann.

Das mag Ihnen beim ersten Lesen merkwürdig, ja unwahrscheinlich vorkommen. Wir haben uns als Geschöpfe einer »aufgeklärten« Zeit sehr weit von den weitgehend unbewußten Urgründen des Seins entfernt. Deshalb haben wir auch von unseren geistigen Kräften, die über den Intellekt hinausgehen, kaum noch eine Ahnung. Und doch sind sie unser bestes »Kapital«, das einzige Kapital eines jeden Menschen! Dieses *»Schlüsselwerk bewährter Erfolgsmethoden«* beschäftigt sich zu einem guten Teil mit diesen unseren geistigen Kräften, die im Rahmen der von uns vertretenen ERFOLGSPSYCHOLOGIE zu aktivieren und einzusetzen sind. Wie das geschieht, das werden Sie genau und leicht faßlich dargestellt finden.

Grundsätzlich handelt es sich bei der Methode des Einsatzes unserer geistigen Kräfte darum, einen ganz bestimmten Wunsch derartig zu intensivieren und *zu verstärken, daß er in unserem Bewußtsein gleichsam wie auf einen Brennpunkt konzentriert erscheint.* Das bis zur »Weißglut« unseres Wünschens geprägte Brennpunktbild brennt sich tief in unser Unterbewußtsein ein. *Von dem so geprägten Unterbewußtsein aus gewinnt unser Wunsch einen dauernden Einfluß* auf unser gesamtes Denken und Handeln, so daß sich unser Wunsch verwirklicht.

Manche Psychologen sind der Ansicht, daß das Unterbewußtsein des Menschen einen personalisierten Anteil an einem übergeordneten »universellen, kosmischen Bewußtsein« darstellt, mit dem es ständig in Kontakt steht, und daß dieses universelle Bewußtsein rein geistiger Dimension das gesamte Universum kontrolliert, lenkt und leitet.

Die Theologen wieder verstehen die Intensivierung eines Wunsches im Bewußtsein *als Gebet,* das sich über das Unterbewußtsein der universellen Geistesmacht mitteilt, und nennen diese Macht das göttliche Bewußtsein oder einfach *Gott.*

Doch ungeachtet aller unterschiedlichen Begriffe und Benennungen bleibt die Tatsache bestehen, daß der Mensch kraft seiner Geisteskräfte so *Unglaubliches zu verwirklichen vermag, daß es wirklich ans Wunderbare grenzt.* Zweifellos ist die Macht der Geisteskraft einer der Hauptschlüssel zum Erfolg. Sollten Sie jetzt noch daran zweifeln, lesen Sie weiter; am Ende dieses Buches werden Sie von der Richtigkeit dieser Behauptung überzeugt sein.

○ *Der Schlüssel zum Erfolg unter dem Motto »Wo ein Wille ist, findet sich der Weg«*

Es gibt einen Schlüssel zu einer der Türen der SCHATZKAMMER DES ERFOLGES, der in mancher Hinsicht dem Schlüssel, der im Einsatz unserer Geisteskraft besteht, ähnelt, aber doch in vielen Belangen anderer Art ist. Einer der Unterscheidungspunkte liegt darin, daß *dieses Erfolgsmerkmal ebenso alt ist, wie manche der*

Einsatzmöglichkeiten der Geisteskraft neu sind. Dieser Schlüssel zum Erfolg ist nämlich genauso alt wie der Erfolg selbst!

Es handelt sich um die WILLENSKRAFT. Sie äußert sich in dem *entschieden gefaßten unerschütterlichen Entschluß,* zu bekommen, was man will, das Ziel, das man sich gesteckt hat, zu erreichen, ohne sich von irgend jemandem oder irgend etwas aufhalten zu lassen.

Die Natur sagt uns, ruft uns zu: »Ihr könnt haben, was Ihr wollt – alles, was Ihr wollt. *Zahlt den Preis dafür* und nehmt es!«

Willenskraft ist die Bereitschaft, den Preis – jeden Preis – aufzubringen, egal ob es sich um Opfer, Geld, Zeit, Anstrengung oder was auch immer handeln mag. Gleichgültig, in welcher Währung der Preis für den gewünschten Erfolg zu entrichten ist, die Willenskraft wird ihn zahlen.

Die Psychologie kennt einen INTERESSANTEN TEST: Stellen Sie sich bitte einen Gehweg vor, auf dem Sie geradewegs an ein bestimmtes Ziel gelangen können. Sie sehen sich im Geiste entschlossen auf dieses Ziel zuschreiten; aber plötzlich ist Ihnen der Weg durch ein Hindernis unbekannter Höhe, Breite und Länge und aus unbekanntem Material versperrt.

Sie müssen nun *einen Entschluß fassen, was Sie tun werden:*

- ○ Werden Sie zu Ihrem Ausgangspunkt *zurückkehren* und Ihr bisheriges Leben wieder aufnehmen, als ob nichts geschehen wäre?
- ○ Werden Sie vor dem Hindernis *stehenbleiben* und an diesem Punkt ein neues Leben beginnen?
- ○ Werden Sie versuchen, sich einen Weg durch das Hindernis zu *bahnen,* um weiter auf Ihr Ziel zuzuhalten – aber in dem Wissen, daß Sie den Weg durch das Hindernis möglicherweise nie schaffen werden?
- ○ Werden Sie versuchen, das Hindernis zu *überklettern,* um dann weiter auf Ihr Ziel zuzugehen – obwohl Sie sich bewußt sind, daß das Hindernis vielleicht so hoch ist, daß Sie nicht darüber hinwegkommen?
- ○ Werden Sie versuchen, links oder rechts das Hindernis zu *umgehen,* um dann den Weg zu Ihrem Ziel wieder aufzunehmen – im vollen Bewußtsein, daß das Hindernis vor Ihnen so

riesig sein kann, daß Sie den Weg drum herum vielleicht nie schaffen werden?

Welchen Weg würden Sie wählen?

Die Antwort, die Sie auf diese Testfrage geben, könnte einem Psychologen eine ganze Menge über Ihre Person verraten. Sie würde ihm auch einen deutlicheren Eindruck vermitteln, von welcher Beschaffenheit Ihre Willenskraft ist und wie Sie sie einsetzen.

Der amerikanische Präsident CALVIN COOLIDGE sagte einmal: »*Nichts ist wichtiger als Ausdauer.*« Nehmen Sie zum Beispiel Talent: Menschen mit Talent, aber ohne Erfolg gibt es wie Sand am Meer. Oder Genialität: Das verkrachte Genie ist sprichwörtlich geworden. Oder gute Schulbildung: Die Welt ist voll von gescheiterten Akademikern. Ihnen allen mangelte es an Ausdauer und Entschlußkraft. Der Wahlspruch »Niemals nachgeben!« hat schon immer die schwierigsten Probleme der Menschheit zu lösen vermocht, und das wird auch weiterhin gültig bleiben.

Eine vor einigen Jahren unter Millionären durchgeführte Umfrage ergab, daß nur sehr wenige von ihnen von Anfang an Geld zur Verfügung hatten. Im allgemeinen besaßen sie nichts als *das »Kapital« ihrer Geisteskräfte und ihres Willens*, alles zu versuchen, was in ihrer Macht lag, um an ihr Ziel zu gelangen.

Dieselbe Umfrage ergab auch, daß nur einer von siebzehn anderen Befragten, lauter Erben beträchtlicher Vermögen, das ererbte Vermögen auch nur hatte erhalten können. Die anderen sechzehn hatten es nicht fertiggebracht, das elterliche Erbgut zu erhalten, geschweige denn zu vermehren, sie hatten vielmehr alles verloren, was sie einst hatten. Der Umstand, daß sie von Jugend an alles im Überfluß hatten, enthob sie der Notwendigkeit, in der Welt »draußen« zu arbeiten und sich durchzusetzen, *ihnen fehlte die Motivation, ihre Willenskraft zu entwickeln.*

Sie sollten sich darum nicht entmutigt fühlen, wenn Sie so tief unten anfangen müssen, daß Sie sich regelrecht strecken müssen, um sich überhaupt erst einmal die allgemeine Ausgangsbasis zu schaffen. Viele Menschen sind ohne offizielle Ausbildung an ihr Ziel gelangt. Viele sind weitergekommen, obwohl sie sich mitunter verschätzten und falsche Wege einschlugen. *Keiner jedoch war je erfolgreich ohne einen starken Willen!*

Ein Bekannter erzählte mir die ergreifende Geschichte einer Gruppe von Flüchtlingen, die unter großen Opfern dem Kriegsgeschehen in ihrem Land glücklich entkommen waren. Da die Flucht durch unwegsames Gelände führte und sie zu Fuß gehen mußten, hatten sie vorerst gezögert, eine Mutter und ihr kleines Mädchen mitzunehmen. Sie nahmen die beiden mit. Die kräftigsten Männer in der Gruppe trugen abwechselnd das Kind. Drei mühselige Tage lang quälten sie sich vorwärts. Da brach ein alter Mann, der nicht mehr weiterkonnte, zusammen. Er forderte die anderen auf, ihre Flucht fortzusetzen und ihn zum Sterben zurückzulassen. Schweren Herzens machten sie sich auf den Weg. Doch plötzlich nahm die Mutter des kleinen Mädchens das Kind und kehrte zu dem alten Mann zurück. Sie legte die Kleine sanft in seine Arme und sagte leise: »Du kannst jetzt nicht aufgeben. Du bist jetzt an der Reihe, mein Kind zu tragen.« Dann wandte sie sich ab und folgte der Gruppe. Und der alte Mann kam entschlossen hinterher, das Kind in seinen Armen!

Ein bedeutender Historiker, der gerade eine *»Geschichte der Welt«* vollendet hatte, wurde gefragt, was für ihn die wichtigste Lehre sei, die man aus der Geschichte ziehen könne. Seine Antwort war sehr einfach: *»Wenn es am dunkelsten ist, treten die Sterne hervor.«*

Bisweilen wird uns der Schlüssel »Willenskraft« tatsächlich in unserer dunkelsten Stunde in die Hand gegeben. Aber abgesehen von Ausnahmesituationen müssen wir uns bewußt sein: *Es liegt an uns, unseren Willen zu stärken,* und Willenskraft öffnet uns so manche Türen zum Schatzhaus des Erfolges.

Kapitel 12

Schwierigere und einfachere Wege zum Erfolg

Im vorangegangenen Kapitel zeigten wir Erfolgsmethoden auf, die funktionieren. *Es besteht kein Zweifel an ihrer Wirksamkeit.* Dabei ist klar, daß die Verwirklichung mancher Ihrer Wünsche – und dementsprechend auch manche Wege zum Erfolg – größere Anstrengungen erfordern als andere. Die Wege zum Erfolg, die Sie im letzten Kapitel kennengelernt haben, führen ans Ziel, und zwar ohne Ausnahme; aber sie bedeuten auch Arbeit, harte, zielstrebige Arbeit an sich selbst und in Richtung auf das Ziel zu.

Nicht jede der BEWÄHRTEN ERFOLGSMETHODEN läßt sich leicht aneignen und führt rasch ans Ziel. Das ist ja auch der Hauptgrund, warum viele Menschen erfolgslos bleiben. Sie sind einfach *nicht bereit, den Preis für den Erfolg zu bezahlen,* den eine zielführende Vorgangsweise eben kostet.

Dessenungeachtet sind alle Methoden, die wir Ihnen in diesem Buch aufzeigen, die Zeit und die Mühe wert, die sie erfordern; denn sie bringen Ihnen den sicheren Erfolg und verschaffen Ihnen alles, was Sie sich wünschen. Das rechtfertigt auf jeden Fall ihren Preis. *Was aber ist der Preis?*

Unter diesem Aspekt wollen wir die bereits beschriebenen konkreten *Erfolgsmethoden nochmals betrachten.*

- *Die Aneignung persönlicher Anziehungskraft* erfordert einiges Training und nicht wenig Disziplin. Man kann nicht über Nacht jene »magnetische« Persönlichkeit werden, die andere Menschen fasziniert und damit auch hervorragende Chancen, Erfolg, Wohlstand und Ruhm anzieht. Aber haben Sie schon je von einem Erfolgreichen gehört, der sich über die Anstrengungen beschwert hat, die es ihn gekostet hat, um Karriere zu machen?

- *Freunde und Einfluß zu gewinnen* braucht ebenfalls einige Zeit und erfordert ein sehr aktives, geschäftiges Gesellschaftsleben, häufig bis in die Nacht hinein. Als Erfolgsmethode ist sie interessant, und sie macht Spaß.
- Ein *überwältigender Service* erfordert ständig neue Anstrengungen, setzt ebenfalls einige Zeit voraus und dazu noch eine Menge Geschicklichkeit im persönlichen Umgang mit Menschen. Man braucht schon ziemlich viel eigene Einsatzbereitschaft, um die Bereitschaft der anderen zu gewinnen, sich ihrerseits als hilfsbereit zu erweisen.
- *Dynamisch und voll Energie zu handeln* und, wenn nötig, sein Ziel mit »grenzenloser« Energie zu verfolgen spricht, was den notwendigen Aufwand anbelangt, für sich selbst. Es ist nicht leicht, alle Widerstände beiseite zu räumen und durch die Fähigkeit zu überwinden, mehr und besser zu arbeiten als andere. Das ist harte Arbeit, die allerdings durch die Garantie aufgewogen wird, daß nichts und niemand Sie von Ihrem unfehlbaren Erfolgskurs abbringen kann.

Ja, es stimmt schon: *Die Wirksamkeit dieser Erfolgsmethoden setzt einige Arbeit voraus!* Aber vergessen Sie nicht, was Sie für Ihre Mühe bekommen. Sie bekommen all das, was Sie sich am sehnlichsten wünschen.

Wie steht es nun aber mit dem Versprechen, daß dieses Buch Ihnen zeigen wird, *wie Sie auf einfache und schnelle Weise zu Erfolg kommen können?*

Nun, die einfachste, leichteste und rascheste Methode zu bekommen, was Sie sich wünschen, liegt darin, ZWEI KLEINE ZAUBERWÖRTER zu gebrauchen. Mit Hilfe dieser beiden Wörter wird eine ganze Reihe von Dingen für Sie erreichbar:

1. Sie werden Ihnen helfen, die Menschen so zu *beeinflussen* wie Sie es wünschen.
2. Sie werden Ihnen die Kraft verleihen, Ereignisse zu Ihrem persönlichen Vorteil zu *gestalten.*
3. Sie werden mit ihrer Hilfe nach dem Gesetz der Wahrscheinlichkeit zu persönlichem Erfolg kommen.

4. Durch ihre Anwendung können Sie sich die Unterstützung fast aller Menschen und die Vorteile vorhandener Einrichtungen und Hilfsquellen *sichern*, die Sie zur Verwirklichung Ihrer Ziele benötigen.
5. Diese beiden Wörter werden Ihnen Zugang zum *Rat führender Fachleute* auf allen Gebieten verschaffen, auf denen Sie Rat und Information benötigen.
6. Durch ihren Gebrauch können Sie mehr von all dem *bekommen, was Sie sich wünschen* – und das noch dazu auf schnelle, leichte und sichere Art.
7. Mit ihrer Hilfe werden Sie viele *unerquickliche Situationen des Lebens vermeiden*, sich vor unbekannten Gefahren schützen und vor vermeidbaren Krankheiten bewahren können.
8. Diese beiden kleinen Zauberwörter werden zum bequemsten Schlüssel des Erfolges, der Ihnen *Glück, Liebe, Wohlstand, Ansehen, Macht* einbringen kann – kurzum, was immer Sie sich wünschen.

Im nächsten Kapitel werden Sie diese beiden Wörter erfahren – und anderes mehr darüber, was Sie durch deren Gebrauch erreichen können.

Kapitel 13

Die beiden »Zauberwörter«

Es gibt zwei MAGISCHE WÖRTER, die in Ihrem Leben *wahrhafte Wunder bewirken können.* Mit ihrer Hilfe werden Sie die Menschen in Ihrer Umgebung dazu bringen können zu tun, was Sie wünschen. Mit ihrer Hilfe werden Sie bekommen, was Sie sich wünschen.

Wer das behauptet? Die Bibel behauptet das. Alle großen Religionen der Erde beruhen auf dem Gebrauch dieser magischen Wörter; die Medizin bedient sich ihrer, angefangen von Ihrem Hausarzt bis zu den hervorragendsten medizinischen Kapazitäten der verschiedensten Fachgebiete. Die Fachärzte für Seelenheilkunde verwenden sie, Psychiater, Psychoanalytiker, Psychotherapeuten der verschiedensten Richtungen wenden sie an. Pädagogen, führende Wirtschaftsfachleute, Forscher, Wissenschaftler und Handelsvertreter, alle Menschen, deren Erfolg darauf beruht, von anderen Informationen und die Bereitschaft zur Mitarbeit zu erhalten, gebrauchen diese magischen Wörter.

Aber um genau zu sein: Diese »magischen« Wörter haben im Grunde nichts »Magisches« an sich, auch wenn die Resultate, die sie bewirken, tatsächlich märchenhaft anmuten.

Diese beiden Zauberwörter sind: FRAGEN und BITTEN!

Wir wollen nun einiges von dem aufzählen, was Sie mit Hilfe der beiden harmlosen Wörter erreichen können:

»Bittet . . . so wird euch gegeben werden«, verspricht die Bibel (Matthäus 7, 7).

»Bitten Sie – schließlich wurde jeder Mensch von Kindheit an trainiert, Bitten nach Möglichkeit zu erfüllen«, versichern uns die Psychologen.

»*Fragen Sie* – und nach dem Gesetz der Wahrscheinlichkeit werden Sie auf Ihre Anfragen genügend positive Antworten erhalten, um per Saldo erfolgreich zu sein«, lehrt der Verkaufsberater.

»*Bitte und frage* – und Menschen aus allen Schichten werden vortreten und sich für Gott entscheiden«, predigt der Priester.

»*Frage* – und du wirst überrascht sein, wie viele Menschen dir bereitwillig helfen werden, deine Wissenslücken zu füllen«, versichert der Pädagoge.

»*Bitten Sie* um Aufträge – Sie werden den Erfolg Ihrer Werbekampagne verzehnfachen«, rät der erfahrene Werbemanager.

»*Fragen Sie* lieber, damit Sie nicht in einer durch Bauarbeiten gesperrten Straße aufgehalten werden«, warnt der Automobilclub.

»*Bitte* die Frau, die du liebst, um ihre Hand – und vielleicht wird sie dich heiraten«, rät der erfahrene Freund.

»*Bitten* Sie um Gehaltserhöhung – nachdem Sie bewiesen haben, daß Sie sie verdienen –, und Sie werden sich verbessern«, verspricht der Erfolgsberater.

Bitten und Forderungen sind die Grundlagen gewerkschaftlicher Bewegungen seit den Tagen ihrer Anfänge.

Fragen zu stellen und durch Experimente nach Antworten zu suchen ist die Grundlage jeder wissenschaftlichen Forschung und eines jeden Fortschritts.

Fragen Sie den Fachmann, und Sie werden einen sachverständigen Rat oder sogar fachgerechte Unterweisung auf jedem Gebiet erhalten, für das Sie sich interessieren. Es ist ebenso leicht, einen Fachmann wie einen Laien zu fragen, also ist es vernünftiger, gleich zum Experten zu gehen.

Bitten Sie einen Journalisten um Unterstützung, wenn Sie die Öffentlichkeit für eines Ihrer Anliegen gewinnen wollen. Sie werden überrascht sein, wie leicht Sie mit einer solchen Bitte Erfolg haben. Schließlich sind Journalisten ja dauernd auf der Suche nach interessanter Information für ihre Leser. Der Autor dieses Buches weiß darüber Bescheid (er war Präsident einer der größten amerikanischen Nachrichtenagenturen). In dieser Agentur wurden Millionen Dollar verdient, indem aufgrund von Fragen, die deren Reporter stellten, interessantes Material gesammelt wurde, das sich zur Veröffentlichung eignete. Aber die Agentur hätte vermutlich keinen Cent verdient, hätten ihre Mitarbeiter nicht um Informationen *gefragt* und *gebeten*.

Bitten Sie um Rabatt! *Bitten Sie* um bessere Bedingungen, wo immer das möglich ist. *Fragen Sie*, ob man Ihnen nicht einen günstigeren Preis einräumen kann. Sie werden sich wundern, wieviel Geld Sie auf diese Weise sparen können.

Fragen Sie in mehr als einem Geschäft nach, bevor Sie etwas kaufen. Als Vorsitzender von acht Konzernen hatte der Autor Gelegenheit zu beobachten, daß die Einkäufer seiner Firmen oft für Waren vollkommen gleicher Qualität Preise einholten, die bis zu vierzig Prozent differierten.

Fragen Sie um den Arbeitsplatz, den Sie gerne hätten. Der Autor war Vorsitzender einer großen Agentur, die Arbeitskräfte vermittelte. So verblüffend es erscheinen mag, aber viele Arbeitsuchende sind entweder zu schüchtern, um sich selbst um eine Anstellung zu bewerben, oder sie wissen nicht, wie sie es anstellen sollen. Viele zahlten daher lieber eine ziemlich gesalzene Summe an unsere Agentur, damit diese in Frage kommende Arbeitgeber um Posten bat, für die die Bewerber ganz offensichtlich qualifiziert waren und ebenso einfach selbst hätten anfragen können.

Fragen Sie Fremde, die Sie gar nicht kennen: stellen Sie ihnen unpersönliche, leicht zu beantwortende Fragen, während Sie auf den Lift oder auf den Autobus warten, wo immer Sie ein paar Minuten Zeit und nichts Besseres zu tun haben. *Fragen* Sie Ihr Gegenüber, ob er oder sie dieses oder jenes Plakat gut finde, oder was Ihnen an beiläufigen Themen gerade einfällt; die Betonung liegt auf »beiläufig«. Seien Sie nicht aggressiv, erwecken Sie nicht den Eindruck eines Untersuchungsrichters, der ein Kreuzverhör durchführen will. Seien Sie weder impertinent (verzeihen Sie bitte, wenn *wir* jetzt impertinent klingen, aber Sie verstehen schon, wie es gemeint ist, nicht wahr?) noch beleidigend. Fangen Sie nur ein belangloses, freundliches Gespräch an. Es ist die einfachste Methode, die Kunst der leichten Konversation zu üben. Versäumen Sie keine Gelegenheit dazu, es ist interessant und ein Spaß noch obendrein!

Fragen Sie wichtige oder sogar berühmte Menschen, mit denen Sie in Kontakt kommen möchten. Legen Sie ihnen irgendeine vernünftige, passende Frage vor, *bitten Sie* sie um Stellungnahme zu einem bestimmten Problem, ersuchen Sie um einen Rat oder um Hilfe in einer besonderen Angelegenheit – irgend etwas, wodurch Sie die Möglichkeit haben, mit diesen Persönlichkeiten in Kontakt zu kommen und sie womöglich von Angesicht zu Angesicht kennenzulernen. Versuchen Sie zu erreichen, daß der Betreffende sich später an Sie erinnert, und versuchen Sie, den Kontakt nicht wieder abreißen zu lassen. Erstellen Sie eine Liste der hundert wichtigsten Leute, mit denen Sie gern Kontakt haben möchten, und verwenden Sie dann unsere Frage-Methode, um der Reihe nach persönlich mit ihnen bekannt zu werden.

Fragen Sie sich selbst: Was kann ich besser machen? (Qualitätsverbesserung.) *Fragen Sie* sich selbst aber auch: Wie kann ich mehr tun als bisher? (Quantitätsverbesserung.) Die Antwort auf diese beiden recht eigentlich zusammengehörenden Fragen ist die Erfolgskombination für jedes berufliche Weiterkommen. Wenn Sie selbst die Antworten nicht wissen, müssen Sie jemanden suchen, der Ihnen hilft, sie zu finden.

Fragen Sie diese Menschen, *fragen Sie* so lange, bis Sie eine Antwort erhalten. Sie benötigen die Lösung dieses Problems für Ihren Erfolgsplan: Sie müssen einfach besser und mehr arbeiten!

Fragen Sie Ihren Arzt. Er wird Ihnen sagen können, wo Ihre persönlichen gesundheitlichen Schwachstellen liegen und worauf gerade Sie besonders achten sollten, wenn Sie Ihre Gesundheit bewahren wollen. Eine solche Frage, rechtzeitig gestellt, und die Beachtung des ärztlichen Rates können Ihnen eine ernsthafte Erkrankung oder einen operativen Eingriff ersparen, der sonst vielleicht unerläßlich geworden wäre.

Fragen Sie Ihren Zahnarzt. Die regelmäßige Kontrolle Ihrer Zähne kann nicht nur der Vorbeugung unangenehmer Zahnschmerzen dienen, wenn gerade weit und breit keine fachmännische Behandlung zu bekommen ist, sondern auch der Erhaltung Ihrer Zähne, die sonst womöglich hätten gezogen werden müssen.

Fragen Sie einen Rechtsanwalt, wenn Sie sich in einer Rechtsangelegenheit nicht auskennen. So können Sie unter Umständen einen Prozeß vermeiden, der Ihnen viel Ärger eingebracht hätte. Oder Sie erzielen durch eine solche Rechtsauskunft vielleicht sogar einen finanziellen Gewinn, der Ihnen sonst entgangen wäre.

Fragen Sie Ihren Bankfachmann oder einen Vermögensberater, wie Sie Ihr Geld besser für sich arbeiten lassen können, wie Sie finanziellen Verlusten aus dem Weg gehen und statt dessen bedeutende finanzielle Gewinne erzielen können. Leute, die viel Geld besitzen, wissen, wie wichtig das ist. Können Sie sich leisten, in Geldfragen dumme, leicht zu vermeidende Fehler zu begehen? Fragen Sie die Experten!

Fragen Sie Ihren Versicherungsagenten bezüglich neuer Versicherungsmöglichkeiten mit besseren Konditionen und zu günstigeren Prämiensätzen. Die Versicherungsbranche wird der normalen Geschäftswelt immer ähnlicher, sie muß bei immer schärfer werdenden Wettbewerbsbedingungen mithalten können. Sie werden bessere Konditionen zugesichert erhalten, wenn Sie wissen, wo und wie man Versicherungen am besten abschließt. Fragen Sie!

Bitten Sie den besten Steuerberater, den Sie auftreiben können, Ihre Einkommensteuererklärung und andere Steuersachen für Sie zu erledigen. Das dadurch gesparte Geld – es gibt tatsächlich massenhaft gesetzliche Möglichkeiten, Steuern einzusparen – und vor allem der Ärger, vor dem Sie bewahrt bleiben, werden die Kosten für das Honorar Ihres Steuerberaters leicht aufwiegen!

Fragen Sie erfolgreiche Spitzenverdiener, wie sie hochgekommen sind und wie sie es anstellen, in ihrer Spitzenposition zu bleiben. Sie werden vermutlich zu hören bekommen, daß Karrieremenschen es sich eine Menge Zeit kosten lassen, Sachfragen zu stellen. Es gibt einfach keinen Ersatz für grundlegendes Fachwissen!

Fragen Sie Experten über Ihre eigenen Erfolgspläne. Doch sprechen Sie dabei nicht über Ihre Zielsetzungen, als ob sie Ihnen wie die Zehn Gebote verkündet worden wären. Prüfen Sie vielmehr Ihre Pläne, indem Sie sie Menschen vorlegen, die sie unparteiisch, aber kritisch beurteilen. Polieren, glätten Sie Ihre Pläne mit Hilfe der Ideen auch anderer Leute, bringen Sie sie auf Hochglanz.

Fragen Sie nach dem rechten Weg – im konkreten und im übertragenen Sinn des Wortes. Es ist gefährlich, im Nebel wild draufloszufahren; noch viel gefährlicher ist es, angesichts geistig vernebelter Sicht loszupreschen.

Bitten Sie um Hilfe und Unterstützung. Die meisten Menschen empfinden ein Gefühl der Freude, wenn sie jemandem helfen können, der höflich und korrekt um etwas bittet. Vergessen Sie aber bitte nicht, sich nachher aufrichtig zu bedanken – damit bereiten Sie Ihren Helfern eine Freude, und sie werden Ihnen in einem ähnlichen Fall gerne wieder zur Hand gehen. Werden Sie dabei nicht lästig oder aufdringlich, aber geben Sie anderen die befriedigende Genugtuung, sich hilfreich erwiesen zu haben.

Fragen Sie, um dadurch Ihr Wissen über Personen und Örtlichkeiten zu erweitern. Unfreundlichkeit oder sogar Feindseligkeit, die einem oft zu begegnen scheinen, sind meist nur ein Zeichen der Fremdheit. Wissen bedeutet demgegenüber Vertrautheit: Wenn Sie einmal etwas Genaueres über einen Menschen oder einen Ort wissen, ist er Ihnen nicht mehr ganz fremd.

Bitten ist das Geheimnis erfolgreicher Sammelaktionen für karitative Zwecke. Jedes Jahr werden weltweit Beträge in hunderten Millionen für wohltätige Zwecke gespendet, nur weil man die Menschen darum bittet. Würden diese Leute nicht persönlich angesprochen und um eine Spende gebeten, kämen nur bescheidene Bruchteile von dem herein, was tatsächlich gespendet wird.

Bitten ist auch die Hauptfinanzierungsgrundlage der meisten religiösen Gemeinschaften. Im Sonntagsgottesdienst wird ausdrücklich oder schlüssig im Rahmen der Kollekte um die Gaben der Gläubigen gebeten. Aufgrund von Bitten kommen in Ländern, in denen es, wie in den Vereinigten Staaten, keine Kirchensteuer gibt, jährlich viele Millionen Dollar zusammen, die freiwillig den Kirchen zugewendet werden.

Fragen Sie einen Politiker, wie er Stimmen bekommt. Er bittet um das Vertrauen seiner Wähler. Sie werden das feststellen können, wann immer auf einer Wahlversammlung Reden gehalten werden.

Wir könnten Ihnen noch hunderte andere Beispiele aufzählen, um Ihnen zu beweisen, daß BITTEN UND FRAGEN ohne Zweifel zu den wichtigsten – und darüber hinaus zu den am raschesten, leichtesten und sichersten wirkenden – Schlüsseln zum Erfolg gehören. Schon die Tatsache, daß Sie bitten und fragen, wo immer es möglich und angebracht ist, *garantiert, daß Sie in absehbarer Zeit Erfolg haben werden.*

Warum das so ist? Warum beantworten die meisten Menschen, bisweilen Leute, die Ihnen ganz fremd sind, bereitwillig Ihre Fragen und bemühen sich, Ihre Bitten zu erfüllen?

Warum opfern Menschen, die an und für sich kein besonderes Interesse an Ihnen persönlich haben, ihre Zeit und nehmen oft eine Menge Schwierigkeiten auf sich, um Ihnen die gewünschten Informationen zu verschaffen?

Die Antwort auf diese Fragen finden Sie im nächsten Kapitel. Bis dahin aber: *Fangen Sie gleich mit dem Fragen und Bitten an!* Machen Sie daraus eine kleine Weltanschauung! Sie werden feststellen, daß es sich bezahlt macht . . . je länger, je mehr.

Kapitel 14

Warum andere Menschen tun werden, was Sie wollen

»Bittet, so wird euch gegeben werden!« *Bitten Sie – und andere Menschen werden Ihnen Ihre Bitten erfüllen.*

Warum?

Man bringt uns von klein an bei, alles zu tun, worum man uns bittet. Diese Erziehung beginnt schon beim Kleinkind, und zwar von dem Moment an, wo es zu verstehen anfängt, was man zu ihm spricht. Wenn ein Kind sprechen lernt, erwartet man von ihm – und erwarten heißt hier, daß sich das Kind kaum davor drücken kann, unserer Erwartung zu entsprechen –, daß es unaufhörlich und prompt auf ein wahres Feuerwerk von Fragen antwortet.

Der typische Dialog verläuft ungefähr so:

»Wer bin ich? Bin ich die Mama?« Es geht dabei ja nicht von Anfang an alles glatt. Aber schön langsam lernt das Kind, auf diese Fragen der stolzen Mama befriedigend zu antworten: »Mama!«

Dann läuft die gleiche Routine für Papa ab. Mutter: »Wer ist das? Ist das der Papa?« Kind: »Papa!«

So verläuft also der KONDITIONIERUNGSPROZESS. *Das Kind lernt, auf Fragen und Bitten positiv zu reagieren* – und das geht das ganze Leben so weiter, immer etwa nach dem selben Rezept.

Mutter: »Was sagt das Hündchen?« Kind: »Wau – wau!«

Mutter: »Und wie macht das Miezekätzchen?« Kind: »Miau!«

Das Bombardement von Fragen geht weiter, immer und unaufhörlich weiter. Das Kind wird gebeten, etwas zu tun oder etwas zu sagen; häufig werden die Bitten – oder besser gesagt, *die verkleideten Befehle* – in Frageform gestellt, dadurch verdoppelt sich die Wirkung.

»Wie heißt das kleine Mädchen von nebenan?« – »Was habt ihr im Seelsorgeunterricht gelernt?« – »Wo warst du den ganzen Nachmittag?« – »Wo hast du denn den roten Vogel gesehen?« – »Möchtest du zum Picknick mit uns kommen?« – »Was möchtest du zu Mittag essen?« – »Gibst du mir bitte deine Kniestrümpfe?« – »Stellst du dein Dreirad aus der Einfahrt, damit Vati den Wagen in die Garage fahren kann?«

Immer mehr Bitten und Fragen, eine jede eine Antwort erfordernd. Häufig ist es noch dazu *eine Antwort, die nicht nur Worte, sondern auch Gehorsam erfordert.*

Dann kommt die Schule. Die halbe Zeit wird in der Schule bekanntlich damit verbracht, *Fragen der Lehrer zu beantworten.* Aus Fragen und Antworten ergibt sich der Maßstab, mit dem der Lernerfolg gemessen wird. Der Lernerfolg aber ist seinerseits der Prüfstein für die Güte der angewendeten Lehrmethoden. Der Wert des Gelernten wieder entscheidet über den Wert des Lehrers: Nicht was der Lehrer weiß oder durch akademische Titel als bestätigtes Fachwissen nachweisen kann, sondern was er in die Herzen und Köpfe seiner Schüler pflanzen kann, macht seine Qualität aus.

Diese jahrelange Berieselung mit Fragen und Bitten und bittenden Fragen, tagein, tagaus, jahrein, jahraus, das läuft auf eine sowohl bewußte als auch unbewußte geistige Konditionierung im klassischen Sinn hinaus: *Das »eingelernte Verhalten« beantwortet Bitten und Fragen mit Erfüllung und Beantwortung.* Eine unbewußte Gewohnheit, ja geradezu eine Lebenshaltung ist die Folge, die sich in reflexartigen Reaktionen äußert, denen sich kaum jemand entziehen kann.

Nach dem Abschluß der Schulzeit ist jedoch die Trainingszeit für das Spiel der Fragen und Bitten keineswegs zu Ende. Ganz im Gegenteil: Jetzt beginnt die geistige Konditionierung von neuem, die einen Heranwachsenden noch stärker dazu bringt, auf Fragen und Bitten positiv zu reagieren. Die Schule ist zwar gottlob aus; doch *nun kommt die Geschäfts- und Berufswelt,* und das ist eine Welt, die von Chefs, Vorgesetzten, Ranghöheren wimmelt. Wenn Sie irgendwo ganz neu anfangen, ist schlechthin jeder Ihr Vorgesetzter. Doch verzweifeln Sie nicht! Wenn Sie dieses Buch zu Ende gelesen haben, sind Sie zuverlässig auf dem besten Weg.

Aber selbst wenn Sie Präsident eines großen Konzerns werden, gibt es immer noch höhere Instanzen: die Aktionäre – womöglich gleich tausende –, Ihr Aufsichtsrat, die Kunden Ihres Unternehmens, die staatlichen Kontrollstellen, die Ministerien. Dazu kommen dann noch die zahllosen anderen Leute und Gesellschaften verschiedenster Art, deren Autoritätsanspruch zwar fragwürdig sein mag, deren Entschlossenheit, sich mit erfüllungsheischenden Bitten an Sie zu wenden, aber unüberhörbar ist.

Sie werden also vermutlich immer irgendwelche Vorgesetzte oder höhere Instanzen über sich haben, nach denen Sie sich richten müssen. *Es wäre daher wohl das Beste, wenn Sie sich so rasch wie möglich an das die Beziehung zwischen Chef und Untergebenen bestimmende Verhältnis gewöhnen.* Sie tun, worum man Sie bittet, und zwar schnell, höflich und möglichst fehlerlos – oder Sie finden sich eines schönen Tages beim Öffnen des bewußten »blauen« Briefes wieder, der einen schwarzen Endpunkt unter Ihre Laufbahn in dieser Firma setzt.

Die Techniken, die im Geschäftsleben zu Erfolg führen, haben sich geändert. Es ist daher empfehlenswert, daß Sie in Ihrem eigenen Interesse die nächsten Punkte sorgfältig studieren. Wenn Sie es nämlich nicht schaffen, sich den neuen Anforderungen an wirtschaftliche Führungskräfte entsprechend zu verändern, sind Sie auf dem besten Weg zu einem Abstellplatz für wirtschaftliche Versager und menschliche Wracks.

Niemand wird heute noch ein Spitzenmanager, indem er sich nach oben boxt. *Die Tage der rücksichtslosen Kämpfe um Aufstiegsmöglichkeiten sind vorbei.* Im modernen Geschäftsleben sind alle Unsitten fehl am Platz. Wer auf der Leiter des Erfolges höherkommen will, indem er dem Unglücklichen auf der tieferen Sprosse auf die Finger tritt, wogegen er dem Glücklichen auf der höheren Sprosse die Füße leckt, kommt nicht weit. Nein, es gibt heute keinen Kampf um den Erfolg mehr.

Heutzutage muß man vielmehr von seinen Mitmenschen emporgehoben werden, wenn man eine einflußreiche Position anstrebt. *Das Geheimnis des Erfolges liegt darin, den anderen das Heben möglichst leicht zu machen.*

Das bedeutet für Sie zuerst einmal Zusammenarbeit mit jedem Menschen, mit dem Sie zu tun haben. Sie müssen alle Fragen beantworten, alle Bitten erfüllen, die an Sie gerichtet werden, und das schnell, höflich und zufriedenstellend. *Sie müssen mehr tun, viel mehr sogar, als von Ihnen erwartet wird.* Sie müssen zweifellos auch selbst Fragen stellen. Zum Beispiel könnten Sie Ihren Vorgesetzten oder den Direktor der Firma fragen, was Sie noch tun könnten, um sich nützlich zu machen.

Das ist wichtig. Einer der führenden amerikanischen Geschäftsleute unserer Tage besteht darauf, daß es nur eine einzige, aus fünf Wörtern bestehende Erfolgsmethode gibt: *»Machen Sie sich immer nützlicher!«* Das hat, wenn es auch im ganzen zu einfach ist, viel für sich.

Das ganze Berufsleben ist eine unaufhörliche *Folge von erfüllten Bitten und beantworteten Fragen.* Ein Beispiel eines Vorgesetzten: »Fräulein Berger, würden Sie bitte zum Diktat kommen?« – »Fräulein Berger, könnten Sie Herrn Huber bitte sagen, daß ich ihn sprechen möchte?« – »Fräulein Berger, bringen Sie mir bitte die Akte Schmidt & Co?« – »Fräulein Berger, verbinden Sie mich bitte mit Direktor Schwarz?«

Fräulein Berger, tun Sie bitte dies, tun Sie bitte das! Könnten Sie bitte hierher kommen oder rasch mal dorthin gehen! Fräulein Berger ist natürlich, wie alle Angestellten, bewußt oder unbewußt *konditioniert, auf solche Bitten und Fragen sofort zu reagieren.* Und sie handelt tatsächlich prompt, höflich und zuverlässig – oder es geht ihr schlecht.

Heutzutage sind auch die leitenden Angestellten auf allen Ebenen bereits daraufhin *konditioniert zu tun, worum man gebeten wird* – prompt, zuvorkommend, gründlich. Denn auch alle leitenden Angestellten haben Chefs; und wer erst einmal ganz hinauf an die Spitze gelangt ist, der wird merken, daß die öffentliche Meinung ein Boß ist, der noch viel anspruchsvoller ist als alle anderen.

So werden wir also alle von der frühesten Jugend an und weiter durch unser ganzes Leben ohne Unterlaß *trainiert zu tun, was man von uns verlangt.* Diese Handlungsweise wird zum KONDITIONIERTEN REFLEX. Häufig machen wir ganz selbstverständlich, worum wir gebeten wurden, ohne überhaupt zu überlegen.

Aber sogar wenn wir einen Augenblick innehalten und konkret darüber nachdenken, ob wir die Bitte, die man an uns gerichtet hat, tatsächlich erfüllen sollen, sogar *dann drängen uns die Macht der Gewohnheit, die hinter einem lebenslangen Training steht, und die eingeschliffenen Reflexe,* eine Entscheidung im positiven Sinn zu fällen und die Bitte nicht abzuschlagen. Ein Mensch, der versucht, eine Bitte zu ignorieren, gleicht einem Schwimmer, der gegen die Strömung schwimmen will. Es ist ganz einfach unnatürlich, dementsprechend schwierig und oft sogar gefährlich.

Umgekehrt können natürlich auch Sie sicher sein, daß die Menschen, an die Sie sich mit einer Frage oder einer Bitte wenden, ein ganzes Leben lang darauf trainiert worden sind, solchen Bitten zu entsprechen. *Also fragen und bitten Sie, sooft es geht!*

Manche Psychologen meinen, der Hauptanstoß zum Handeln (stärker als jeder andere) sei der *Wunsch der Menschen, als bedeutend und wichtig zu gelten.* Einige Psychologen gehen sogar soweit zu behaupten, daß eigentlich jeder Mensch ein Schild vor der Brust tragen müßte, auf dem in Riesenlettern zu lesen steht: »Ich möchte jemand von Bedeutung sein!« Die dauernde Erinnerung an diese Tatsache würde, nach Ansicht dieser Wissenschaftler, die zwischenmenschlichen Beziehungen immens erleichtern und – unter Vermeidung einer Menge unnötiger Reibereien – eine viel bessere Zusammenarbeit ermöglichen.

Wenn Sie jemanden bitten, etwas für Sie zu tun oder Ihnen etwas zu geben, Sie mit einer benötigten Information zu versehen usw., dann können Sie mit Sicherheit damit rechnen, daß er sich stark dazu gedrängt fühlt, Ihre Bitte zu erfüllen, *weil er dadurch seine eigene Bedeutung beweisen kann.* Er kann sich Ihnen dann überlegen fühlen – aufgrund der herzerwärmenden Gewißheit, daß er einem anderen helfen konnte.

Sie haben aber Ihrerseits ebenfalls davon profitiert. *Sie haben schließlich bekommen, was Sie wollten.* Und Sie haben die gleichfalls herzerwärmende Gewißheit, daß Sie jemandem anderen dazu verhelfen konnten, sich wichtig und hilfsbereit zu fühlen.

Der mit einer Bitte Angesprochene würde tatsächlich sein Gefühl der Bedeutung verlieren, wenn er sich weigerte, Ihrer Bitte nachzukommen. *Das könnte den Anschein erwecken, daß er dazu nicht in der Lage ist.* Außerdem wäre es unhöflich und ein bißchen unfreundlich, eine vernünftige, höfliche, liebenswürdig ausgesprochene, durchaus angemessene Bitte einfach abzulehnen. Nur wenige Menschen werden es auf sich nehmen, sich in einem so unvorteilhaften Licht zu zeigen.

Aber es gibt natürlich immer wieder Leute, die das trotzdem tun. Es wäre also ziemlich *klug, sich auch auf die Möglichkeit einer Absage einzurichten.* Unsere Welt ist nun einmal – früheren Versicherungen zum Trotz – *nicht* »die beste aller möglichen Welten«.

Mark Aurel, der Philosoph und vermutlich der weiseste unter den Herrschern des Römischen Weltreiches, schrieb in sein Tagebuch: »Ich werden heute Menschen treffen, die zuviel sprechen, die *egoistisch, selbstsüchtig und undankbar* sind. Aber ich werde deswegen weder überrascht noch betroffen sein, denn ich könnte mir eine Welt ohne solche Menschen nicht vorstellen.«

Ja, auch Sie werden solche Leute kennenlernen. Sie werden Ihnen nicht nur Ihre Bitten abschlagen, sondern oft nicht einmal Ihre berechtigten Fragen höflich beantworten. Aber lassen Sie sich durch solche verstockte, stark neurotische Zeitgenossen nicht stören. *Gehen Sie mit fröhlicher Entschiedenheit über dergleichen unangenehme Erlebnisse hinweg* und folgen Sie weiter dem Weg zum Erfolg. Vergessen Sie nicht: Mit dem Erfolgsstreben ist es wie mit dem Radfahren: immer treten – will sagen: fragen und bitten –, sonst fällt man um!

Ermutigen Sie andere zum Reden, indem Sie sie fragen: »Was meinen Sie, was man gegen das und das tun könnte?« – Übrigens ein unwiderstehlicher Auftakt für ein Gespräch!

»Welche Erfahrungen haben Sie in solchen Situationen gemacht?« – Widersprechen Sie Ihrem Gegenüber dann aber nach Möglichkeit nicht!

»Was halten Sie davon?« – »Wie würden Sie das Problem lösen?«

Der berühmte Schauspieler Will Rogers pflegte zu sagen: »Wir haben eine ganze Menge von einem Affen in uns. Es braucht uns nur irgend jemand irgend etwas in den Käfig zu werfen, und schon werden wir es genau betrachten und uns darüber den Kopf zerbrechen.«

Das trifft auch auf Fragen und Bitten zu. Die meisten »normalen« Menschen wie Sie und ich *können einer vernünftigen und höflich formulierten Bitte oder Frage nicht widerstehen.* Sie müssen sich der Sache annehmen oder, wie Will Rogers es ausgedrückt hat, sich den Kopf darüber zerbrechen, weil es sich dabei um eine instinktive Reaktion handelt, um einen konditionierten Reflex, dem sich kaum jemand zu entziehen vermag.

Es ist schon so, wie die Psychologen experimentell festgestellt haben: Der seit frühester Kindheit jahrelang eingeübte Zwang, jede Frage mit einer Antwort und jede Bitte mit deren Erfüllung zu erwidern, ein Zwang, den wir als überaus wichtigen Faktor im Berufsleben erkannt haben, *wird die Menschen meist dazu bringen zu tun, worum sie gebeten werden.* Das ist die Antwort auf das Warum, jene Frage, die wir uns zu Beginn dieses Kapitels stellten. Die Antwort liegt in den beiden magischen Wörtchen bitten und fragen, dem sichersten Weg zu allem, was Sie sich wünschen.

In den folgenden Kapiteln wollen wir uns näher ansehen, wie bewährte »Zaubermethoden« des Bittens und Fragens, die Ihnen den gewünschten Erfolg sichern, konkret aussehen.

Kapitel 15

Erleichtern Sie die Erfüllung Ihrer Bitten

Bevor Sie nicht die in diesem Buch aufgezeigten BEWÄHRTEN ERFOLGSMETHODEN wirklich beherrschen und auch anwenden, werden Sie vermutlich bezweifeln, daß es wirklich so leicht ist zu bekommen, was man will, indem man einfach *auf die richtige Art fragt oder bittet.* Die »richtige Art« liegt jedoch darin, es den anderen leichter zu machen, das zu tun, was Sie vernünftigerweise von ihnen verlangen, als es nicht zu tun. Wie geht man dabei am besten vor?

Wir haben Ihnen im vorstehenden Kapitel erklärt, warum Menschen tun, was man von ihnen verlangt: eben weil wir alle gelernt, ja uns in unserer Erwartungshaltung geradezu schon darauf eingestellt haben zu tun, worum wir gebeten werden. Dieses »Tun, worum man gebeten wird« ist, wie gesagt, eine Art *konditionierter Reflex, der in der frühen Kindheit angelegt und im weiteren Leben immer stärker eingeschliffen wird.* Ohne ihn könnte unsere Zivilisation nicht so glatt funktionieren, das Ergebnis wäre Chaos und letzten Endes die Zerstörung der geordneten Gesellschaft.

Fragen und Bitten sind daher so etwas wie PSYCHOLOGISCHE DRUCKSCHALTER. Sie drücken auf den Knopf, indem Sie bitten, und der andere wird »eingeschaltet« und tut, was Sie erbeten haben.

Natürlich dürfen Sie *nicht erwarten, daß Ihnen alle Menschen alles geben werden,* was Sie gerne möchten, noch daß sie alles erfüllen, was Sie verlangen, noch etwa gleich auf Ihre erste Bitte hin. Vielleicht werden sie Ihrer Bitte sogar überhaupt nicht nachkommen; auch das ist möglich. Doch Sie brauchen – und das wird Sie überraschen – keineswegs eine besonders hohe Quote positiver Reaktionen, um bereits erfolgreich zu sein.

Die Technik des Bittens und Fragens beruht auf dem WAHRSCHEINLICHKEITSGESETZ. Wir werden in einem späteren Kapitel noch aufzeigen, wie man die Wahrscheinlichkeitsregel anwendet, um so zu bitten, daß der Erfolg garantiert ist. Garantiert ist dabei nicht der Erfolg, auf jede Frage oder Bitte eine positive Antwort zu erhalten; aber garantiert erhalten Sie *genügend positive Reaktionen, die Ihnen Ihren Erfolg sichern!*

Eine zweite psychologische Knopfdruckmethode für richtiges Bitten wollen wir uns ebenfalls erst später, nämlich im Zusammenhang mit anderen Erfolgsmethoden, ansehen. Dennoch sollten Sie jetzt schon einige der wichtigsten GRUNDSÄTZE PSYCHOLOGISCH WIRKSAMER MENSCHENBEEINFLUSSUNG kennenlernen und sofort auch anwenden, die bei Fragen und Bitten zu beachten sind:

1. Bitten Sie *höflich*. Das bedeutet nicht einfach, daß Sie das Wörtchen »bitte« verwenden sollen; das ist schließlich eine Selbstverständlichkeit. Vielmehr sollen Sie Ihre Bitte ausgesucht höflich vorbringen.
2. Fragen oder bitten Sie *in deutlicher Erwartungshaltung*. Ihre Stimme, Ihre ganze Verhaltensweise soll ausdrücken, daß Sie erwarten, daß der Angesprochene Ihnen selbstverständlich und mit Freude Ihre Bitte erfüllen wird.
3. Bitten Sie nur um Dinge, die *vernünftig und zumutbar* sind. Das betrifft sowohl den Inhalt Ihrer Bitte als auch die Art, wie Sie Ihre Bitte formulieren.
   Kein Mensch wird nämlich etwas Unvernünftiges oder Unzumutbares auf sich nehmen, nur weil Sie ihn darum gebeten haben. Wenn Sie wiederholt Absurdes oder Sinnloses verlangen, werden Sie sich damit eine Menge äußerst unangenehmer Konsequenzen einhandeln. Außerdem muß das, worum Sie bitten, nicht nur sinnvoll sein, es muß sich darüber hinaus auch noch vernünftig anhören. Je eindeutiger Ihre Bitte ist, je logischer sie sich anhört, desto bereitwilliger wird sie erfüllt werden.
4. Bitten Sie *überzeugend*. Der Erfolg der Methode des Bittens beruht nicht zuletzt auf der Wirkung Ihrer persönlichen

Überzeugungskraft. Stellen Sie nie Forderungen. Sagen Sie nie, daß Sie etwas »verlangen«. Legen Sie nicht einmal in den Ton Ihrer Stimme den Nachdruck einer Forderung.

5. Bitten Sie *liebenswürdig* und ohne dahinterstehende Nötigung. Lassen Sie weder in Ihrer Stimme noch in Ihrer Haltung den leisesten Druck anklingen. Druck erzeugt bekanntlich Gegendruck, und Widerstand ist genau das, was Sie am allerwenigsten erzeugen wollen. Was Sie vielmehr anstreben, ist Zustimmung, Hilfsbereitschaft und freundliches Entgegenkommen.
6. Bitten Sie *optimistisch*. Lassen Sie an Ihrer Stimme, an Ihrem ganzen Verhalten erkennen, daß Sie den Angesprochenen ganz selbstverständlich für einen hilfsbereiten und entgegenkommenden Menschen halten, der mit Vergnügen Ihre Bitte erfüllen wird.
7. Bitten Sie *mit Festigkeit* und ohne Scheu: Dies ist der schwierigste – und wahrscheinlich auch der wichtigste – Punkt der Methode erfolgreichen Bittens und Fragens. Sie müssen den sicheren Eindruck erwecken, daß Ihre Bitte so logisch, vernünftig und berechtigt ist, daß Sie selbstverständlich, wenn auch in aller Liebenswürdigkeit auf ihrer Erfüllung bestehen werden. Und Sie müssen Ihre Bitte auf feste Art stellen, ohne Zaudern, mit dem Unterton der Beharrlichkeit, aber dennoch immer höflich, liebenswürdig und überzeugend, vor allem ohne jeden unangenehmen Zwang und ohne die geringste Feindseligkeit, nicht einmal in Spuren. Entwickeln Sie die Fähigkeit, ohne Druck auf Ihrer Bitte zu beharren. Wenn Sie das einmal gelernt haben, werden Sie es damit anderen Menschen viel leichter machen, Ihren Bitten zu entsprechen, als sie abzulehnen – und damit ist *Ihr Erfolg gewährleistet.*

Das betrifft übrigens Ihre Verhaltensweise gegenüber allen Gesprächs- oder Verhandlungspartnern, ob Sie sich einzelnen Menschen oder ganzen Gruppen gegenübersehen. Aber nehmen wir gleich einmal ein BEISPIEL AUS DEM GESCHÄFTSLEBEN:

Die erfolgreichsten Geschäftsleute wissen, daß es einfach zuviel Zeit kostet, mit einem Kunden oder einem Kaufinteressierten um Nebensächliches zu streiten oder auch nur zu debattieren. Bei den heutigen hohen Personalkosten würde die Arbeitszeit von höheren Angestellten oder gar leitenden Managern weit mehr kosten als das, was durch langwierige Auseinandersetzungen eingespart werden kann.

Das Teuerste im Geschäftsleben von heute ist Zeit! Die zielführende Geschäftspolitik läuft daher darauf hinaus, einem Kundenwunsch liebenswürdig und zuvorkommend zu entsprechen, wenn die Ablehnung desselben aufgrund der dafür aufzuwendenden Zeit mehr kostet als der Nachteil, den man mit dem Eingehen auf die Forderung in Kauf nimmt. Seien Sie als Verhandler vernünftig, geben Sie in solchen Fällen nach, und zwar rasch, und vergeuden Sie keine teure Zeit mit Debatten!

Diese Geschäftspolitik setzte sich schon vor längerer Zeit durch. Damals prägten klüger kalkulierende Firmen den heute berühmt gewordenen Slogan: »*Der Kunde hat immer recht!*« Ihre Umsätze stiegen raketenartig an – und mit diesen auch ihre Gewinne. Heute arbeiten fast alle Geschäftszweige nach diesem Grundsatz, auch wenn er gegenwärtig kaum noch in der Werbung aufscheint. Er ist bereits zur Selbstverständlichkeit geworden – Herumstreiten ist einfach zu teuer!

Streitigkeiten mit Kunden verursachen nicht nur Personalkosten; sie vermindern auch die Zahl der Geschäftsabschlüsse und lösen zusätzlich noch Feindseligkeit seitens der Kunden aus – eine Art *negativer Werbeeffekt.* Jedes kostenbewußte und auf gute Public Relations bedachte Unternehmen wird daher nach dem bewährten Grundsatz vorgehen, daß es sowohl billiger als auch besser für das Geschäft ist, den Kunden wenn irgendmöglich recht zu geben und ihren vernünftigen Wünschen umgehend nachzukommen.

Der Autor dieses Buches hat als Verkaufsberater von einhundertzwei amerikanischen Gesellschaften gelernt, daß ein Verkäufer nichts Besseres lernen kann als die Kunst, dem potentiellen Kunden auf dessen eigene Art kaufen zu helfen, anstatt ihm etwas auf die Art der Firma zu verkaufen. Es geht also letztlich darum, *dem Käufer zu helfen, das zu kaufen, was er braucht und kaufen will, statt ihm etwas zu verkaufen, das der Verkäufer verkaufen will.* Aufgrund unaufdringlicher Beratung durch den Verkäufer wird der Kunde sich die Ware schließlich sozusagen selbst verkaufen. So wird das Verkaufen leicht und angenehm!

Gut geführte Unternehmen haben gelernt, daß es sich lohnt, nach dem Prinzip »Der Kunde ist König« vorzugehen. Ihre Repräsentanten wissen, daß es unvernünftig ist, nicht zu tun, worum die Leute sie bitten. Sie als Kunde können also mit ziemlicher Sicherheit damit rechnen, daß die meisten Firmen positiv auf Ihre etwaigen Bitten reagieren werden. Natürlich müssen Ihre Bitten vernünftig bleiben.

Das gilt nicht nur im Geschäftsleben. Fast alle Menschen werden tun, worum Sie vernünftig bitten, aus dem praktischen Grund, daß es meist *leichter ist, Bitten zu entsprechen, als lange, aufreibende Erklärungen und Diskussionen oder sogar Streitereien zu riskieren,* die sich aus der Ablehnung einer höflichen und vernünftigen Bitte ergeben könnten. Außerdem wird, wer Ihnen durch rasche und liebenswürdige Erfüllung des geäußerten Wunsches entgegenkommt, Ihre *Dankbarkeit und Sympathie gewinnen.*

Wenn Sie eine Bitte mit der deutlich erkennbaren Absicht äußern, unter allen Umständen auf Ihrem Ersuchen zu beharren, und wenn Sie dabei trotzdem liebenswürdig bleiben, unterstreichen Sie psychologisch die Vorteile, die es für den Angesprochenen hat, Ihren Wünschen nachzukommen, beziehungsweise eventuellen Nachteilen, die er im Fall einer Ablehnung zu gewärtigen hat.

Außer dem Gesetz der Wahrscheinlichkeit ist die UNTERSCHWELLIGE BEHARRLICHKEIT der Faktor, der die Chance einer positiven Antwort auf Ihre Fragen und Bitten am deutlichsten erhöht.

Denken Sie immer daran: Ihre »unterschwellige Beharrlichkeit« muß *höflich, freundlich und überzeugend* wirken, ohne aggressiven Druck oder auch Drohungen anklingen zu lassen.

Vermitteln Sie Ihrem Gegenüber den Eindruck, daß ein Nein auf Ihre Bitte Sie keineswegs veranlassen wird, fluchtartig den Raum zu verlassen. Stellen Sie vielmehr ruhig die Frage: »*Warum nicht?*«, und warten Sie ohne Eile eine vernünftige Erklärung ab. Zeigen Sie dabei keine Spur von Streitsüchtigkeit. Versuchen Sie auch nicht zu argumentieren. Sie dürfen keinen Druck ausüben! Sie sollten viel eher das Gefühl erwecken, daß Sie freundlich und geduldig sind und sich die Zeit nehmen, bis Ihr Gegenüber eingesehen haben wird, wie berechtigt und logisch Ihre Bitte ist, und sich zu einer positiven Antwort aufrafft.

Machen Sie auf nette, freundliche Art deutlich, daß es ganz sicher leichter, angenehmer sein wird, gleich zu erfüllen, worum Sie gebeten haben, als den Zeitaufwand und die unerfreulichen Folgen einer ungerechtfertigten Ablehnung auf sich zu nehmen. Ja, es stimmt schon: *Gekonnt muß man bitten und fragen* – und es handelt sich dabei um eine *Kunst, die es wert ist, wirklich gut geübt zu werden, bis man sie perfekt beherrscht.*

In diesem *»Schlüsselbuch bewährter Erfolgsmethoden«* werden Sie noch weitere Techniken der Menschenbeeinflussung kennenlernen, die Ihr methodisches Bitten und Fragen so verbessern werden, daß Sie damit wunderbar anmutende Ergebnisse erzielen werden.

Kapitel 16

Verwenden Sie niemals das Wort »Forderung«

Die Art, wie Sie bitten, ist häufig ebenso wichtig wie die Sache, um die Sie bitten. Wie Sie Ihre Bitte formulieren, wird meist darüber entscheiden, ob Sie bekommen werden, was Sie sich wünschen, oder nicht. Daher ist es von GRUNDLEGENDER BEDEUTUNG, daß Sie *lernen, wie man fragt und bittet* – und wie man nicht fragt und bittet.

Die kürzeste und klarste Form, auf die sich die grundsätzlichen Ausführungen dieses Kapitels bringen lassen, finden Sie bereits in der Überschrift: *Verwenden Sie niemals das Wort »Forderung«* – und auch kein sinnentsprechendes Wort!

Damit wird eine Regel aufgestellt, die keinerlei Ausnahmen duldet! Sie ist leicht zu behalten und der wichtigste Bestandteil der Methode, durch Bitten und Fragen zu bekommen, was Sie sich wünschen. Nur sollten Sie immer und überall an diese Regel denken, wenn Sie in Versuchung geraten, auch nur den leisesten Druck auszuüben: »Fordern« Sie niemals! »Verlangen« Sie niemals!

Arrogantes Fordern ist ein untaugliches Mittel und führt ebenso sicher zum Mißerfolg wie der Einsatz physischer Gewalt bei Meinungsverschiedenheiten. Forderungen, die ja üblicherweise noch mit wirklichen oder angedeuteten Drohungen einhergehen, sind tatsächlich das *bestgeeignete Mittel, sofort entschiedenen Widerstand hervorzurufen,* der prompt garantiert, daß alles, was gefordert wurde, verzögert, beeinträchtigt oder gar einfach abgelehnt wird – was dann regelmäßig Gekränktheit und verdeckte oder offene Feindseligkeit auf beiden Seiten zur Folge hat.

Es ist beileibe nicht der Zweck dieses Buches, die moralische Berechtigung oder die Durchsetzbarkeit von Forderungen irgendwelcher Gruppen (meist von Minderheiten) gegenüber einer anderen Gruppe (meist einer Mehrheit) zu beurteilen oder zu bewerten. Da jedoch so offensichtlich und heftig geforderte Veränderungen jeweils zumindest von einigen Leuten wirklich gewünscht werden, stimmt es mit unserer Zielsetzung überein, klar und deutlich festzustellen: *Wenn Sie bekommen wollen, was Sie sich wünschen, dann sind Forderungen nicht der leichte und einfache und auch nicht der sichere Weg.* Sie bieten vielmehr fast die Gewähr, daß Sie gar nichts bekommen.

Und tatsächlich werden viele Anliegen allein wegen der Art verweigert, in der sie vorgebracht wurden. Dabei wären manche dieser Wünsche durchaus berechtigt und würden oft ohne weiteres erfüllt werden, wenn sie nicht als »Forderungen« und nicht so arrogant vorgebracht worden wären. Es liegt nun einmal in der Natur des Menschen, daß er sich nicht gerne zu etwas zwingen läßt.

Wenn aber Widerstände bereits vorhanden sind – aus welchen Gründen auch immer –, dann werden sie durch Forderungen, die ein demütigendes Nachgeben der anderen Seite erzwingen wollen, nur verstärkt. Dazu flammt noch eine gewisse Feindseligkeit auf, die die Gegensätze weiter verschärft.

Fordern ist nicht produktiv! Statt die Gewährung von Bitten zu erleichtern, macht es sie schwerer. Es ist ein sowohl psychologisches als auch physikalisches Gesetz, daß Druck Gegendruck erzeugt. Wenn Sie den Eindruck erwecken wollen, daß Sie andere durch Druckausübung zwingen möchten, Ihren Wünschen nachzugeben, dann brauchen Sie nur zu sagen: »Ich fordere . . . !« oder ein dementsprechendes Synonym zu verwenden: »Ich will!«, »Ich verlange von Ihnen!« usw.

Die Reaktion der von Ihnen so Angesprochenen wird – ganz gleich, wie wichtig die Angelegenheit ist – in sofortigem entschiedenem Widerstand bestehen. Und wenn Sie dann noch weiter gehen und die ganze Verhandlung sofort zum Platzen bringen wollen, dann sagen Sie ganz einfach: »Über meine Forderungen gibt es keinerlei Diskussionen!« – Wumm! Schon ist die Sache geplatzt.

Sehen wir uns einmal zwei mit Absicht sehr extrem gewählte Beispiele für Forderungen an und überlegen wir gemeinsam die wahrscheinlichen Folgen.

Ein Ehemann kommt von der Arbeit heim. Statt nun seine Frau zu begrüßen, schreit er sie an: »Ich will mein Abendessen, und zwar sofort!« Was wird die Frau wohl zur Antwort geben? Und wird er sein Essen so rasch serviert bekommen?

Oder: Ein Vertreter geht einen Kunden an, indem er ihn anbrüllt: »Genug der Worte! Jetzt will ich diesen Auftrag, und zwar zu meinen Bedingungen!« Man kann sich leicht vorstellen, daß er vermutlich gleich zwei Aufträge bekommen wird, nämlich erstens, sofort zu verschwinden, und zweitens, sich nie wieder blicken zu lassen.

Spielen Sie einmal in Ihrer Phantasie durch, was passieren wird, wenn Sie in einer Reihe verschiedener Situationen fordernd vorgehen. Und dann stellen Sie sich die Reaktionen auf die von Ihnen erhobenen Forderungen vor. Diese Antwort ist einfach: Ihr *Fordern endet bei offener Feindseligkeit oder schweigendem Haß*; der so Angesprochene ist, je nach seinem Charakter, *beleidigt, oder er leistet Ihnen, wo und wie er nur kann, erbitterten Widerstand.*

Und doch ziehen immer wieder Menschen aus allen Schichten und in den verschiedensten Lebenssituationen – von den völlig machtlosen bis zu jenen, die große, nach Macht strebende Organisationen vertreten – Ressentiments, Widerstand und sogar erbitterten Haß nur dadurch auf sich, daß sie Forderungen stellen: »Ich fordere ...«, »Wir verlangen ...«.

Man kann sie bei Verhandlungen so erleben, man kann sie bei Versammlungen, Demonstrationen oder bei Gesprächsrunden im Fernsehen beobachten. Ihre Gesichter sind von Haß und Verachtung verzerrt, und sie schreien wild ihr »Wir fordern« hinaus und bekräftigen: »Unsere Forderungen sind unabänderlich, darüber diskutieren wir nicht!«

Diese Tonart der Sprache – die mit Sicherheit Widerstand auslösen und Feindseligkeiten provozieren wird – weist die Menschen, die sich ihrer bedienen, als freche, arrogante und auch dumme Menschen aus: sie geben vor, mächtig zu sein, müssen aber in Wirklichkeit, wie jeder Psychiater bestätigen wird, *einen*

Minderwertigkeitskomplex überkompensieren, der tief in ihrem Unterbewußtsein verborgen liegt. Sie sind in Wahrheit ihrer selbst sehr unsicher; nur darum versuchen sie mit allen Mitteln, ihr mangelndes Selbstbewußtsein zu vertuschen, indem sie lautstark »fordern« und ihre Forderungen aggressiv herausschreien. Je unsicherer sie sich fühlen, desto lauter schreien sie!

Indem sie aus ihren Forderungen eine theatralische Kraftshow machen, wollen sie demonstrieren, daß sie Macht besitzen – aber das Gegenteil ist der Fall. *Die wirklich Mächtigen haben es nämlich gar nicht nötig, Forderungen zu erheben. Und sie tun es auch niemals!*

Menschen und Organisationen, die mächtig genug sind, ihre Wünsche ohne Widerspruch durchzusetzen, fordern niemals. Sie »bitten« oder »regen an« – das genügt bereits. Eine Forderung zu stellen, ist in Wahrheit ein *Eingeständnis der Schwäche,* das ungewollt durch Drohungen verdeutlicht wird.

Alles, was Sie tun müssen, um zu bekommen, was Sie wollen, beschränkt sich darauf, die bewährten Erfolgsmethoden dieses Schlüsselwerks des Erfolges anzuwenden. Und eine der sichersten Methoden ist: *Immer bitten, niemals fordern!* Es ist ein wesentlicher Zweck dieses Buches, Ihnen zu zeigen, wie Sie fragen und bitten sollen, ohne daß Sie damit jemals Ressentiments erwecken oder Widerstand auslösen.

Kapitel 17

Warum so selten?

Nur wenige Erfolgreiche haben es ganz alleine geschafft! Tatsächlich sind so wenige Menschen allein auf sich gestellt erfolgreich gewesen – nicht einmal für das objektiv »geniefreundliche« Feld der Literatur und Musik trifft das zu –, daß wir diese Möglichkeit getrost übergehen können. Wir wollen Ihnen in diesem Kapitel lieber vor Augen führen, wie unbedingt notwendig es ist, daß Sie für Ihr Erfolgsstreben die bereitwillige Hilfe anderer einsetzen.

Wie wir schon im ersten Teil dieses Buches aufzeigten, *bekommen Sie das, was Sie wollen, am sichersten, indem Sie einfach darum bitten.* Das trifft auch auf die seitens Dritter gerne geleistete Hilfe zu, die Sie dabei unterstützt, Ihr Ziel zu erreichen.

- *Sie bitten um Hilfe* – einfach weil Sie Hilfe brauchen!
- *Sie bitten höflich* – Sie versteigen sich niemals zu einer Forderung!
- *Sie bitten geradeheraus* – aber Sie betteln nicht!
- *Sie bitten erwartungsvoll* – nämlich im Vertrauen darauf, daß die Angesprochenen Ihre Bitte erfüllen werden! Vertrauensvolles Bitten macht eine Ablehnung schwer.
- *Sie bitten beharrlich* – Ihre geduldige Ruhe erweckt den Eindruck, daß Sie bereit sind, die notwendige Zeit aufzubringen, die es braucht, bis Ihre Bitte erfüllt wird.

An wen sollten Sie sich mit Ihren Bitten wenden? Das hängt natürlich weitgehend davon ab, was Sie haben oder erreichen wollen; aber es gibt grundsätzlich zwei Hauptquellen, von denen man Hilfe erwarten kann: von BÜCHERN UND MENSCHEN.

Da es sich bei Büchern – bei guten Büchern – um eine Art »gedruckte Freunde« handelt, sind sie den Menschen *fast gleich-*

zusetzen, wenn es sich darum handelt, einen Rat zu erhalten, Informationen zu erlangen usw. Menschen müssen erst durch Lob, Bewunderung, Dankbarkeit, Zusammenarbeit oder Freundschaft beeinflußt werden, einem zu helfen. Überdies sind, wenn es sich um Menschen handelt, noch deren persönliche Interessen und alle Aspekte psychologisch richtig angesetzter Persönlichkeitsbeeinflussung zu beachten (die Sie in diesem Buch kennenlernen werden); im Fall eines Buches bedarf es dieser Überlegungen nicht. Sie brauchen »Ihr Buch« nicht erst lange zu überreden, Ihnen zu Diensten zu sein; denn ein Buch ist Ihr ergebener und überaus beständiger Ratgeber. Sie besitzen es und damit gleichzeitig alles, was dessen Inhalt ausmacht.

Wenn Sie erreichen wollen, was Sie sich wünschen, müssen Sie wohl *die Hilfe von Menschen und Büchern in Anspruch nehmen.* Viele Menschen sind zum Teil deshalb erfolglos, weil sie nur einen geringen Bruchteil der Hilfe in Anspruch nehmen, um die sie nur zu bitten brauchten. Sie fragen einfach nicht genug Leute, und sie ziehen, obwohl sie sich lesend leicht erkundigen könnten, auch nicht genügend Bücher zu Rate. So unglaublich es scheinen mag: die meisten Menschen wenden sich nicht einmal an einige wenige der vielen Hunderte von Menschen, die ihnen *helfen könnten und es auch täten, wenn sie auf die richtige Art darum gebeten würden.*

Die meisten Menschen unternehmen so wenig, ja nicht einmal das Nächstliegende, das sich ihnen geradezu aufdrängt, naheliegende Maßnahmen, die sie unendlich viel erfolgreicher machen würden, als sie es sind, so daß es wirklich den Anschein hat, daß sie – wie die Psychologen sagen – offenbar *bewußt oder unbewußt Versager sein »wollen«.*

An wie viele Menschen haben zum Beispiel Sie sich schon mit einer Bitte gewandt, wenn Sie etwas haben wollten? Überhaupt an keinen? Ein paar? Ein Dutzend? Hundert? An wie viele?

Warum fragen, warum bitten Sie so selten? Worauf warten Sie? Ergreifen Sie die Initiative und bitten Sie um Hilfe – einfach weil Sie Hilfe brauchen.

Wie viele Bücher haben Sie schon befragt (indem Sie sie gelesen haben), wie sie Ihnen helfen könnten? Überhaupt keines – außer diesem hier, das Sie jetzt lesen? Ein paar? Ein Dutzend? Hundert?

Der Autor dieses Buches ist glücklich, seine eigene Privatbibliothek zu haben, und liest Bücher fast jeden Abend bis in die Nacht. Er kann also berechtigterweise die Frage stellen, *warum Sie nicht mehr für sich tun.* Und dieses »Mehr« ist nicht mehr, als was er selbst sein ganzes Leben lang praktiziert hat und immer noch Abend für Abend tut.

Dieses Buch ist wichtig für Sie. Doch es gibt auch andere Bücher, die für Sie wichtig sind. *Warum haben Sie nicht mehr Bücher um Hilfe gebeten,* die Ihnen nützlich sein könnten, zum Beispiel auf Ihrem Fachgebiet? Lesen Sie mindestens ein Buch pro Monat. Oder lesen Sie eines, das Sie schon gelesen haben, aufs neue.

Da nur Sie allein wissen, was Sie persönlich sich am meisten wünschen, können Sie von uns keinen Tip erwarten, in welchen Büchern Sie Rat und Hilfe für Ihr persönliches Erfolgsprogramm erwarten können. Sie werden sowohl die Menschen als auch die Bücher »Ihres Umgangs« *entsprechend Ihren eigenen Bedürfnissen selbst auswählen* müssen.

Wir können Sie nur darauf hinweisen, daß es Hunderte von Büchern und Hunderte von Menschen gibt, die willens und auch dazu imstande sind, Sie dabei zu unterstützen. *Mit ihrer Hilfe bekommen Sie leicht, was Sie sich wünschen* – vorausgesetzt, Sie bitten um ihre Hilfe.

Sie müssen daher – das steht fest – eine Menge Fragen stellen und Bitten anbringen. *Warum fangen Sie nicht gleich damit an?*

Kapitel 18

Ein Kostenpunkt, der kein Geld kostet!

FRAGEN UND BITTEN sind das einfachste und sicherste Mittel, durch das Sie sich alles verschaffen, was Sie sich wünschen. *Im allgemeinen ist das auch der billigste Weg.*

Aber nichts ist völlig umsonst. Sie müssen immer etwas bezahlen – bevor, während oder nachdem Sie etwas bekommen. Das gilt auch, wenn Sie, was Sie sich wünschen, einfach durch Bitten und Fragen erhalten.

Das ist auch richtig so. Erfolg besteht nicht darin, daß man umhergeht und bettelt: »Gebt mir, gebt mir ...« Es gibt heutzutage schon genug Menschen, die darin ihr Glück versuchen. Im allgemeinen bringt es ihnen nichts ein, außer vielleicht ein paar milde Gaben.

Wir wollen uns nun einmal *den »Kostenpunkt« etwas näher ansehen, der auch dem mittels Bitten und Fragen erzielten Erfolg anhängt.* Der Preis hat verschiedene Gründe und bewegt sich in unterschiedlicher Höhe. Das wird Sie aber nicht weiter verwirren, nachdem Sie einmal erfahren haben, wie man sich beides zu erklären hat. Und das nun ist gar nicht schwer!

Es ist ganz offensichtlich, daß es sich bei den meisten Bitten oder Fragen in Wirklichkeit um nichts anderes als um *die Erzielung eines hervorragend günstigen oder »des besten« Preises einer Sache oder Leistung* handelt. Um einen echten »Bestkauf« zu tätigen, brauchen Sie nur Ihre Fähigkeiten und Ihr Geschick dafür einzusetzen, daß Sie immer den höchsten Wert zum niedrigsten Preis bekommen. Im Fall realer Käufe bedeutet »Preis« natürlich immer Geld. Das ist selbstverständlich ein äußerst wichtiger Umstand; dennoch wollen wir dieses Thema hier nicht weiter verfolgen. Wir wollen nur betonen, daß die Verbesserung Ihres methodisch richtigen Fragens und Bittens sowie eine gewisse Beharrlichkeit Ihrerseits Sie in jedem Fall in Stand setzen werden, *das »Beste« zu günstigsten Preisen zu erwerben.*

Wir wollen uns aber in erster Linie einiges von jenem Wertvollen näher ansehen, das *Sie bekommen können, ohne dafür auch nur einen Pfennig zu bezahlen.* Natürlich hat auch das seinen Preis. Doch dieser Preis hat seinen Wert nicht in Dollar, Mark oder Franken oder welcher Währung immer. Ein Preis ohne Währung?

Der Preis beläuft sich in diesem Fall auf den *Wert der Anerkennung, Bewunderung, Dankbarkeit, auf den Wert einer Zusammenarbeit oder Freundschaft.*

Die Menschen wollen nicht immer nur Geld. Viele Menschen brauchen kein Geld; sie haben alles, was sie brauchen. Aber sie entbehren – wie fast alle Menschen – der von ihnen ersehnten Zuneigung und Unterstützung; sie hungern geradezu nach Zustimmung und Bewunderung; sie sehnen sich nach Dankbarkeit, Herzlichkeit, Freundschaft. *Für viele all jener Dinge, die Sie materiell brauchen, können Sie daher mit dem bezahlen, was ein anderer Mensch dringender braucht als Geld,* das er hat. Bitte denken Sie nicht, das sei zynisch gemeint oder formuliert. Im Grunde funktioniert unser ganzes Zusammenleben zu einem guten Teil auf dieser Basis; zynisch klingt es nur, wenn man diese Basis offen zur Sprache bringt. Für Liebe und Zuneigung bieten Eltern ihren Kindern Pflege, Erziehung und freien Lebensunterhalt – wer spricht da vom Preis? Um der Anerkennung, Herzlichkeit und Liebe willen werden Ehen geschlossen. Hunderte von anderen Beispielen drängen sich auf.

Es steht nirgends geschrieben, daß solche Beziehungen nur funktionieren, *wenn die ihnen zugrunde liegende »Handelsbeziehung«* – ich gebe dir Liebe, was gibst du mir dafür? – unausgesprochen und vielleicht sogar den »Handelspartnern« selbst völlig unbewußt bleibt. Wenn Sie sich bemühen, können Sie zweifellos Anerkennung, Zuneigung, Bewunderung, Bereitschaft zur Zusammenarbeit und echte Gefühle der Freundschaft *den Menschen gegenüber beweisen, die das verdienen* und die Ihnen als

Gegenwert manches zur Verfügung stellen können, was Sie brauchen oder sich besonders nachdrücklich wünschen.

Stellen Sie sich vor, daß Sie eine einflußreiche und wohlhabende »Persönlichkeit« bitten, Ihnen in irgendeiner Angelegenheit zu helfen – würden Sie so einem Mann Geld dafür anbieten? Sicher nicht! Sie würden vielmehr Ihre Schuld durch die Bewunderung abstatten, die Sie den hervorragenden Leistungen dieses Mannes zollen, durch die Wertschätzung, die Sie ihm entgegenbringen, durch Ihre aufrichtige Dankbarkeit und die Wärme Ihrer Freundschaft. Dazu käme noch *die Bereitschaft Ihrerseits zu jeglicher Mitarbeit*, wo immer diese gebraucht würde. Wenn Sie wirklich aufrichtig und ehrlich einen von Ihnen geschätzten Menschen um Hilfe angehen, werden Sie sicher seiner Unterstützung teilhaftig – und vielleicht dazu noch einer gehörigen Portion echten Wohlwollens, das Ihnen Ihr Leben lang Nutzen bringen kann.

Aber sogar in jenen Fällen, in denen Sie tatsächlich besser mit barem Geld bezahlen, sollten Sie immer einen »Zusatzbonus« an Anerkennung und Dankbarkeit für die Chance, die man Ihnen bot, dazulegen und das freundschaftliche Angebot machen, sich Ihrerseits nützlich zu erweisen, wenn Ihnen das möglich sein sollte. Das wird Ihnen für die Zukunft besondere Aufmerksamkeit, besseren Service und andere nicht zu verachtende Vorteile eintragen – auf jeden Fall aber einen *Bonus guten Willens.* Im Laufe Ihres bisherigen Lebens werden Sie sicher schon festgestellt haben, daß Sie jeden wie immer gearteten guten Willen seitens anderer Menschen immer gut brauchen konnten.

Wie wäre es also, wenn Sie *ein imaginäres Konto eröffneten, indem Sie alles, was Sie an gutem Willen aufzubringen imstande sind, anlegen?* Sie werden sehen, daß es sich dabei um die beste Anlage Ihres Lebens handelt: Für jede Einlage Ihrerseits, die Sie in Form ehrlicher Anerkennung, Dankbarkeit und Bereitschaft zu freundschaftlicher Zusammenarbeit jenen gewähren, die Sie bitten, Ihnen zu helfen, *werden Sie für sich einen inneren Wert – eine Art wirtschaftlich bewertbaren Goodwill – erwerben.* So lohnt sich Ihre Erfolgsmethode des Fragens und Bittens sogar in zweifacher Hinsicht!

Kapitel 19

Wovor haben Sie Angst – wo Sie doch nichts verlieren können?

Sie haben ANGST davor, um etwas zu bitten, das Sie gerne haben möchten? Schrecken Sie vielleicht vor dem Gedanken zurück, *daß die Antwort auf Ihre Bitte ein Nein sein könnte?* Würde es wirklich Ihre Gefühle verletzen, ein Nein zu hören? Würde das Ihr Selbstgefühl kränken? Wären Sie deswegen persönlich beleidigt? Oder fürchten Sie vielleicht, daß der Mensch, an den Sie sich wenden sollten, beleidigt sein könnte? *Warum haben Sie Angst vor einem möglichen Nein?*

Es gibt Menschen, die eine so ungeheure Scheu vor einer ABLEHNENDEN ANTWORT haben, daß sie keinerlei Beharrungsvermögen aufbringen; daher haben ihre Bitten keinen Erfolg. Manchmal geht die Angst so weit, daß sie sich überhaupt nicht trauen, jemanden um irgend etwas zu bitten. Wer sollte dann ihre stumm gebliebene Bitte erfüllen?

Ein bißchen dumm, nicht wahr? Man stelle sich nur einmal vor, was das bedeutet: Da geht jemand durchs Leben und hat Angst, um das zu bitten, was er wirklich bekommen möchte! Verzichten auch Sie vielleicht auf alles, was Sie sich wünschen, nur weil Sie nicht darum zu bitten wagen? Berufen Sie sich etwa auf Stolz, was in Wirklichkeit Angst ist?

Mit dieser sinnlosen Angst wollen wir ein für allemal Schluß machen. *Schließlich können Sie nichts verlieren, wenn Sie eine Bitte äußern.* Ganz offensichtlich haben Sie das nicht, worum Sie bitten; sonst würden Sie niemanden darum ersuchen müssen. Wenn Sie aber etwas nicht haben, kann es Ihnen, wenn Sie jemanden daraufhin ansprechen, auch nicht genommen werden, nicht einmal dann, wenn die betreffende Person wirklich mit einem Nein antwortet. *Was man nicht hat, kann man schließlich nicht verlieren!*

Verhalten Sie sich lieber wie der Vertreter in der folgenden kleinen GESCHICHTE:

Er näherte sich zaudernd dem Büro des allgewaltigen Einkaufsdirektors, der über die Vergabe eines Riesenauftrages zu entscheiden hatte. Der Vertreter hatte tatsächlich Angst, einfach da hineinzugehen und den Einkaufsdirektor um den Auftrag zu bitten; er fürchtete, eine abschlägige Antwort zu erhalten. Aber er riß sich zusammen und führte mit sich selbst vorerst einmal eine Art Ermutigungsgespräch: »Ich habe jetzt keinen Auftrag dieser Firma. Die einzige Art, auf die ich einen solchen erhalten kann, liegt darin, mich dem Einkaufsdirektor zu stellen. Wenn ich ihn aber um den Auftrag bitte, was ist dann das Schlimmste, das mir geschehen kann? Schlimmstenfalls lehnt er ab! In diesem Fall bekomme ich den Auftrag nicht; doch da ich ihn jetzt auch nicht habe, kann ich wirklich nichts dabei verlieren, wenn ich hineingehe und frage. Aber vielleicht kann ich etwas dabei gewinnen!«

Er holte also tief Luft, betrat das Büro des Allgewaltigen – und erhielt den Auftrag. Er dankte dem Einkaufsdirektor herzlich und machte sich mit neuem Elan auf den Weg zu anderen Kunden.

Was aber, wenn der Direktor abschlägig geantwortet hätte? Ganz einfach: Dann wäre der Vertreter nicht schlechter dagestanden als zuvor. Das heißt, er wäre in diesem Falle besser daran gewesen – warum? *Man ist auf dem besten Weg, zu bekommen, was man sich wünscht, wenn man auf eine erste Bitte eine ablehnende Antwort erhält.* (Sie sollten zur Sicherheit diese Feststellung nochmals genau lesen, vielleicht sogar mehrmals!)

Die meisten Menschen neigen dazu, ein erstes Nein als Antwort sofort für das Scheitern all ihrer Bemühungen hinzunehmen. *In Wirklichkeit ist ein solches Nein aber nur der Auftakt zur Erfüllung Ihrer Wünsche.* Dieses Nein ist geradezu ein Faktor bewährter Erfolgsmethoden.

Zahlreiche äußerst tüchtige Leute arbeiten mit folgender Technik: Sie fordern eine ablehnende Antwort geradezu heraus, um dann die Methoden zu praktizieren, die Sie anschließend ken lernen werden. Die nächsten Kapitel werden Ihnen – das glauben wir versprechen zu können – ein für allemal die Angst, um etwas zu fragen oder zu bitten, zerstreuen. Lesen Sie weiter.

Kapitel 20

Was kann man tun, wenn der andere nein sagt?

Ob Sie mit der METHODE DES FRAGENS UND BITTENS Erfolg haben, wird unter anderem davon abhängen, wie oft Sie sie anwenden, an wen Sie sich wenden und wie wirkungsvoll Sie die zielführenden Techniken beherrschen. *Die Methode immer wieder anzuwenden ist dabei der wichtigste Faktor.*

Fehler, die Ihnen bei der Auswahl der Personen oder in der Technik Ihres Bittens und Fragens unterlaufen, können Sie leicht ausgleichen, indem Sie die Methode immer wieder anwenden. Fangen Sie daher sofort an. Stellen Sie die Sie interessierenden Fragen, wenden Sie sich mit Ihren Bitten an die Menschen, die Ihnen helfen können. *Sie können sich dabei auf das Wahrscheinlichkeitsgesetz verlassen:* Je häufiger Sie fragen und bitten, desto höher wird die Anzahl an positiven Antworten ausfallen.

Manche Menschen werden Ihnen Ihre Bitten ohne weiteres erfüllen; ebenso viele werden Ihnen bereitwillig die Informationen geben, die Sie brauchen. Die Menschen reagieren auf freundlich gestellte vernünftige Fragen und Bitten *im allgemeinen positiv,* weil sie – wie wir in Kapitel 14 ausführlich erörtert haben – seit ihrer Kindheit *entsprechend konditioniert* worden sind.

Andere Menschen wieder werden nur *mit einem »Vielleicht« antworten.* Die in dieser Art Zögernden brauchen noch ein bißchen Zeit oder Überredung, bevor sie ja sagen. Das setzt Sie in die Lage, eine der vielen Techniken der Menschenbeeinflussung anzuwenden, die andere zu tun veranlaßt, was Sie gerne möchten.

Der einzige Grund des Zögerns, Ihnen sofort Ihre Bitte zu erfüllen, liegt im allgemeinen darin, daß der Angesprochene nicht sicher ist, ob es ihm nicht schaden könnte, wenn er Ihrer Bitte entspricht. Ihre Aufgabe ist es in einer solchen Situation, ihn von allen möglichen Bedenken abzubringen, bis er sicher ist, daß er nichts tut, was ihm selbst schaden könnte. In dem Augenblick, in dem er das Gefühl hat, davon keinen Nachteil, vielleicht sogar Vorteile zu haben, wird er sofort tun, was Sie von ihm erbitten, und keinen Moment länger zögern.

So können Sie mit Leichtigkeit *eine Vielleicht-Antwort in eine Ja-Antwort ummünzen.* Eine Vielleicht-Antwort bedeutet immer eine an Sie gerichtete Einladung und Herausforderung, dem Betreffenden das Gefühl der Sicherheit zu geben, das er für eine positive Entscheidung benötigt.

Nun wollen wir die Kunst der psychologischen Menschenbeeinflussung auf jene Menschen anwenden, die *mit einem unmißverständlichen »Nein« antworten.* Das ist vielleicht gar keine so geringe Zahl.

Wenn Sie die Konfrontation mit Menschen scheuen, die auf Ihre Bitten abschlägig antworten, wenn Ihnen eine solche Herausforderung keinen Antrieb zu weiteren Schritten verleiht, dann sind Sie offensichtlich geistig oder gefühlsmäßig noch nicht reif genug, andere Menschen um Dinge zu bitten, die Sie gerne hätten, oder sich mit Menschen in Kontakte einzulassen, die den Einsatz Ihrer ganzen Persönlichkeit erfordern. Das klingt vielleicht ein bißchen hart; es hat jedoch keinen Sinn, wenn Sie sich in diesem Punkt einer Selbsttäuschung hingäben. Aber bevor Sie angesichts einer Reihe möglicher Nein-Antworten in Panik verfallen und die Methode des Fragens oder Bittens völlig aufgeben, wollen wir uns lieber *klarmachen, was eine abschlägige Reaktion wirklich bedeutet.*

Wenn jemand auf eine Ihrer Fragen oder Bitten mit NEIN antwortet, kann das Verschiedenes bedeuten.

1. *Die meisten Nein-Sager sind nichts anderes als Vielleicht-Sager,* die weniger ängstlich und dafür direkter sind als jene, die sich vor einem Nein scheuen. Die Nein-Sager wollen jedoch ebenfalls nichts weiter ausdrücken, als daß sie nicht sicher sind, ob die Erfüllung Ihrer Bitte ihnen nicht mehr Nachteile als Vorteile oder mehr Kosten als Nutzen bringt. Auch sie erwarten von Ihnen, daß Sie ihnen das Gefühl der Sicherheit geben und ihre Bedenken zerstreuen. Sie brauchen

Beweise, eine positive Bestärkung und, wenn notwendig, sogar Garantien, die ihnen das Gefühl der Unsicherheit nehmen. Von dem Augenblick an, ab dem Sie ihnen dieses Sicherheitsgefühl vermittelt haben, indem sie die Überzeugung gewonnen haben, daß sie keinen Schaden erleiden, wenn sie Ihnen helfen, werden sie bereitwillig auf Ihren Wunsch eingehen. Doch glauben Sie nun nicht, daß ein solcher Gesinnungswechsel den diesen vollziehenden Menschen peinlich wäre. Wenn sie einmal *sicher sind, daß es für sie nicht nur gefahrlos, sondern vielleicht sogar günstig sein könnte,* Ihrer Bitte zu entsprechen, dann werden sie ohne eine Spur von Verlegenheit nun eben ja sagen. Sie können ihnen dabei noch helfen, indem Sie zu erkennen geben, Sie hätten das anfängliche Nein ohnehin weniger wörtlich verstanden, sondern vielmehr als Ausdruck der Besonnenheit und des Wunsches nach genaueren Informationen aufgefaßt. Damit erlauben Sie Ihrem Gegenüber, *das Gesicht zu wahren,* ein Punkt, den man bei sensiblen und feinfühligen Menschen (und das sind die meisten, wenn es um die eigene Person geht) nicht außer acht lassen sollte.

2. *Andere wieder sagen nein, nur um Zeit zu gewinnen.* Sie brauchen ein bißchen Gelegenheit, die Sache zu überdenken. Vielleicht sind sie früher schon einmal in Entscheidungen hineingehetzt worden, die sie später bedauerten. Sie wollen den selben Fehler nicht noch einmal machen, und haben sich angewöhnt, keinesfalls sofort jeder Bitte nachzugeben. Daher sagen sie fast instinktiv zuerst einmal nein. Dem liegt also nichts anderes als ein Selbstschutzmechanismus zugrunde. Solche Menschen sind vielleicht auch ein wenig umständlich im Denken und können sich nie rasch entschließen; *daher scheuen sie Hast und Entscheidungen unter Druck.* Zeigen Sie in einem solchen Fall keine Ungeduld, drängen Sie nicht und üben Sie keinerlei Pression aus. Statt dessen ist es klüger, solchen Zögernden den Eindruck zu vermitteln, daß Sie gerne zu einer Entscheidungshilfe beitragen möchten, und zwar in jenem Sinne, der für Ihr Gegenüber die günstigste Lösung darstellt. Dabei können Sie leicht die Warum-Technik anwenden, die Sie noch in diesem Kapitel kennenlernen sollen. Mit

ihrer Hilfe werden Sie diese Art Nein-Antworten zu einem Großteil in Ja-Antworten umwandeln können.

3. *Aber selbstverständlich gibt es auch Menschen, die aus vollkommen einsehbaren und guten Gründen nein sagen.* Wenn Sie durch die Anwendung der psychologischen Menschenbeeinflussung zur Ansicht gelangt sind, daß ein solches Nein echt und unabänderlich ist, dann streichen Sie still die Flagge, verabschieden Sie sich mit einem freundlichen Gruß *und wenden Sie sich schnell an jemand anderen, den Sie bitten können, Ihnen zu helfen.* Nach dem Gesetz der Wahrscheinlichkeit dürften Sie ruhig und mit großem Vertrauen annehmen, daß die Antwort diesmal mit einiger Sicherheit positiv ausfallen wird. *Fragen Sie, bitten Sie, sooft sich eine Gelegenheit bietet – Sie haben die Wahrscheinlichkeit für sich,* und diese garantiert Ihnen, daß Sie erhalten werden, was Sie sich wünschen.

Durch eine der folgenden METHODEN DER PSYCHOLOGISCHEN MENSCHENBEEINFLUSSUNG werden Sie die durchschnittliche Quote Ihrer positiven Resultate wesentlich steigern können:

Wenn jemand Ihre Bitte ablehnt, sollten Sie *Ihrer Überraschung darüber Ausdruck verleihen.* Bitte beachten Sie, daß hier nicht empfohlen wird, Sie sollten *so tun, als ob* Sie überrascht wären. Kaum jemand ist ein so guter Schauspieler, als daß er glaubhaft Überraschung, die er nicht empfindet, ausdrücken könnte. Wenn Ihre Reaktion auf ein Nein nicht echt ist, wird Ihr Gegenüber das spüren und verärgert auf dieses »Theater« reagieren.

Wirklich und ehrlich überrascht können Sie nur aussehen, wenn Sie tatsächlich ehrlich überrascht *sind.* Sie brauchen nichts vorzutäuschen: da Sie ja überzeugt sind, daß die Menschen auf Bitten im allgemeinen positiv reagieren, haben Sie Ihre Bitte voll aufrichtiger Erwartung eines Ja vorgebracht. Das ist, wie Sie schon wissen, ein wichtiger Bestandteil der Methode zielführenden Bittens und Fragens. Wenn Sie also tatsächlich einmal eine negative Antwort erhalten, sind Sie echt verblüfft darüber: es ist etwas, womit Sie einfach nicht rechnen, worauf Sie nicht gefaßt waren. Zeigen Sie diese Verblüffung ruhig, in Ihrem Gesicht, in Ihrem Verhalten, lassen Sie in Ihrer Stimme dieses Erstaunen nachklingen, doch ohne Schauspielerei ... *Unausbleiblich wird Ihr Gegenüber angesichts Ihrer konsternierten Reaktion instinktiv unsicher,* ob es auch richtig war, Ihre Bitte abzuweisen.

Nun *können Sie die Warum-Methode anwenden,* die sich erfahrungsgemäß als besonders wirksam erweist. Sie gehen dabei wie folgt vor:

Noch immer unter dem Eindruck der unerwarteten Ablehnung fragen Sie mit überraschtem Tonfall: »Warum?« und warten einfach. Sie können sich nichts anderes vorstellen, als nun eine Erklärung für das überraschende Nein zu bekommen, auf das Sie überhaupt nicht vorbereitet waren. Und um nun nicht außergewöhnlich ungezogen und unhöflich zu wirken, muß Ihr Gesprächspartner Ihnen wohl oder übel wirklich sagen, warum er abgelehnt hat. Er kann gar nicht anders, wenn er sich nicht wie ein ungehobelter Rüpel vorkommen will.

Er wird Ihnen höchstwahrscheinlich auf eine der folgenden drei Arten antworten:

- *Er wird Ihnen offen und ehrlich sagen,* warum er glaubt, Ihrer Bitte nicht entsprechen zu können.
- *Er wird Ihnen einen Scheingrund nennen,* an den er womöglich sogar selbst glaubt, der aber nicht die wirkliche Ursache seiner Weigerung ist.
- *Er wird Sie schlicht und einfach anlügen* und Ihnen Gründe nennen, die ihm gerade am plausibelsten vorkommen und einigermaßen passabel klingen. Er könnte zum Beispiel behaupten, gerade überhaupt kein Geld zu haben, obwohl das gar nicht stimmt und er mehr als genug besitzt; er ist vielmehr nicht sicher, ob Sie mit dem Geld klug umgehen können und es nicht vielleicht einbüßen. Sie wären dann womöglich nicht in der Lage, es zurückzuzahlen, und dadurch könnte Ihre bisher recht angenehme Beziehung leiden.

Mittels der Warum-Methode können Sie jedoch *die wirkliche Ursache herausfinden,* ob es sich nun um die Wahrheit, eine Pseudowahrheit oder eine Ausflucht handelt, die aber vielleicht in seinen Augen ihre Berechtigung hat. Bevor Sie nicht den wahren Grund für seine Ablehnung kennen, hat es keinen Sinn, weiter in ihn zu dringen.

Die wirkungsvolle Anwendung der Warum-Technik ist so wichtig, daß wir zuerst allgemein ihre Durchschlagskraft schildern wollen, bevor wir sie im Detail erörtern.

Wenn also jemand auf eine Ihrer Bitten mit einem Nein reagiert, *bitten Sie ihn neuerlich um etwas: nämlich um die Erklärung, warum er abgelehnt hat.* Der andere wird sich praktisch verpflichtet fühlen, Ihnen seine Ablehnung zu begründen. Er kann vielleicht eine Reihe von Ursachen nennen, aber er wird mit der wichtigsten anfangen, die entweder dem entspricht, was er wirklich denkt, was er vermeintlich denkt oder was er als der Wahrheit nicht entsprechende Ausrede gebraucht.

Durch Ihr Warum werden Sie somit herausfinden, was der wirkliche Hemmschuh für die Erfüllung Ihrer Bitte ist. Dann wissen Sie auch, *wie dieser Grund beseitigt, abgeschwächt oder vielleicht sogar in einen Vorteil für Sie umgewandelt* werden kann oder was Sie sonst noch tun können, um Ihr Gegenüber zu einer positiven Antwort umzustimmen.

Vielen Menschen werden ihre Wünsche deshalb nicht erfüllt, weil sie sich zu lange bei entscheidungsunwichtigen Dingen aufhalten und sich womöglich noch über solche Nebensächlichkeiten endlos auslassen. Auf diese Art wecken sie bloß den Unmut ihres Gesprächspartners und haben ihn dabei in keiner Weise von seiner vorherigen abschlägigen Entscheidung abgebracht. *Wirklich wichtig ist nämlich nur ein einziger Punkt: Warum will der andere nicht?* Durch die Frage nach dem Warum erfahren Sie diese Ursache. Damit haben Sie den Bereich der zahllosen möglichen Einwendungen aber bereits auf einen einzigen wirklichen Einwand beschränkt, auf den Sie sich nun ganz konzentrieren können – um ihn zu beseitigen.

Wenn Ihnen das gelungen ist, wenn Sie das deutliche Gefühl haben, daß die Bedenken ausgeräumt sind, daß in dieser Hinsicht keine Zweifel mehr bestehen, *wiederholen Sie Ihre ursprüngliche Bitte.*

Sagt der andere jetzt wieder nein, so sind Sie natürlich noch viel erstaunter als zuvor und fragen aufs neue: »Warum?«

Da der eine oder andere Ihrer Gesprächspartner von Anfang an keinen wirklich logischen Grund für eine Ablehnung Ihrer Bitte gehabt hat, wird er es vermutlich beim zweiten Mal noch wesentlich schwerer finden, sein neuerliches Nein zu begründen – und jede weitere »Runde«, die Sie mit einem ehrlich interessierten, aber keineswegs aggressiven »Warum« einleiten, wird für ihn um so schwieriger.

Aber vergessen Sie bitte nie, daß Sie nicht disputieren sollen! Auf gar keinen Fall. Sie führen keine Auseinandersetzung, *Sie setzen vielmehr die Kraft Ihrer Persönlichkeit zur psychologischen Menschenbeeinflussung ein.* Sie brauchen nur echtes Interesse zu zeigen, die Ansicht Ihres Gesprächspartners und seine Sicht der Sachlage kennenzulernen, einschließlich des echten Grundes für die Ablehnung Ihrer so vernünftigen, freundlich und höflich gestellten und in keiner Weise unzumutbaren Bitte. Wenn Sie diesen wahren Grund erst einmal kennen, können Sie Ihre Bitte nochmals vorbringen – diesmal aber *unter besonderer Betonung der Vorteile,* die Ihr Gegenüber durch das Eingehen auf Ihren Vorschlag haben wird, Vorteile, die alle denkbaren möglichen Nachteile bei weitem aufwiegen.

Sie werden bald mit Freude beobachten, daß diese Technik Ihnen die Erfüllung jedes Wunsches ermöglicht, und zwar bei jedem, dem Sie vor Augen führen können, daß es für ihn von Vorteil ist, Ihrer Bitte zu entsprechen. Das funktioniert aber selbstverständlich nur dann, wenn Ihre Bitte *vernünftig* ist – und wir verstehen einander sicher, wenn wir meinen, daß Sie *unvernünftige oder unzumutbare Bitten gar nicht erst stellen* sollten.

Aber es kann auch Fälle geben, in denen Sie aufgrund der Warum-Methode zum Schluß kommen, daß der oder die Angesprochene *wirklich keine Möglichkeit* hat, Ihre Bitte zu erfüllen beziehungsweise daß es ihm oder ihr nicht den leisesten Vorteil, sondern nur Nachteile brächte. Das ist ein Punkt, den Sie meist erst durch Fragen klären können.

Wenn Sie aber einmal zu der aufrichtigen Überzeugung gelangt sind, daß Ihr Gegenüber im eigenen Interesse wirklich nicht tun sollte, worum Sie es gebeten haben, dann sollten Sie das Spiel abbrechen. *Versichern Sie aufrichtig,* daß Sie die Gründe für die Ablehnung Ihrer Bitte wirklich verstehen können und daß Sie die Entscheidung respektieren, ja, daß Sie selbst sich gegebenenfalls ebenso verhalten hätten. Seien Sie nicht beleidigt. Schmollen Sie nicht, seien Sie vor allem nicht irritiert oder womöglich sogar zornig. Und seien Sie *niemals nachtragend.* Wechseln Sie einfach das Thema, und damit ist die Sache ein für allemal erledigt.

Ganz gleich, wie berechtigt oder vernünftig Ihre Bitte auch sein mag, erwarten Sie nie, daß alle Menschen ihr entsprechen können (oder sollen oder wollen – je nachdem). Die *elegante Art, mit einem Nein fertig zu werden* und eine ablehnende Antwort zu verkraften, ohne dabei die Haltung zu verlieren, ist ein routinemäßiger, ganz natürlicher Bestandteil der Methode des Fragens und Bittens. Räumen Sie nachträglich ganz locker ein, daß es natürlich auch Nein-Antworten geben muß, und vertrauen Sie weiterhin auf das Wahrscheinlichkeitsgesetz, das Ihnen genügend positive Antworten sichern wird. Unsere Methode der psychologischen Menschenbeeinflussung läßt Sie nicht im Stich, ebensowenig wie die anderen Methoden, die Sie in diesem »Schlüsselwerk bewährter Erfolgsmethoden« kennenlernen werden. Kapitel 22 wird Ihnen zeigen, wie Sie *aufgrund des Wahrscheinlichkeitsgesetzes garantiert erfolgreich* sein werden.

Zuvor aber, im nächsten Kapitel, wollen wir uns noch mit dem Problem beschäftigen, wie man verborgene Gründe beziehungsweise *den* verborgenen Grund für eine Ablehnung aufspürt und beseitigt.

Kapitel 21

Wie man den Grund für eine Ablehnung aufspürt und beseitigt

Im vorangegangenen Kapitel haben wir Ihnen gezeigt, wie Sie auf eine ablehnende Antwort mit Hilfe der Frage »Warum?« zusammen mit der Anwendung geeigneter METHODEN DER PSYCHOLOGISCHEN MENSCHENBEEINFLUSSUNG erfolgreich reagieren können. Es gibt aber noch eine weitere Frage, die Ihnen dabei helfen könnte, die Gründe aufzudecken, die einer zustimmenden Antwort entgegenstehen. Es handelt sich dabei um *die Frage »Zum Beispiel?« oder die sinnentsprechende Frage: »Nämlich?«*

Wann immer Sie auf eine Ihrer Bitten ein Nein zur Antwort erhalten, begründet mit vagen, allgemeinen Ausflüchten, ist der günstige Zeitpunkt für den Einsatz der einen oder anderen Frage (die in Wirklichkeit dasselbe bedeuten) gekommen. Zur Illustration: Sie haben gefragt, warum Ihre Bitte abschlägig beantwortet wurde. Der andere darauf: »Es gibt verschiedene Gründe, warum ich nicht tun kann, was Sie wollen.« Darauf sollte Ihre nächste Frage lauten: »Nämlich?« oder noch besser: »Welche Gründe zum Beispiel?« Auf diese Art können Sie die Einwände Ihres Gegenübers erfahren, die Sie dann vielleicht ohne größere Schwierigkeiten mit Hilfe der von uns bereitgestellten Techniken entkräften können.

Zur Betonung dieses wichtigen Punktes wollen wir nochmals zusammenfassen: Es ist äußerst *wichtig für Sie, den genauen Grund der Ablehnung zu kennen.* Sie wissen schon, daß im allgemeinen bloß Unsicherheit oder Zweifel den Angesprochenen zu einer Ablehnung bewegen, weil er nicht genau weiß, ob es ihm (direkt oder indirekt) wirklich *nützt oder womöglich sogar schadet,* wenn er der Bitte entspricht.

Es liegt also an Ihnen herauszufinden, was der andere will – und ihm dann genau das anzubieten, was er sich als Vorteil für seine Hilfe verspricht. Und was noch wichtiger ist: Er muß sich völlig sicher fühlen können und keinen Zweifel daran hegen, daß er (direkt oder indirekt) nichts dabei verlieren kann, wenn er Ihre Bitte erfüllt.

Psychologen haben festgestellt, daß die meisten Menschen merkwürdigerweise *ein stärkeres Interesse daran haben, nichts zu verlieren, als etwas zu gewinnen!* Ein Mensch, der nicht bereit wäre, fünf Schritte zu machen, um zusätzliche zehn Dollar zu gewinnen, läuft freiwillig eine Meile, nur um den Verlust von zehn Dollar zu verhindern.

Genau deswegen aber ist es so ungeheuer wichtig, Ihrem Gegenüber glaubwürdig zu versichern, daß es durch eine Zusage keinerlei Nachteile zu erwarten hat. Furcht ist eben eines der stärksten Gefühle, und *jede Furcht ist im Grunde die Angst, etwas zu verlieren.*

Das mag Sie im ersten Augenblick überraschen, aber es stimmt. Wenn Sie tief genug forschen, finden Sie auf dem Grunde jeder Furcht die Angst vor einem Verlust, vor dem Verlust des Vertrauens, dem Verlust von Prestige, Gesundheit oder Leben, dem Verlust von Geld, Zeit oder Sicherheit, dem Verlust des Arbeitsplatzes, der Liebe und Wertschätzung seitens anderer und dergleichen mehr.

Achten Sie also bitte ganz genau darauf, dem von Ihnen Angesprochenen die Angst vor einem möglichen Verlust zu nehmen. Etwas zu verlieren ist nämlich das, wovor er am meisten Angst hat, was er unter keinen Umständen riskieren will. *In der Vermeidung solcher Angstgefühle liegt ein weiterer Schlüssel zum Erfolg.* Überlegen Sie daher genau, was Ihrem Gegenüber am wichtigsten ist, was ihn am tiefsten beunruhigen könnte. Wieder haben Sie die Möglichkeit, hinter diese Dinge zu kommen, indem Sie die Frage »Zum Beispiel?« einsetzen.

Fragen Sie aber nie nach vagen, unbestimmten Dingen. Sie müssen *genau wissen, was der andere will und was er nicht will,* dann erst können Sie Ihre Bitte so formulieren, daß sich bei ihm die Überzeugung einstellt, er könne nur gewinnen, nicht aber verlieren, wenn er Ihrer Bitte entspricht.

Sie werden also mit ziemlicher Sicherheit alles bekommen, was Sie sich wünschen, wenn Sie es verstehen, richtig und wirkungsvoll darum zu bitten – immer eingedenk der folgenden ETAPPENZIELE:

- Der Angesprochene muß ganz sicher sein, daß er *keinen Nachteil oder Verlust erleiden* wird, wenn er Ihrer Bitte nachkommt. Ist das der Fall, wird er seine Einwände aufgeben.
- Der Angesprochene muß sicher sein, daß er ganz im Gegenteil sogar einen *Vorteil hat*, wenn er Ihren Wunsch erfüllt. Ist das der Fall, wird er mit Vergnügen und ohne Zögern Ihrer Bitte entsprechen.

So leicht ist es, alles zu bekommen, was man sich wünscht: Man braucht nur darum zu bitten.

Kapitel 22

Das Wahrscheinlichkeitsgesetz als Erfolgsgarantie

Das Wahrscheinlichkeitsgesetz macht sich verläßlich dann als Garant für Ihren Erfolg geltend, wenn Sie eine genügend große Anzahl Menschen mit Ihren Fragen oder Bitten ansprechen. Es gibt eine bekannte, einfache ERFOLGSREGEL: *Ein weiser Mensch kennt alles, ein kluger Mensch jedoch kennt alle.* Gemeint sind Leute – zumindest alle, die wert sind, daß man sie kennt, und das ist in gewisser Hinsicht jedermann. Wie aber stellen Sie es am besten an, die kennenzulernen, die für Sie wichtig sind?

Sie können sich dabei mit Sicherheit auf eines verlassen: Die Persönlichkeiten, die zu kennen sich für Sie besonders lohnt, werden keinerlei Schritte unternehmen, um Ihre Bekanntschaft zu machen. Sie werden sich schon selbst um deren Bekanntschaft bemühen müssen! Dabei hat sich im allgemeinen der *schriftliche Weg als sehr empfehlenswert* erwiesen. Falls die Gründe für Ihren Kontaktwunsch oder Ihr Adressat als Persönlichkeit objektiv sehr bedeutend sind, können Sie es auch mit einem Telegramm versuchen, das wirkt manchmal ganz verblüffend.

Sowohl BRIEFE als auch Telegramme, die nach Kriterien der psychologischen Menschenbeeinflussung abgefaßt sind, *verfehlen ihre Wirkung fast nie.* (Wir betonen »fast nie«, weil hier das Wahrscheinlichkeitsgesetz hereinspielt. Wir wollen das später genau erörtern.)

TELEGRAMME sind meistens ein todsicheres Mittel, die Aufmerksamkeit des Adressaten zu erregen und ihn zu Handlungen zu veranlassen. *Je länger das Telegramm, desto mehr Interesse wird es auslösen.* Ich weiß das: In einer bestimmten Angelegenheit benötigte ich einmal die Hilfe der amerikanischen Bundesregierung. Ich bin fest davon überzeugt, daß es sich lohnt, bei Interventionen und Anfragen wichtiger Art nicht »unten«, sondern »ganz oben« vorstellig zu werden. Man erreicht einfach mehr, wenn der Mann an der Spitze die Anfrage behandelt, sogar wenn er die Sache bloß delegiert und nicht persönlich bearbeitet. Ich sandte also in der bewußten Sache ein fünf Seiten (!) langes Telegramm an den Präsidenten der Vereinigten Staaten von Amerika. Resultat? Am nächsten Tag erschien bei mir ein Regierungsbeamter. Meine Kosten? Ein paar Dollar. Hätte ich einen Brief geschrieben, wäre das einer unter Tausenden gewesen; aber mein Telegramm war vermutlich eines unter nicht allzu vielen fünf Seiten langen Telegrammen, die der Präsident an dem betreffenden Vormittag erhielt. Und es war auf der Basis der Methode des Fragens und Bittens formuliert, die Sie in diesem Buch beschrieben finden. Sogar wenn es der Präsident gar nicht persönlich zu Gesicht bekommen haben sollte, wurde es doch als so wichtig erachtet, daß es jemandem vorgelegt wurde, der sich sofort und in positivem Sinn damit befaßte.

Wie steht es mit dem TELEPHON? Anrufe sind ein schnelles und hervorragendes Kommunikationsmittel. Zur ersten Kontaktaufnahme allerdings, *zur Einleitung einer ernstzunehmenden und dauerhaften Beziehung, sollten Sie Briefe oder Telegramme vorziehen,* in denen Ihr Name und Ihre Adresse angegeben sind – eine bleibende Erinnerung. Briefe und Telegramme können vom Empfänger auch leichter an Untergebene weitergeleitet werden, die dann die Bearbeitung Ihres Anliegens übernehmen. Überdies können sie stolz herumgezeigt werden, sollte sich der Adressat durch sie geschmeichelt fühlen.

Zum Beispiel: Eine Abteilung der Stadtverwaltung meines Wohnortes hatte prompt und sehr zuvorkommend meiner Bitte um eine besondere Dienstleistung entsprochen. Ich schrieb daher dem Bürgermeister einen Brief wärmster Anerkennung und bat ihn, meinen Dank auch an die betreffende Abteilung weiterzuleiten. Da mein Brief ja an den Bürgermeister gerichtet war, erneuerte ich meine freundschaftlichen Kontakte zu ihm, und er fühlte sich gleichzeitig geschmeichelt, daß man »seinem« Verwaltungsapparat so entschieden Komplimente machte. Wie ich später erfuhr, zeigte er meinen Brief herum als Beweis für die

Zufriedenheit »seiner Bürger« (Wähler). Dadurch aber verschaffte er mir indirekt weitere nützliche Kontakte. Und schließlich gab er das Schreiben wunschgemäß an die betroffene Abteilung weiter, wahrscheinlich mit einigen anerkennenden Worten seinerseits – damit sicherte er mir wiederum das Wohlwollen jener Beamten. Und das alles als Ergebnis eines einzigen, ohne große Mühe geschriebenen Briefes!

Wenn Sie so Schritt um Schritt Ihre Kontakte zu wichtigen Leuten ausweiten, vergessen Sie nicht, sich bei der Abfassung von Briefen und Telegrammen immer der Methoden der psychologisch richtigen Beeinflussung Ihrer Mitmenschen, wie Sie sie hier gelernt haben, zu bedienen. Vergessen Sie auch die Komplimente nicht! Keine Sekretärin, kein Untergebener wagt es, einen Brief wegzuwerfen, in dem dem Chef Lob gespendet wird. Ihre Komplimente – ehrliche Komplimente – werden immer einen günstigen Eindruck hinterlassen.

Bieten Sie Ihre Unterstützung an, betonen Sie Ihre Bereitschaft zur Zusammenarbeit, wenn das auch nur im entferntesten möglich erscheint. *Auch die einflußreichsten Persönlichkeiten sind von einem ehrlich gemeinten Angebot zur Kooperation angenehm berührt;* sie werden sich in jedem Fall Ihr Angebot ansehen und es in Erwägung ziehen. Damit haben Sie jedenfalls den einmal hergestellten Kontakt bereits vertieft.

Das Wichtigste ist aber immer der *Appell an den Adressaten, für Sie etwas zu tun!* Damit wird selbst eine nur lose Beziehung wesentlich fester, denn der Angesprochene muß sich nun zwangsläufig näher mit Ihnen befassen. Er muß zuerst einmal überlegen, ob er Ihre Bitte erfüllen soll. Wenn er sich dazu entschließt, muß er nachdenken, wie er die Sache erledigen kann. Und sogar wenn er sich für eine abschlägige Antwort entschieden hat, wird er sich (falls Sie bei der Abfassung Ihres Schreibens die von uns empfohlenen Beeinflussungsmethoden verwendet haben) verpflichtet fühlen, Ihnen zu erklären, warum er nein sagt. Niemand kann einen Brief oder ein Telegramm völlig ignorieren, in denen in höflicher, zuvorkommender Weise die Technik des Fragens und Bittens verwirklicht ist.

Besonders wichtig ist auch Ihr zuversichtliches *Vertrauen darauf, daß Ihre schriftliche Bitte Erfolg haben wird.* Ihre Worte müssen diese Sicherheit vermitteln und dem Leser zu erkennen geben, daß Sie sich auf eine zustimmende Antwort verlassen.

So knüpfen Sie nach Kriterien richtiger Menschenbeeinflussung erste KONTAKTE zu Leuten, die für Sie wichtig sein könnten. Sie sollten als Bewohner einer größeren Stadt zumindest die hundert einflußreichsten Bürger Ihrer Stadt persönlich kennen und diesen ebenfalls bekannt sein. Je höher Ihr Erfolgsziel gesteckt ist, desto weiter müssen Sie Ihre Liste ausbauen, bis Sie nicht nur Persönlichkeiten aus Ihrer Branche, sondern auch aus anderen Kreisen Ihrer Stadt und aus dem ganzen Land kennen. Bleiben Sie dabei nicht an einem Ort hängen. *Dehnen Sie Ihre Kontakte nach allen Seiten aus.*

Je weitreichender und wichtiger Ihre Beziehungen sind, desto mehr Leute werden Ihren Namen kennen und um so größer wird Ihr Wert von anderen Menschen angesetzt werden. Wenn Sie imstande sind, ganz beiläufig im Gespräch die Bemerkung einzustreuen, daß Sie Zutritt zum Präsidenten, zum Minister, zum Direktor eines großen Unternehmens oder zu irgendeinem anderen »hohen Tier« haben – wodurch Sie vielleicht bei einem Problem von Nutzen sein könnten, mit dem Ihr augenblicklicher Gesprächspartner sich gerade herumschlägt –, wenn Sie das wirklich aufrichtig und *wahrheitsgemäß* behaupten können, dann haben Sie sich als einflußreiche Persönlichkeit profiliert, die niemand übergehen oder übersehen kann.

Aber vergessen Sie bitte nie, daß die Anknüpfung von Beziehungen Ihnen kaum etwas nützen wird, wenn Sie versäumen, die Persönlichkeiten, die Person, an die Sie sich wenden, *aktiv in Ihre persönliche Angelegenheit zu verwickeln.* Dadurch prägen Sie sich dem Gedächtnis eines vielbeschäftigten Menschen dauerhaft ein, und er wird Sie nicht mehr so leicht vergessen. Das erfordert natürlich auch eine gewisse *Pflege der einmal hergestellten wichtigen Kontakte.* Senden Sie in kürzeren oder längeren Zeitabständen Briefe, telegraphieren Sie gelegentlich wieder einmal oder rufen Sie an. Es ist klar, daß das alles Zeit erfordert, sogar eine Menge Zeit, und das über Monate, Jahre, Jahrzehnte.

Nun werden Sie sicher wieder daran denken, daß wir Ihnen doch ausdrücklich leichte und rasche Wege zum Erfolg versprachen. Seien Sie versichert: Erfolg zu haben, ist wirklich leicht!

Und es ist auch einfach und sicher. Wir setzen dabei nur voraus, daß Sie sich unserer bewährten Erfolgsmethoden tatsächlich und in der richtigen Art bedienen. Wir haben Ihnen nicht versprochen, daß Erfolge nicht auch ihre Zeit brauchen – das trifft nämlich zu. Dennoch sind die in diesem Buch empfohlenen Techniken der leichteste, einfachste und vor allem sicherste Weg zu Erfolg, Wohlstand, Ansehen, Beliebtheit, kurz zu allem, was Sie sich wünschen. Sie müssen sich *die Erfolgstechniken nur völlig zu eigen machen und sie auch ständig anwenden*, und zwar ohne Ausnahme. Sie sollten dieses Buch nicht einfach einmal lesen und dann in der Ecke verstauben lassen, während Sie darauf hoffen, auf irgendwie magische Weise über Nacht erfolgreich zu werden. Es geht weder über Nacht, noch klappt es beim ersten Versuch, noch bei jedem einzelnen Versuch. Damit wären wir wieder beim GESETZ DER WAHRSCHEINLICHKEIT. Es stellt einen bedeutenden Faktor Ihres persönlichen Erfolgsplanes dar.

Das Gesetz der Wahrscheinlichkeit besagt in unserem speziellen Fall, daß ein bestimmter Prozentsatz der Leute, die Sie um etwas bitten oder fragen, Ihrer Bitte entsprechen wird. Je zahlreicher und besser Sie die Methode des Fragens und Bittens anwenden, desto größer wird die Zahl der positiven Resultate sein, die Sie erzielen. Es läßt sich daraus zweierlei ableiten:

1. Größtmöglicher Erfolg setzt voraus, daß Sie die Methode des Fragens und Bittens und die anderen Erfolgstechniken, die in diesem Buch aufgezeigt sind, wirklich genau *studieren, üben und regelmäßig anwenden.* So erhalten Sie einen möglichst hohen Prozentsatz an Menschen, die bereit sind, Ihren Bitten zu entsprechen.
2. Wenden Sie sich an immer mehr Personen, knüpfen Sie *eine Fülle von persönlichen Beziehungen* an. Je mehr Menschen Sie ansprechen, desto eher werden Sie bekommen, was Sie sich wünschen.

Wenn Sie so vorgehen, *können Sie nicht versagen.* Sie können nicht dabei verlieren. Sie dürfen mit Sicherheit auf Erfolg rechnen. Natürlich nicht bei jedem Ihrer Versuche – keine Regel ohne Ausnahme! Aber doch so häufig, daß Sie damit alles erreichen können, was Sie wollen.

Sie werden bei einer eventuellen abschlägigen Antwort – wie das erläutert wurde – nicht gleich den Kopf verlieren, weil Sie gelernt haben, *mit Fehlschlägen elegant fertig zu werden.* Es kann schließlich nicht jeder tun, worum Sie ihn bitten, noch dazu womöglich gleich beim ersten Anlauf. Und einige Menschen werden nie tun, was Sie von ihnen möchten, einfach weil sie nicht dazu in der Lage sind.

Das wird Sie aber nicht im mindesten stören. Sie wissen, daß ständiges Fragen und Bitten bei immer mehr Menschen Sie nicht im Stich läßt: Sie können mit einem großen Erfolg rechnen. *Die Fülle der angenehmen Überraschungen wird sich im Verhältnis mit der Zahl der Personen erhöhen, die Sie ansprechen; die Qualität dessen, was Sie bekommen, wird mit der Bedeutung der Menschen steigen, die Ihre Bitten erfüllen.*

Um die Kontaktmöglichkeiten zu erhöhen, sollten Sie allerdings unter die Leute gehen, und zwar dorthin, wohin »man« geht, wo die Persönlichkeiten anzutreffen sind, die Sie gerne kennenlernen möchten. Sie müssen zu demselben Zweck Briefe schreiben, Telegramme senden, Anrufe machen, und immer fragen Sie, bitten Sie um etwas. Sie müssen ausgehen, Leute treffen, sich ihnen vorstellen oder sich mit ihnen bekanntmachen lassen. *Wann immer Sie eine neue Beziehung anbahnen oder eine alte auffrischen, sollten Sie um etwas bitten,* das Sie brauchen oder das Sie erreichen wollen.

Um die Qualität Ihrer persönlichen Beziehungen zu verbessern, das heißt um wichtigere und einflußreichere Persönlichkeiten kennenzulernen, sollten Sie nach den im letzten Kapitel zusammengefaßten Ratschlägen vorgehen. Suchen Sie vor allem Kontakt zu erfolgreichen Menschen mit Einfluß und Geld, die selbst weitgestreute Verbindungen haben. Finanzberater formulieren dieses Gebot meistens so: *»Knüpfen Sie dort an, wo der Erfolg und das Geld sind.«* Ja, tun Sie das. Die Erfolgsberater wissen genau, daß es nötig ist, sich zu zeigen, wo die »große Welt« sich trifft. Warum, glauben Sie, drängen sich all jene, die Erfolg haben wollen, an den Plätzen zusammen, über die jeweils in den Klatschspalten der Illustrierten berichtet wird?

Wenn Sie die Angst vor Mißerfolg für immer aus Ihrem Leben verbannen wollen, dann *lassen Sie Ihre Erfolgsfabrik ständig auf*

Hochtouren arbeiten, indem Sie laufend neue wertvolle Verbindungen anknüpfen. Dann können Sie, wenn einmal einer Ihrer Verbindungsleute ausfällt und Ihnen nicht helfen kann, sich an andere Bekannte wenden. Überall können Sie auf Unterstützung rechnen, wenn Sie darum bitten, wenn Sie sich – durch ein Wort der Anerkennung, durch eine Gefälligkeit – liebenswürdig geben, wo immer Sie können, und intensiv darauf vertrauen, daß man mit Ihnen zusammenarbeiten wird – nachdem Sie von sich aus Ihrerseits ein Angebot zur Zusammenarbeit gemacht haben.

So können Sie sichergehen, daß das Fließband Ihrer Produktion *einen Erfolg nach dem anderen – serienweise Erfolge* – fördern wird, wenn der Fertigung – Ihrem Erfolgsausstoß – wertvolle Beziehungen zugute kommen und Sie aufgrund der in diesem Buch vertretenen Erfolgsmethoden den Arbeitsablauf Ihrer Erfolgsfabrik dauernd optimieren.

Bitte nehmen Sie diese Wortspielerei wörtlich! Erfolg um Erfolg wird dieses Fließband verlassen, aber wie in jeder Fabrik wird bisweilen auch ein Stück Ausschuß – ein Mißerfolg – darunter sein. Keine Fabrik arbeitet fehlerlos, und auch nicht ein entschieden auf Erfolg programmierter Mensch wie Sie. Wenn Sie ab und zu nicht Fehlschläge zu verzeichnen haben, *strengen Sie sich vermutlich nicht genug an oder haben Ihre Ziele nicht hoch genug gesteckt.* Und dann erreichen Sie niemals etwas, was wirklich der Mühe wert wäre!

Es gibt ängstliche Naturen, die Ihnen dringend empfehlen werden, sich auf alles so gründlich vorzubereiten, daß ein Mißerfolg praktisch ausgeschlossen ist. Das zwingt Ihnen aber ein Leben in Mittelmäßigkeit voll nie endenwollender Vorbereitungen auf, denen *Angst zu versagen zugrunde liegt.* Diese Angst selbst aber wird jeden Versuch ersticken, die wirklich erstrebenswerten Ziele des Lebens auch nur anzusteuern, geschweige denn sie je zu erreichen. Ein bißchen Risiko, die Bereitschaft, auch einmal eins auf die Nase zu bekommen, ein wenig Wagemut und vor allem Freude am Versuch sind schon nötig, um aus dem ungefährlichen und ziemlich sicheren Alltagstrott herauszukommen. Wie sonst soll es je zu Erfolgen kommen?

Im Spitzensport kennt man das Problem auch: Bald gewinnt man, bald verliert man! Aber offenbar überwiegen die Siege die

Niederlagen, sonst stiege jemand nicht in die Spitzengruppe auf – ungeachtet dieses Sprichworts unter Spitzensportlern.

Die folgenden Kapitel sind der Notwendigkeit und vor allem den Vorteilen gelegentlicher Fehlschläge gewidmet. Wir wollen Ihnen damit ein für allemal jegliche Angst vor dem Versagen austreiben!

Kapitel 23

Nicht immer, nicht einmal meistens, aber oft genug ...

Im letzten Kapitel haben Sie erfahren, inwiefern das Wahrscheinlichkeitsgesetz für Sie als Erfolgsgarantie wirkt. *Sie wissen jetzt, wie Sie die Methode gezielten Fragens und Bittens nach Kriterien der psychologischen Menschenbeeinflussung anwenden können,* um an die von Ihnen gesteckten Ziele zu gelangen. Sie haben auch erfahren, daß entsprechend den Regeln der Wahrscheinlichkeit viele Menschen tun werden, worum Sie sie bitten, daß aber einige zunächst ablehnen werden. Erst wenn Sie diese Zauderer davon überzeugt haben, daß sie nur gewinnen, sicher aber nichts verlieren können, erst dann werden sie Ihrer Bitte entsprechen.

Doch Sie müssen auch lernen, FEHLSCHLÄGE in Kauf zu nehmen. Als solche werden Sie auch jene Erfahrungen sehen müssen, die trotz der Anwendung der Erfolgstechnik des Bittens und Fragens mit der unumstößlichen Ablehnung Ihrer Bitte geendet haben. Da dann gilt es zu lernen, von solchen Schlappen unberührt zu bleiben und Ihre Fragen und Bitten voll Energie und Vertrauen weiter anzubringen, bis Sie erreichen, was Sie sich in den Kopf gesetzt haben. Das Wissen um die Erfolgsgarantie, die Ihnen aufgrund des Gesetzes der Wahrscheinlichkeit geboten ist, versetzt Sie in die glückliche Lage, *Ihre Angst vor Fehlschlägen zu überwinden.*

Sie müssen diese Angst besiegen, wenn Sie erreichen möchten, was Sie sich wünschen – Glück, Liebe, Erfolg, Wohlstand, Einfluß, Macht, Beliebtheit, Ansehen, Ruhm ... Der erste Schritt auf dem Weg zu einem Leben ohne Angst vor dem Mißerfolg liegt in der *Erkenntnis, daß Versagen ein ganz normaler Vorgang ist,* eine ganz gewöhnliche Erfahrung, die jeder

Mensch fast täglich macht, mitunter sogar mehrmals am Tag. Erinnern Sie sich an das zitierte Sprichwort aus Sportlerkreisen: Bald gewinnt, bald verliert man!

Der Hauptgrund für fortwährendes Versagen – oder auch für ein langanhaltendes Versagen – liegt darin, daß viele Menschen, zumal sensible und etwas ängstliche Naturen, Fehlschläge für Niederlagen halten, die man unbedingt vermeiden sollte. Sie versuchen daher, jeder Enttäuschung aus dem Weg zu gehen, indem sie all das, was nicht gerade in ihrer Reichweite liegt, gar nicht anstreben. Das schützt zwar zuverlässig vor Pannen des Augenblicks, *führt aber auf die Dauer garantiert zum Versagen auf allen Gebieten.* Es ist ein todsicherer Tip, wie man fertigbringt, es im Leben nie zu etwas zu bringen.

Das Tragische daran ist jedoch, daß niemand allen Fehlschlägen aus dem Wege gehen kann, nicht einmal der zartest besaitete und sensibelste Charakter. Sollten Sie also besonders feinfühlend, ängstlich und zaghaft sein, so müssen Sie damit rechnen, daß diese Züge Ihren Erfolg mit Sicherheit behindern. *Die Angst vor Fehlschlägen zieht Enttäuschungen mit geradezu magnetischer Kraft an.* Einem infernalen Gesetz zufolge tritt mit Sicherheit immer das ein, wovor man sich am meisten fürchtet: Wer Angst hat, ein Versager zu sein, wird zwangsläufig ein Versager.

Fassen wir hier zusammen, warum zart besaitete, ängstliche Naturen *Fehlschläge erleiden, ja Fehlschläge erleiden müssen:*

- Sie betrachten einen Fehlschlag als etwas Schreckliches, das man unter allen Umständen vermeiden muß.
- Sie schämen sich furchtbar über jedes Versagen.
- Sie fühlen sich durch einen Fehlschlag persönlich gedemütigt.
- Sie können die Enttäuschung über einen erlittenen Fehlschlag nicht verwinden.
- Sie lassen sich durch einen Fehlschlag in ihrer ganzen Kraft entmutigen.
- Sie geraten angesichts eines Fehlschlages in Panik.
- Sie fürchten nichts so sehr wie einen Fehlschlag.
- Sie geben nach einem einzigen Fehlschlag sofort auf, und zwar für immer.

Im ängstlichen Bestreben, jedes mögliche Versagen zu vermeiden, haben sie schließlich Angst, etwas auch nur zu probieren.

Um Fehlschläge unter allen Umständen zu vermeiden, verpassen sie grenzenlose Erfolgschancen. Sie gehen so nicht den Niederlagen aus dem Weg, sondern *machen um den Erfolg einen großen Bogen.*

So dürfen Sie es also nicht anpacken, wenn Sie ein erfolgreicher und mit seinen Leistungen zufriedener Mensch werden wollen. Wenn Ihnen etwas danebengeht, so ist auch das ein Schritt auf dem Weg zum Erfolg, ein stolpernder vielleicht, ja, aber ein Schritt auf Ihr Ziel zu. Und: Sie sollen hier *auch lernen, zum Erfolg zu stolpern, wenn es sein muß!* Und wenn Sie sogar einmal hinfallen sollten, dann werden Sie mit unserer Hilfe wenigstens nach vorne fallen.

Erfolg ist in erheblichem Maße eine Sache des Vorwärtsstolperns, des Nachvornefallens und vor allem, für den einmal Gestürzten, des Wiederaufstehens. Fehlschläge sind nun einmal ein unvermeidbarer, ein notwendiger, ja geradezu *hilfreicher Faktor allen Erfolgsstrebens.* Sie können aus einem Mißerfolg wesentlich mehr lernen als aus Erfolgen, denn Fehlschläge zeigen Ihnen in krasser Deutlichkeit, was Sie nicht tun dürfen, wenn Sie weiterkommen wollen. Da Erfolgserlebnisse für Sie bald nichts Ungewöhnliches mehr sein werden, werden Sie sich die Schiffbrüche, die Sie erleiden, desto nachhaltiger einprägen. Einen Kinnhaken merkt man sich auch wesentlich besser als ein freundliches Schulterklopfen!

Fehlschläge konditionieren Sie für den Erfolg! Das Überwinden von Schwierigkeiten macht Sie stärker. Sie müssen natürlich *lernen, wie man erfolgreich Mißerfolge verkraftet.* Dieses hübsche Wortspiel ist sehr wichtig! Erfolgreich wird man durch Fehlschläge, daher ist es ganz entscheidend, die unbezahlbaren Lehren aus jeder Niederlage zu ziehen. Jeder Mißerfolg zeigt Ihnen, was nicht funktioniert – wenn Sie daher oft genug auf der Nase gelandet sind, wissen Sie genau, was Sie alles falsch gemacht haben. Dann brauchen sie nur noch alles wegzulassen, was sich als »Ausschuß« erwiesen hat, und schon ist der unfehlbare Erfolgsplan fertig, von dem Sie *wissen, daß er funktioniert.*

Aber die vielleicht folgenschwerste Lektion, die Sie aus Niederlagen lernen können, ist jenes geistig-seelische Konditionstraining, das Sie befähigt, nach einem Knockout nicht den Kopf zu verlieren. Haben Sie schon einmal von einem Boxer gehört, der nie Treffer einstecken mußte, oft sogar schwere Schläge? Oder von einem Fußballer, der nie hart angegangen wurde? Oder von einem Vertreter, der bei jedem Besuch einen Geschäftsabschluß tätigen konnte?

Glauben Sie mir bitte, als Verkaufsberater von einhundertzwei amerikanischen Unternehmen weiß ich, wie Vertreter ihren *Weg zum Erfolg mit Fehlschlägen pflastern.* Je nach der Höhe der Provision kann ein Vertreter oft bei einem Verhältnis von neun Absagen zu einer Zusage immer noch ein Vermögen verdienen. Er muß *keineswegs immer, nicht einmal meistens* zu Abschlüssen kommen; er muß bloß *genügend viele* Abschlüsse erzielen, um ein Spitzeneinkommen zu erreichen.

Es gibt sogar Branchen, in denen es genügt, wenn ein Verkäufer ein Geschäft pro Woche abschließt. Ich kenne erfolgreiche Firmen, die für ihre eher hochpreisigen Produkte pro Vertreter eine Verkaufsquote von drei Abschlüssen pro Woche kalkulieren. Das bedeutet, daß die Fehlschlagrate durchaus noch akzeptabel bleibt, wenn *von sämtlichen Verkaufsgesprächen der ganzen Woche nur drei positiv* ausgehen und alle anderen fehlschlagen. Ja es gibt sogar Beispiele dafür, daß ein einziger erfolgreicher Abschluß im Leben einen Mann zum Millionär gemacht hat!

Es kommt einfach darauf an, nie zu vergessen, daß Sie gar nicht immer erfolgreich sein müssen, ja nicht einmal meistens, sondern daß es vollkommen *genügt, wenn Sie oft genug erfolgreich sind,* um alles zu erreichen, was Sie sich vorgenommen haben. Sie können Ihren Weg zum Erfolg also wirklich mit Fehlschlägen pflastern.

Denken Sie allein an die ERFOLGSRATE IN DER WERBUNG: Neunundneunzig Mal von hundert bleibt eine Reklame völlig unbeachtet. Aber man kann immer noch ein Vermögen machen mit einer Werbung, die zu *neunundneunzig Prozent erfolglos* bleibt! Riesige Geldsummen werden täglich in Zeitungsannoncen gesteckt, die mindestens neunzig Prozent der Zeitungsleser gar nicht beachten. Die Inseratenwerbung arbeitet also mit einer eingeplanten Versagerquote von neunzig Prozent, nein: viel mehr. Denn von den zehn Prozent aller Leser, die eine solche Anzeige überhaupt ansehen, lesen nur ganz wenige den Anzeigentext. Doch der geringe Prozentsatz der Leser, die dann die inserierte Ware tatsächlich kaufen, genügt bereits, daß sich die Werbung mittels Zeitungsanzeigen für eine Firma rentiert. In der Werbung genügt also bei einer Versagerquote von neunundneunzig Prozent *eine Erfolgsquote von einem Prozent,* und mit solchen Erfolgsquoten werden Vermögen verdient!

Wir wollen es noch einmal sagen, weil es so wichtig und entscheidend ist: *Sie müssen keineswegs immer erfolgreich sein, Sie müssen nicht einmal meistens Erfolg haben; es genügt, wenn Sie soviel Erfolg haben, daß Sie alles erreichen, was Sie sich wünschen.*

Im folgenden Kapitel wollen wir uns ansehen, wie Sie den Weg zum Erfolg mit Fehlschlägen pflastern können.

Kapitel 24

Wie Sie mit Fehlschlägen Ihren Weg zum Erfolg pflastern können

Es wäre schön, wenn jene Menschen, die erst zahllose Fehler begangen hatten, ehe sie herausfanden, was funktioniert und was nicht, erklären würden, wie nützlich Hunderte, ja sogar Tausende von Fehlschlägen sein können. Daraus könnten dann die Mutlosen, die schon jammern und klagen, nur weil ihnen ein paarmal etwas danebenging, viel lernen.

Versager-Typen geben auf, bevor sie begriffen haben, daß *Fehlschläge einfach zum notwendigen Lernprozeß gehören*, den man durchmachen muß, wenn man Erfolg haben will. Es ist schlechthin unmöglich, ohne gelegentliche Pannen große Erfolge zu erzielen. Hört man solchen Versagern zu, möchte man meinen, ihre ganze fernere Zukunft sei zerstört, nur weil sie bei einigen halbherzigen Versuchen – »mit halben Mitteln zu halben Taten zögernd zu schreiten«, wie Franz Grillparzer es einmal so treffend formulierte – kein Glück hatten. Sie stellen ihre Bemühungen nach wenigen – oder nach wenigen Dutzend – Mißerfolgen ein, und damit basta!

Solche Versager oder »Schnell-Aussteiger« suchen sogleich nach Entschuldigungen, wenn einmal irgend etwas schiefgelaufen ist. Sie sind so enttäuscht und entmutigt, daß sie geradezu einer Angstneurose verfallen. *Sie fürchten, niemals erfolgreich zu sein* – und das in einer Welt, in der täglich Millionen Menschen zahllose Erfolgserlebnisse für sich verbuchen können.

Glauben Sie, daß so geartete Menschen je versuchen, sich zu ändern, indem sie etwas lernen (zum Beispiel die Erfolgsmethoden, die dieser Lehrgang anbietet)? Nein, sie denken nicht daran, sich zu ändern. Sie wollen eher »das System« verändern, das

»Establishment«! So versucht man, von den eigenen Mißerfolgen abzulenken.

Aber das ist grundfalsch. Es ist bei weitem leichter für den erfolglosen einzelnen, sich selbst zu ändern, als allein oder auch in Gemeinschaft mit einigen anderen Versagern die Welt verändern zu wollen. Die meisten, wenn nicht alle sozialen, wirtschaftlichen, rassischen oder politischen Unruhen mit ihren unguten Folgeerscheinungen wurzeln in einer VERSAGENSPSYCHOSE, die aus der Angst vor dem Scheitern entsteht.

Diese Angst vor Mißerfolgen gefährdet das Gefühl der Selbstsicherheit und die Fähigkeit, mit Herausforderungen verschiedenster Art vernünftig fertig zu werden. Der Mensch verliert auf diese Art jeden Halt. Der Betreffende reagiert übertrieben scharf auf die geringste Provokation und flieht in allerlei monströsradikale Verhaltensmuster. Aber wir müssen gar nicht auf so komplizierte Erklärungen zurückgreifen, um Ihnen zu verdeutlichen, worum es geht.

Alles, was Sie wirklich wissen und glauben müssen, ist allein die Tatsache, daß ein Mißerfolg kein Grund zu Angst und Unsicherheit ist. Ganz im Gegenteil: *Mißerfolg ist ein erstaunliches Hilfsmittel auf dem Weg zum Erfolg.* Oder bildlich ausgedrückt: Stolpern Sie ruhig durch Schlaglöcher und über Fallstricke auf der Straße Ihrer Blamagen und Irrtümer weiter, die doch zum Erfolg führt. Fehlschläge sind das beste Hilfsmittel für den Menschen auf dem Weg zu einem bestimmten Ziel.

Wir wollen uns einmal gemeinsam ansehen, wie man über Fehlschläge zu Erfolg gelangt, konkret, anhand eines Beispiels:

Der berühmte Erfinder THOMAS ALVA EDISON steckte *ein Vielfaches mehr an Schlappen ein als alle anderen Menschen, denen er im Leben je begegnete.* Schließlich wußte er aber gerade deswegen viel genauer als alle anderen, was er als unbrauchbar ausscheiden konnte, was alles für seine Zwecke nicht verwendbar war.

Die Zahl der Versuche, die er allein zur Herstellung einer funktionstüchtigen Glühbirne unternahm, gingen ins Aschgraue. Doch im Endeffekt erzielte er mit seinem Wissen, das er sich hauptsächlich aufgrund seiner Mißerfolge erarbeitet hatte, größere Triumphe als alle anderen. *Er ließ im Laufe seines Lebens eintausenddreiundneunzig Erfindungen patentieren!* Und dabei waren das keineswegs belanglose Spielereien. So erfand er den ersten Börsentelegraphen, den er für vierzigtausend Dollar – damals eine Riesensumme – verkaufte. Mit diesem Geld startete er eine richtige Erfinderfirma. Er stellte jeden Experten ein, dessen er habhaft werden konnte und von dem er sich die Vermittlung weiteren Spezialwissens erhoffte. Mit Hilfe seiner Mitarbeiter und seinem eigenen genialen Erfindungsgeist vermochte er mehr und bessere Ideen zu entwickeln – und noch dazu früher als seine etwaigen Konkurrenten. Je mehr Geld er verdiente, desto mehr gab er für Gehälter, Laboreinrichtungen und Experimente aus – und natürlich auch für weitere Fehlschläge, durch die er lernte, wie es *nicht* ging, und *lernte, wie es ging*: er machte eine Fülle wertvoller Erfindungen.

Sie hatten auch schon Fehlschläge zu verzeichnen? Herzlichen Glückwunsch! So wissen ja auch Sie bereits, wie dies und jenes nicht geht.

Nach einer langen Serie von Fehlversuchen bemerkte Edison einmal zu einem verzagten Mitarbeiter: »Tausend Dinge, die nicht in Frage kommen, kennen wir jetzt; wir sind also schon viel näher an die Lösung der Frage herangekommen, was wir wirklich verwenden können.« Von Edison kann man getrost sagen, daß sein Weg zum Erfolg mit Schlappen, Mißerfolgen und Pannen gepflastert war.

Einmal sprengte er absichtlich eine teure mechanische Anlage, deren Wiedererrichtung sein ganzes Kapital verschlang. Warum er das tat? Weil er genau wissen wollte, wieviel Druck die Apparatur aushalten konnte, bevor sie in die Luft flog. Danach konnte er eine wesentlich verbesserte Maschine konstruieren, die einem bedeutend höheren Druck standhielt.

Haben Sie Angst vor Fehlschlägen? Vielleicht liegt die Sache so, daß Sie in Wirklichkeit noch viel zu selten versagten und daher gar nicht genügend Überblick haben, was Sie tun oder lassen sollen? Andernfalls würden Sie vermutlich schneller herausfinden, wie Sie vorgehen müssen – und schon wären Sie auf dem richtigen Weg zum Erfolg.

Vergessen Sie nie, daß es immer auf den VERSUCH ankommt! Kein Fußballspieler kann je ein Tor schießen, wenn er den Schuß aufs Tor nicht wagt. Das ist auch genau der Grund, warum Edison eintausendreiundneunzig Erfindungen machte, die patentreif waren: *Er unternahm achtzehn Stunden täglich einen Versuch nach dem andern.* Wundert es Sie da noch, daß eine solche Beharrlichkeit ihm Millionengewinne und der Menschheit unschätzbare Vorteile einbrachte? Seine strahlende Glühbirne erleuchtete die Welt; mit dem von ihm entwickelten Phonographen wurden zum erstenmal Töne aufgezeichnet; auf seinen Erfindungen beruht zum Teil die Entwicklung der modernen Filmtechnik, des Mikrophons, des Mimeographen (eines Vorläufers unserer heutigen Kopierer) und des in der Medizin verwendeten Fluoroskops. Alle diese Errungenschaften waren das Ergebnis harter Arbeit, nicht Resultate von Geistesblitzen. Edison selbst formulierte das einmal humorvoll so: »Genialität besteht aus einem Prozent Inspiration und neunundneunzig Prozent Transpiration.« Sein Arbeitstag von achtzehn Stunden bestätigt diese Aussage.

Zehn Jahre lang schlug er sich mit dem Problem der Nickel-Eisen-Laugen-Speicherbatterie herum. Zusammen mit seinem Assistentenstab untersuchte und klassifizierte er siebzehntausend (!) verschiedene Pflanzenarten, bevor es ihm gelang, aus der einen endlich als richtig entdeckten eine brauchbare Menge Latexmilch zu gewinnen. Wenn Sie bereit sind, siebzehntausendmal zu irren, um den angestrebten Erfolg zu erringen – dann sind Sie *auf dem richtigen Weg, den Wert von Fehlschlägen zu erkennen.*

Thomas A. Edison erreichte seine ungeheuren Erfolge, obwohl er im ganzen nur sechs Monate die Schule besuchte! *Sie* waren doch sicher länger in der Schule als nur ein halbes Jahr? Und welche Erfolge hatten Sie in letzter Zeit aufzuweisen?

Edison war so erfolgreich, weil er instinktiv genau die Art des Vorgehens wählte, die wir Ihnen in diesem *»Schlüsselwerk bewährter Erfolgsmethoden«* vermitteln wollen. Und da er ein Erfinder aus Leidenschaft war, läßt sich zu Recht behaupten, daß er einige dieser Regeln selbst entdeckte. Statt aber Personen oder Bücher um Auskunft zu fragen, stellte er seine *»Fragen« in Form von Versuchen und Tests.* War die »Antwort« (das Testresultat) negativ, ein Nein, so fragte er, genau wie Sie es gelernt haben, sofort: Warum? Warum war der Versuch schiefgegangen? Und wenn er dann wußte warum, war er wieder einen Schritt weiter. Wenn Sie gleichfalls immer sofort nach dem Warum fragen, das hinter der Ablehnung einer Ihrer Bitten steht, werden Sie früher oder später dahinterkommen, was es ist – und die Antwort wird Sie geradewegs dahin bringen, daß Sie bekommen, was Sie sich wünschen.

Edison glaubte fest daran, über Irrwege zum Erfolg zu gelangen. Niemand kann zur Erreichung eines einzigen Zieles (die Gewinnung von Gummimilch) siebzehntausend Fehlschläge einstecken, wenn er nicht in seinem tiefsten Inneren überzeugt ist, daß er schließlich gewinnen wird. Nach dem GESETZ DER WAHRSCHEINLICHKEIT muß jeder, der aus seinen Fehlern lernt und beharrlich mit seinen Versuchen fortfährt, schließlich Erfolg haben.

Auch Sie können den Weg zum Ziel mit Fehlschlägen pflastern, wenn Sie Ihre Pannen als das erkennen, was sie sein sollen: *ein Lehrgeld für die Erkenntnis, wie man es nicht machen soll.* Dann werden Sie Niederlagen nicht mehr länger als Schande, sondern vielmehr als LEKTIONEN betrachten, die das Leben Ihnen erteilt. Sie sollten sich daher bemühen, aus Ihren Schlappen zu lernen, zumal Sie solche Lehren nicht vergessen werden, denn sie können überzeugend und sehr eindrucksvoll sein. Wenn Sie zum Beispiel einmal bei einem fehlgeschlagenen Unternehmen eine Menge Geld verloren haben – glauben Sie mir, diese Lehre werden Sie behalten!

Wer nach einem Mißerfolg die Gründe des Fehlschlags herausfindet und einen neuen Versuch unternimmt, der wird im Endeffekt ans Ziel kommen. Der Erfolg stellt sich garantiert ein. Leben Sie immer in dieser Gewißheit.

Gehen Sie in dieser Gewißheit auch das folgende Kapitel dieses Buches an.

Kapitel 25

Wie man – allen Widerständen zum Trotz – dennoch Erfolg hat

Es gibt eine Kraft, die alle Widerstände auf dem Weg zum Erfolg beseitigt: die KRAFT DES GLAUBENS. Ohne den Glauben an das Gelingen Ihrer Pläne sind Sie zum Versagen verurteilt. Wenn Sie aber den festen Glauben haben, auf dem richten Weg zu sein, dann werden Sie auch bekommen, was Sie wollen.

Die Kraft Ihres intensiven Glaubens wird

- Sie befähigen zu werden, was Sie wirklich sein möchten; Ihre derzeitige Lage erleichtert Ihnen, Ihre Wahl zu treffen;
- Sie in die Lage versetzen, alles zu tun, was Sie wollen;
- Sie befähigen zu bekommen, was Sie sich wünschen. Glauben Sie fest daran – und nehmen Sie das Gewünschte in Empfang!

Aufgrund welcher Einsichten oder Tatsachen können wir so gewagte Behauptungen aufstellen? Wir berufen uns dabei auf die Autorität der Bibel und anderer heiliger Schriften der großen Weltreligionen und auf die Werke der großen Denker, Philosophen und Psychologen, die die Geschichte der Menschheit kennt. *Es ist unvorstellbar, daß die großen Lehrgedanken der bedeutendsten Persönlichkeiten aller Zeiten falsch sein sollten!*

Die Kraft des grenzenlosen Glaubens befähigt Sie, nicht nur Ihre Angst vor Fehlschlägen in den Griff zu bekommen, obwohl das sicher Ihr erster wichtiger Erfolg sein wird, sondern auch zu werden, zu tun, und zu bekommen, was Sie sich wünschen.

In der *Bibel* steht: *»Wie der Mensch in seinem Herzen denkt, so ist er.«* Und auch dieser Satz stammt aus der Bibel: *»Dem, der da glaubt, ist alles möglich.«* Das ist eine ziemlich gewagte Behauptung, will mir scheinen; aber sie kommt aus berufenem Munde, aus dem Munde göttlicher Offenbarung.

Tatsächlich ist die Kraft eines »im Herzen«, also im Gefühl verankerten unbedingten Glaubens die Grundlage aller Weltreligionen. Wer sich mit den großen Glaubenslehren aller Zeiten beschäftigt, wird unweigerlich finden, daß sie eines gemeinsam haben, nämlich die Bedeutung, die sie dem Wissen um die Existenz Gottes und der unerhörten Kraft unbedingten Glaubens einräumen.

BUDDHA lehrt: »Alles, was wir sind, ist ein Resultat dessen, was wir denken und glauben.« KONFUZIUS lehrt: »Der große Mensch besitzt dreifache Tugend: Er ist sittsam und kennt keine Laster; er ist weise und nichts kann ihn überraschen; er ist tapfer und kennt keine Furcht.« Auch der *Koran,* das heilige Buch des Islams, betont die Kraft, die der Glaube den Menschen verleiht.

Ist es nicht so, als ob wie ein goldener Faden die Lehre von Glauben und Vertrauen die Weisheit der großen Religionsstifter und Philosophen durchwirkt?

Unser Buch ist keine Abhandlung über Religion und religiöse Einstellung. Es liegt uns fern, Ihre persönliche Meinung, die Sie über Gott und Religion haben, zu beeinflussen. Wir möchten nur in gebührender Achtung vor der Ansicht anderer Menschen darauf hinweisen, daß Millionen und aber Millionen Menschen der verschiedensten Glaubensüberzeugungen die Notwendigkeit und die Kraft des Glaubens begreifen. Es kann nicht sein, daß alle diese Menschen sich irren.

Wir dürfen vielmehr annehmen, daß unser Denken und Glauben, unsere Ansichten und Überzeugungen Kräfte darstellen, die tatsächlich »Berge zu versetzen« vermögen, wobei der Glaube das Entscheidende ist. Den zitierten Bibelweisheiten zufolge *wird der Mensch das, woran er intensiv glaubt.* Es entspricht den Vorstellungen aller Religionen, daß der Mensch so ist, »wie er in seinem Herzen denkt«, und daß wir alle das Resultat dessen werden, was wir glauben.

Die Bedeutung dieses Gedankens ist kaum zu ermessen. Es ist dies eine Wahrheit, die eine unendliche Macht in Ihre Hände legt. *Sie können werden, was Sie werden möchten! Sie können erreichen, was Sie erreichen möchten!* Sie können alles erreichen, wenn Sie den uneingeschränkten Glauben daran haben, daß es Ihnen gelingen wird.

Studieren Sie Berichte über sogenannte »Wunderheilungen«, so werden Sie immer den einen entscheidenden Beweggrund für jede Heilung erkennen: unendlichen Glauben. Studieren Sie die Biographien der Großen der Geschichte, Männer wie Frauen, so werden Sie die gleiche Kraft als Motivation entdecken, nämlich das gläubige Vertrauen dieser Menschen in ihre eigenen Fähigkeiten und an den unausbleiblichen Erfolg. (Im nächsten Kapitel sollen Sie mehr darüber lesen.)

Psychologen haben bestätigt, daß der Mensch alles erreichen kann, was er sich vorzustellen und woran er zu glauben vermag. Der amerikanische Philosoph und Psychologe WILLIAM JAMES, Lehrer an der Harvard-Universität und wohl einer der hervorragendsten Denker unserer Zeit, wiederholte des öfteren die Feststellung: »Der Glaube schafft die Tatsachen!« Und er sagte weiter: »Bei jedem Unterfangen ist der Glaube der wichtigste Faktor, ohne den ein Erfolg nicht möglich ist. Das ist eine fundamentale Wahrheit.«

Er schrieb auch: »Wenn einem Menschen ein bestimmtes Ziel wichtig genug ist, wird er es fast immer erreichen. Wer reich sein will, wird reich; wer gelehrt sein will, wird gelehrt; wer gut sein will, ist gut. Nur muß er, was er anstrebt, wirklich wollen; er muß, was er will, ausschließlich anstreben und darf nicht gleichzeitig hundert andere Ziele ebenfalls erreichen wollen, die mit seinem Hauptziel unvereinbar sind.« Wenn Sie etwas wirklich und wahrhaftig und aus ganzem Herzen anstreben, dann werden Sie es auch bekommen.

Der Psychologe Dr. WALTER SCOTT stellte fest (wir haben diesen Ausspruch schon zu Beginn dieses Buches zitiert und wollen ihn wiederholen, weil er uns entscheidend wichtig erscheint): »Erfolg oder Versagen ist viel eher die Folge unserer geistigen Einstellung als unserer geistigen Fähigkeiten.« Mit andern Worten: *Erfolg ist weitgehend das Ergebnis unseres unwandelbaren Glaubens an den Erfolg und viel weniger das Resultat überlegener Intelligenz.*

Aber wie steht es mit der Willenskraft? Viele führende Psychologen haben nicht genug Vertrauen in die Willenskraft allein. Die Erfahrung hat sie gelehrt, daß der unbedingte Glaube und der brennende Wunsch eines Menschen für seinen Erfolg auf welchem Gebiet immer entscheidend sind. Dieser Glaube muß durch Willenskraft verstärkt werden; aber die Willenskraft vermag ihn nicht zu ersetzen. BRUCE BARTON formulierte den Gedanken so: »Nur jene Menschen waren imstande, etwas Wunderbares zu schaffen, die zu glauben wagten, daß etwas in ihnen alle widrigen Umstände überwinden könnte.« Und der Dichter und Philosoph RALPH WALDO EMERSON, einer der weisesten Männer, die Amerika uns geschenkt hat, sagte: »Keine Fähigkeit, keine Hilfe von außen und kein Training können den Mangel an Glauben wettmachen.« Emerson war es auch, der schrieb, daß man jeden Menschen nach seinen Augen beurteilen könne: sehe man jemandem genau in die Augen, erkenne man, ob er an sich selbst glaubt oder nicht. Der frühere Richter am Obersten Gerichtshof der Vereinigten Staaten CARDOZO stellte einmal fest: »Wir sind, was wir zu sein glauben.« Oder fragen wir den großen Dichter und Denker HENRY WADSWORTH LONGFELLOW; er schrieb: »Beharrlichkeit [im Glauben an den Erfolg] ist ein Hauptelement des Erfolges. Wer lange genug an die Pforten schlägt, wird jemanden zu wecken vermögen.«

Der dreifache Doktor und Lebenslehrer positiven Denkens Dr. JOSEPH MURPHY wiederum sagte: »Denken Sie sich erfolgreich, stellen Sie sich Ihren Erfolg und sich selbst am Ziel vor, und Sie werden jene immense Kraft in Bewegung setzen, die Ihr Leben gestaltet. Es besteht kein Zweifel: *Die Inhalte Ihres Denkens und Glaubens werden in Ihrem Leben sichtbar; sie gestalten Ihre Zukunft.«*

Es stimmt schon: Sie werden das, was zu werden Sie intensiv glauben. Sie können nie größer oder besser werden, als es Ihrem Glauben an sich selbst möglich erscheint. Ein Farmer, der einst auf einer Landwirtschaftsausstellung einen Kürbis präsentierte, der exakt die Form eines Zwei-Gallonen-Kruges hatte, erklärte den verwunderten Besuchern seines Standes: »Als dieser Kürbis so klein wie mein Daumen war, stülpte ich ihm den gläsernen Krug über und ließ ihn einfach wachsen. Als er den Krug ganz ausfüllte, hörte er zu wachsen auf.«

Etwa die gleiche Wirkung hat unser Glaube an uns selbst auf unser Leben. Unser gläubiges Vertrauen in unsere Fähigkeiten gestaltet unsere Zukunft; mangelnder Glaube beschränkt uns.

Wir können nie größer werden als unser Glaube an uns selbst!

Wir erkennen also und wollen es wegen seiner Wichtigkeit nochmals wiederholen: Die Großen der Religions- und Geistesgeschichte – Religionsstifter, Philosophen, Psychologen, Dichter – stimmen darin überein, daß wir genau *das sind oder sein werden, was wir unserem uneingeschränkten Glauben zufolge sind oder werden.*

Das Prinzip ist das gleiche wie beim Telephonieren. Sie werden mit der Nummer verbunden, die Sie gewählt haben. Wenn Sie eine falsche Nummer wählen – zum Beispiel Angst, Krankheit oder Versagen –, dann bekommen Sie prompt Ihre Fehlverbindung. Sie bekommen sie automatisch, nicht etwa aufgrund der Ungunst oder irgendeines faulen Tricks des Schicksals, sondern weil Sie selbst schlecht gewählt haben. Wenn Sie aber mit Hilfe eines uneingeschränkten gläubigen Vertrauens in Ihre eigene Kraft Glück, Erfolg, Gesundheit, Liebe, Wohlstand, Ansehen, Macht oder Ruhm wählen, dann werden Sie genau die Verbindung bekommen, die Sie wünschen. Nicht, weil Sie ein Glückspilz sind, sondern weil Sie selbst so und nicht anders gewählt haben.

Der Glaube an die eigenen Fähigkeiten und an den unausbleiblichen Erfolg ist ein gemeinsames Charaktermerkmal aller erfolgreichen Persönlichkeiten. Sie werden genau das, was Sie von sich selbst Ihren Überzeugungen nach erwarten. *Die Intensität Ihres Glaubens ist dabei überaus wichtig.* Sie können Ihr Ziel nicht kraft beiläufigen, der Intensität und den Zielsetzungen nach unstet wechselnden Glaubens erreichen. Ihr Glaube muß vielmehr unverbrüchlich feststehen. Sie müssen tief überzeugt sein, daß Sie Ihr Ziel erreichen werden, müssen es – wie es in dem Bibelspruch heißt – *»in Ihrem Herzen denken«*. Die Bibel verwendet keine leeren Worte. Dieses Bild der Bibelsprache soll uns vielmehr die unbedingte Notwendigkeit grenzenlosen Glaubens vor Augen führen.

Wie wir ausführlich in einem später folgenden Kapitel besprechen werden, muß Ihr Bewußtsein mit so glühender Intensität an einer Zielvorstellung festhalten, daß sie das genaue Bild dessen, was Sie sich wünschen, tief in Ihr Unterbewußtsein einbrennt.

Mit Hilfe der immensen Kräfte Ihres Unterbewußtseins aber werden sich Ihre innigsten Wünsche erfüllen. Sie müssen nur intensiv genug an deren Verwirklichung glauben!

Ihr Glaube wird intensiver und stärker, wenn Sie sich vollkommen *auf eine einzige Wunschvorstellung oder höchstens auf einige wenige Wunschziele konzentrieren*, die einander natürlich nicht widersprechen dürfen. Wenn jemand ein hervorragender Wissenschaftler an einer Universität und zugleich ein berühmter Leistungssportler werden möchte, wird sich das wahrscheinlich nur schwer oder gar nicht vereinbaren lassen. Es gilt daher, daß Sie sich, wie gesagt, »konzentrieren«. Sie sollen sich mit ganzer Kraft und sooft Sie können bewußt auf Ihren Wunsch einstellen – nicht nur zweimal am Tag, sondern womöglich hundertmal! Vergessen Sie nicht, daß wir alle so etwas wie ein wandelndes Reklameschild darstellen, auf dem der Inhalt unseres Denkens und Fühlens plakatiert ist. Wie ein Mensch denkt und fühlt (»in seinem Herzen denkt«), so ist er. Vergessen Sie nie, daß viele Ihrer Wünsche sich nur deswegen nicht erfüllen, weil Sie im Grunde Ihres Herzens nicht wirklich an deren Erfüllung glauben. Ohne den Glauben an den Erfolg aber kann niemand Erfolg haben!

In meinem Buch *»Persönlichkeitsbildung – So werden Sie, was Sie sein möchten«* habe ich das folgendermaßen illustriert: Ein Junge, der irgendwo in den Bergen lebte, fand eines Tages ein Adlernest, das hoch oben auf einer steilen Felsnase klebte. In dem Nest befand sich ein einziges Ei. Der Junge nahm es mit nach Hause und schob es einer Henne unter, die im Hühnerstall seines Vaters gerade beim Brüten war. Die Henne brütete das Adlerei zusammen mit ihren eigenen Eiern aus, und das Adlerjunge spielte mit den Küken und hielt sich wohl auch selbst für ein junges Huhn. Da es glaubte, ein Hühnchen zu sein, lebte es auch wie die Hühner und verhielt sich wie sie. Es versuchte nicht zu fliegen, sondern blieb mit den Gespielen im eingezäunten Hühnerhof. Aber als das Tier größer und stärker wurde, begann sich im Herzen des jungen Adlers etwas zu rühren, das ihm das Gefühl gab, kein Huhn zu sein, ja er wußte auf einmal, daß er kein Huhn war, das sein Leben eingesperrt in einem schmutzigen Hühnerhof verbringen muß, weil er ungeheure Kraft in sich verspürte und Fähigkeiten in sich entdeckte, die er vorher nicht in sich vermutet hatte. Er fühlte den Drang zu fliegen. Und weil er glaubte, fliegen zu können, schaffte er es auch. Er breitete seine mächtigen Schwingen aus und begann zu steigen. Er schwebte höher und höher, bis er auf dem Gipfel eines hohen Berges seine neue luftige Heimat fand. Er lebte nun auf den höchsten Zinnen und kreiste hoch oben in klarer Luft – der Adler als das stolze Symbol von Mut und Freiheit, das er für uns ist.

Die stärksten Kräfte der Natur sind die unsichtbaren: Hitze, Schall, Elektrizität, Schwerkraft, Kernkraft – und so sind auch die mächtigsten Fähigkeiten des Menschen unsichtbar: *Denken, Glauben, Lieben, Wünschen.* Man kann sie nicht sehen, aber man spürt ihre erstaunliche Wirkung.

In dem folgenden Kapitel wollen wir uns das wahrhaft verblüffende Phänomen intensiven Glaubens an den Erfolg näher ansehen. Das Leben einiger vorbildlicher Persönlichkeiten liefert uns dazu überzeugendes Anschauungsmaterial, das beweist, daß ihre Leistungen, die fast an Wunder grenzen, auf nichts anderem als der wunderbaren Kraft des Glaubens beruhen.

Kapitel 26

Die wunderbare Kraft des Glaubens an den Erfolg

Die nun folgenden Kapitel – die dem Leben hervorragender Persönlichkeiten gewidmet sind – haben wir diesem Buch einverleibt, damit Sie diese FALLGESCHICHTEN, die auf Tatsachen beruhen, zu Ihrer Ermunterung lesen können. Es handelt sich dabei um Männer und Frauen aus verschiedenen Jahrhunderten, deren grenzenloser Glaube an ihre Fähigkeiten und an den Erfolg ihrer Bemühungen sie in die Lage versetzte, kleinere und größere *»Wunder« zu vollbringen, ungeachtet der fast unüberwindlich scheinenden Hindernisse,* die sich vor ihnen auftürmten. Wir haben die Beispiele aus Tausenden ähnlich ermutigenden Fallgeschichten ausgewählt, weil die meisten derselben den in Amerika und in Europa lebenden Menschen schon vertraut sind, so daß das Interesse des Lesers an den »Helden« weniger vom Inhalt ablenkt, auf den allein es uns ja ankommt.

Es ist die Art, wie diese scheinbaren Wunder vollbracht wurden, die Art, wie unlösbar scheinende Probleme gelöst und unüberwindlich scheinende Schwierigkeiten überwunden wurden, die Ihnen zur INSPIRATION UND MOTIVATION Ihres eigenen Lebens verhelfen soll.

Jedes dieser Beispiele enthält den Beweis für die unbesiegbare Kraft des Menschen, der voll Glauben, Beharrlichkeit und Ausdauer sein Lebensziel verfolgt und erreicht. Diese Beispiele zeugen von der Kraft des unendlichen Glaubens und Selbstvertrauens, von denen alle großen Männer und Frauen der Geschichte beflügelt wurden, und sollen Sie ermutigen, auch Ihrerseits *Ihre Ziele mit Energie und Kraft zu verfolgen, bis Sie am Ziel sind.*

Die erste Geschichte, die wir Ihnen erzählen wollen, ist nur kurz. Sie handelt von einem kleinen Jungen namens Samuel Clemens, der um die Mitte des vorigen Jahrhunderts in einer winzigen amerikanischen Kleinstadt an einem mächtigen Fluß lebte.

Eines Tages fand er ein zerrissenes Blatt Papier, das eine träge Brise vom Fluß herauf über die Straße geweht hatte. Mit der typischen Neugier eines kleinen Buben, den Langeweile plagt, weil er nichts zu tun hat und weil der Nachmittag nicht enden will, hob der kleine Sam das Blatt auf und begann die Geschichte zu lesen, die auf dem Papier abgedruckt war.

Diese Geschichte aber, die ihm der Zufall – oder war es eine höhere Fügung? – vor die Füße geweht hatte, inspirierte den Jungen zu einem so tiefen und gläubigen Selbstvertrauen, daß er beschloß und es auch fertigbrachte, erfolgreich und berühmt zu werden – als der große Humorist Mark Twain, den wir alle kennen.

Die Erzählung, die er damals auf dem verschmutzten Blatt Papier las, handelte von einem kleinen Hirtenmädchen, das plötzlich mitten unter seinen Weidetieren von dem unwandelbaren Glauben erfaßt wurde, daß Gott es dazu ausersehen hatte, Frankreich zu retten. Aber damit sind wir ja schon mitten im nächsten Kapitel!

Kapitel 27

Sie glaubte an ihre Berufung – und rettete Frankreich

Jeder, der auch nur den leisesten Zweifel an der unendlichen Kraft tiefen Glaubens hat, sollte die wahrhaft erstaunliche Geschichte der kleinen JEANNE D'ARC studieren. Jeanne oder Johanna war ein Bauernkind aus Lothringen, und sie hütete eine kleine Schafherde. Nichts an ihr war außergewöhnlich. Sie war ein ganz »normales« Mädchen von zwölf Jahren.

Eines Tages jedoch wurde sie von einem tiefen Erlebnis erfaßt. Sie hatte die Vision, daß Gott sie dazu ausersehen hatte, Frankreichs Heer zum Sieg über England zu führen. Die Feindseligkeiten zwischen den beiden Ländern, die wir als den Hundertjährigen Krieg in Erinnerung haben, waren fünfundsiebzig Jahre vor ihrer Geburt ausgebrochen, und es war kein Ende der Kämpfe abzusehen. Es schien absurd, auch nur einen Gedanken daran zu verschwenden, daß sie, ein armes, unbekanntes kleines Hirtenmädchen, die Führung des französischen Heeres übernehmen konnte. Aber *Ihr Glaube wurde zur Erfülltheit, zu ihrem Wesen.*

Wer immer von uns die Kraft hätte, so unbedingt an seine Sendung zu glauben wie Jeanne d'Arc, der könnte alles erreichen, was er wollte – genau wie sie. Nichts wäre imstande, ihn aufzuhalten, so wie nichts Jeanne abhalten konnte, nicht einmal die zehn Meter dicken mächtigen Mauern der für uneinnehmbar geltenden Festung Orléans, die die Engländer besetzt hielten.

Ihre erste überzeugende Vision hatte Jeanne im Alter von zwölf Jahren. Die folgenden fünf Jahre hindurch war sie überzeugt, die Stimmen von Heiligen zu vernehmen, die ihr ihre göttliche Sendung bestätigten. Mit Siebzehn trat Jeanne vor den Dauphin Prinz Charles, der, beeindruckt von ihrem Glauben an ihre

Mission, sie mit einer glänzenden Rüstung beschenkte und ihr eine Armee zur Verfügung stellte, die sie in die Schlacht führte. Mit blitzendem Schwert und unter ihrem eigenen wehenden Banner führte sie die Attacke gegen die Engländer und befreite das schwer befestigte Orléans. Eine siebzehnjährige Hirtin erreichte das, allein gestützt auf ihren unwandelbaren Glauben!

An diesem Punkt müssen wir auf etwas äußerst Wichtiges hinweisen: Nur der tiefe uneingeschränkte Glaube an den Erfolg bringt Erfolg. *Ebenso sicher aber bringt der Glaube an eine Tragödie eine Tragödie!*

Johanna von Orleans, die bisher so Sieghafte, wurde plötzlich von den schlimmsten Befürchtungen befallen; sie begann zu glauben, daß sie gefangen, verraten, und hingerichtet werden würde. Und genau das geschah dann auch. Als Ketzerin, Sünderin, Götzenanbeterin wurde sie schließlich auf dem Scheiterhaufen verbrannt – dasselbe junge Mädchen, das kurz zuvor ihr Vaterland gerettet hatte!

Aber weder Verrat noch Tortur, noch der Tod konnten den wunderbaren Glanz der Jahre zerstören, in denen sie in tiefem Glauben unbeirrt ihrer göttlichen Sendung vertraut hatte. Die Kirche sprach sie später heilig.

Man kann sich diese unbegreifliche Geschichte nicht intensiv genug vor Augen halten. Bitte stellen Sie sich noch einmal vor, was das bedeutet: Ein zwölfjähriges Bauernkind beginnt plötzlich zu glauben, es sei dazu auserwählt, die französische Streitmacht zu einem Sieg zu führen, der ihr fünfundsiebzig Jahre lang verwehrt geblieben ist. Und mit siebzehn Jahren, immer noch geführt und geleitet von ihrer tiefgläubigen Überzeugung, verwirklicht Jeanne ihren Glaubenswunsch!

Bevor Sie jetzt aufzuzählen beginnen, was *Sie* alles davon abhält, Erfolg im Leben zu haben (mangelnde Schulbildung, keine Berufsausbildung, keinerlei einflußreiche Freunde oder Beziehungen, was immer es auch sein mag, das Sie persönlich als Alibi zu verwenden pflegen), sollten Sie sich vergegenwärtigen, daß Jeanne ein armes, unbekanntes blutjunges Landmädchen war, das weder lesen noch schreiben konnte und ohne die geringste militärische Ausbildung war. *Ihre einzige »Qualifikation« lag in ihrem unbeirrbaren Glauben an den Erfolg!*

Stellen Sie sich bitte einmal vor, was *Sie* erreichen könnten, wenn Ihr Glaube an den Erfolg so stark wäre, daß Sie Tag und Nacht nur daran dächten, das zu bekommen, was Sie sich wünschen. In diesem *»Schlüsselwerk bewährter Erfolgsmethoden«* werden Sie an anderer Stelle noch erfahren, wie man ein unbegrenztes und unwandelbares Selbstvertrauen und unbeirrbare Zuversicht entwickelt.

Kapitel 28

Sein Glaube an den Erfolg machte ihn zu einem der bedeutendsten Staatsmänner aller Zeiten

BENJAMIN FRANKLIN (1706–1790) war der erste amerikanische Selfmademan. Die frühen Siedler waren zwar auf der Suche nach Freiheit in das Land gekommen, behielten aber die starre Klassenordnung bei, die sie aus England mitgebracht hatten. Benjamin Franklin veränderte dieses System, wie er so vieles andere in seiner Welt auch veränderte.

Alles, *was er lernen wollte, mußte er sich jedoch selbst beibringen. Alles, was er erreichen wollte, mußte er sich selbst verschaffen.* Ben Franklin wurde im Jahre 1706 als fünfzehntes von siebzehn Kindern eines armen Kerzenziehers in Boston geboren. Er besuchte die Schule nur wenig länger als ein Jahr. Dennoch lernte er – besser: lehrte er sich selbst – Philosophie, vier Fremdsprachen, die Grundkenntnisse der Naturwissenschaften. Er las die Klassiker und verfaßte Aufsätze, Zeitungsartikel und Bücher und brachte sich die Grundlagen der Finanzwissenschaft, der Politik und der Diplomatie bei.

All das schaffte er *neben seiner Haupttätigkeit,* die darin bestand, den notwendigsten Lebensunterhalt zu verdienen, eine wirklich drückende Notwendigkeit noch dazu. Er begann zu arbeiten, als er zwölf Jahre alt war. Mit Siebzehn verließ er Boston; aber da er in New York keine Arbeit finden konnte, ging er weiter nach Philadelphia. Das ist wörtlich zu verstehen: Er ging den größten Teil der Strecke zu Fuß! Als er ankam, hatte er nur noch einige Pence in der Tasche. Er fand eine Stelle als Druckereiarbeiter. Doch bald schon machte er sich als Drucker und unabhängiger Verleger selbständig. Zuerst gab er eine Zeitung, dann einen Almanach heraus. Mit zweiundvierzig Jahren hatte er ein Vermögen verdient und konnte sich ganz aus dem Geschäftsleben zurückziehen.

Das soll Ihnen nur zeigen, was man durch Selbsterziehung und Persönlichkeitsentwicklung alles erreichen kann.

Doch der geschäftliche Erfolg war nur ein Teil der Leistungen dieses bedeutenden Mannes. Nachdem er sich mit zweiundvierzig aus dem Erwerbsleben zurückgezogen hatte, verbrachte er die nächsten *vierzig Jahre als Staatsmann im Dienste seines Landes.* Fünfundzwanzig Jahre lang führte er wichtige Verhandlungen mit den Regierungen Englands und Frankreichs. Er warf den Engländern die schlechte Verwaltung der amerikanischen Kolonien vor und erreichte die Abschaffung des verhaßten Stempelgesetzes. Aufgrund seines Wirkens hatten die dreizehn neuenglischen Kolonien die Möglichkeit, sich auf ihre Unabhängigkeit vorzubereiten. Als dann der Unabhängigkeitskrieg ausbrach, sicherte Franklin den nordamerikanischen Kolonien die Unterstützung Frankreichs gegen das englische Mutterland. Seine Staatskunst und Überredungsgabe trugen entscheidend zum Zusammenschluß und zur Gründung der ursprünglich dreizehn Vereinigten Staaten von Nordamerika bei. Es war auch in hohem Maße sein Verdienst, daß sich die anfangs äußerst uneinigen Staaten schließlich zur Ratifizierung der wesentlich von ihm mitformulierten Verfassung bewegen ließen.

Wir können viel daraus lernen, wie er dabei vorging. Als Junge kämpfte er gewöhnlich verbissen für eine Sache, die er für gut hielt. Aber allmählich lernte er, was wir Ihnen in diesem Buch bereits auseinandergesetzt haben: Kampf und Druck schaffen Gegendruck! Franklin begann daher in der bewährten Art und Weise, die Ihnen schon nahegelegt worden ist, Fragen zu stellen, die brauchbare Antworten ergeben konnten. Diese Antworten aber führten zu Verhandlungen und schließlich zu den Handlungen, die er von Anfang an beabsichtigt hatte. In dem Maße, in dem er die unbrauchbare Methode des kämpferischen Konfrontationskurses aufgab, wurde er zu einem der größten Überredungs- und Überzeugungskünstler aller Zeiten!

Franklin war auch *ein überzeugter Anwalt der Selbsterziehung und Persönlichkeitsentwicklung.* Er glaubte unbeirrbar an das alte Sprichwort »Hilf dir selbst, dann hilft dir Gott!«. Als junger

Mann führte er ein Notizbuch, in dem er auf dem Kopf jeder Seite eine gute Eigenschaft eintrug, die er sich aneignen wollte. Dann verwendete er eine Woche dafür, sich auf eine jede dieser Eigenschaften besonders zu konzentrieren und jedesmal aufzuschreiben, wann und warum er gegen sie verstoßen hatte. Als er seinem Notizbuch keine weiteren Verstöße mehr mitzuteilen hatte, schloß er die Aufzeichnung ab. Seine späteren Erfolge schrieb er zu einem großen Teil dieser Technik der Charakterbildung und Selbsterziehung zu. Sie kann nur weiterempfohlen werden.

Im Alter von vierzehn Jahren hatte Franklin beschlossen, *ein großer Schriftsteller zu werden,* und im Glauben an die Verwirklichung dieses Wunsches ging er daran, das Handwerk des Schriftstellers zu lernen. Er schrieb klassische Essays berühmter Schriftsteller ab und lernte sie auswendig, um sie sich einzuprägen und seinen Stil zu verbessern. Ebenso zielsicher arbeitete er an der Erweiterung seines Wortschatzes. Und so konnte es nicht ausbleiben, daß er tatsächlich zum bestbekannten Autor englischer Sprache wurde, den das späte achtzehnte Jahrhundert aufzuweisen hat. Sein erster großer Erfolg war *»Poor Richard's Almanach«*, der lange Zeit als der einzige Lesestoff galt, der in jedem amerikanischen Haushalt anzutreffen war. Und Franklins *»Selbstbiographie«* zählt noch heute zu einem der meistgelesenen Bücher in englischer Sprache.

Franklin war auch *ein anerkannter Naturwissenschaftler und Erfinder.* Führende Historiker reihen ihn zusammen mit Isaac Newton unter die bedeutendsten Wissenschaftler der Neuzeit ein.

Jedes amerikanische Schulkind kennt die Geschichte, wie Benjamin Franklin mit einer Drachenschnur und einem Schlüssel Elektrizität aus einer Gewitterwolke ableitete; aber nur wenige Menschen wissen, daß er auch ein wissenschaftliches Werk über Elektrizität verfaßt hat, das in mehrere Sprachen übersetzt wurde. Er war es, der die positive und negative elektrische Ladung entdeckte, eine Erkenntnis, ohne die die Nutzung der Elektrizität nicht möglich wäre. Er entwarf auch Prototypen der Elektrobatterie, der elektrischen Zündung, des Kondensators und des elektrischen Leiters. Er entwickelte einen einfachen, aber wirkungsvollen Blitzableiter, der zum Standardzubehör der meisten Häuser wurde.

Aber seine wissenschaftlichen Untersuchungen und sein Erfindungsgeist beschränkten sich nicht auf das Gebiet der Elektrizität. Er konstruierte zum Beispiel einen runden Kanonenofen für Holzfeuerung, der einen Heißluftstrahler enthielt. Diese äußerst praktischen und sparsamen Öfen wurden zwei Jahrhunderte hindurch in großer Zahl verwendet und werden noch heute gebraucht, wo mit Holz und Kohle geheizt wird: der gemütlich wirkende »Franklin-Ofen« feiert angesichts der Nostalgiewelle und der Heizölkrise in den Vereinigten Staaten ein glänzendes Comeback.

Franklin entwarf auch einen Küchensessel, den man kippen konnte, um ihn in eine Trittleiter zu verwandeln. Er baute eine mechanische Hand, mit deren Hilfe man Gegenstände von hochangebrachten Regalen angeln kann. Und er erfand, als er siebenundachtzig war und selbst ein solche Brille benötigte, die Bifokalgläser, mit denen man weit und nah scharf sehen kann.

Seine Beobachtungen machten ihn zu einem Pionier auf dem Gebiet der Hydrodynamik. Er entdeckte, daß ein Orkan sich dreht, während er sich weiterbewegt. Er legte eine Karte des Golfstroms an. Er stellte fest, daß Wasser in größeren Höhen und dünnerer Luft schon unterhalb des normalen Siedepunktes von hundert Grad Celsius zu kochen beginnt. Er fand heraus, daß hell getönte Stoffe die Sonnenwärme reflektieren und daher im Sommer und in den Tropen empfehlenswerter sind als dunkle Kleiderstoffe.

Franklin organisierte den ersten Service-Club Amerikas. Er gründete die »Amerikanische Philosophische Gesellschaft«, die in Wirklichkeit so etwas wie eine Akademie der Wissenschaften darstellte.

Ferner richtete er die erste öffentliche Bibliothek in den Kolonien ein, ein Museum und das erste Patentamt. Er regte die Einrichtung der ersten regulären Polizeitruppe an, gründete die erste amerikanische Feuerwehrzentrale, die erste Versicherungsgesellschaft und das beispielgebende große Pennsylvania-Spital ebenso wie ein Kolleg, aus dem später die Universität von Pennsylvania erwuchs.

Benjamin Franklin konnte alle diese Leistungen und noch viele andere nur vollbringen, weil er bei allem, was er in Angriff nahm, *von seinem Erfolg zutiefst überzeugt war.* Auch verstand er stets, die Mitarbeit anderer Menschen zu gewinnen. Er lebte nach den Erfolgsgesetzen, die Sie in diesem Buch kennenlernen.

Franklin lernte schon früh (und wir können diese Tatsache nicht oft genug wiederholen), daß Herumstreiten und Druck nur Gegendruck und Widerstand erzeugen. Durch Fragen, die zu einer Verhandlungsebene der Zusammenarbeit führen, kann man andere Menschen wesentlich leichter bewegen, das zu tun, was man von ihnen erwartet. Franklin als der »Erfinder« der FRAGETECHNIK wendete diese immer wieder mit größtem Erfolg an und vermochte mit ihrer Hilfe sogar die Entscheidungen der Regierungen großer Nationen wie Englands und Frankreichs zu beeinflussen. Mit Hilfe dieser Technik schuf er die Grundlagen für die Existenz der Vereinigten Staaten von Amerika. Mit ihrer Hilfe setzte er die Unterzeichnung und Ratifizierung der Verfassung durch, die allen Bürgern Freiheit und Gerechtigkeit garantiert.

Franklins Erfolge beweisen schlagend die Wirksamkeit der Fragemethode, und er ist das leuchtende Beispiel dafür, daß Selbstvertrauen und Zuversicht alle Hindernisse zu überwinden vermögen.

Hier wären vielleicht einige Worte fällig, die Ihnen erklären sollen, warum in diesem Buch manches so oft wiederholt wird. Es handelt sich nicht um Zerstreutheit des Autors, Verwirrung der Übersetzerin oder Nachlässigkeit des Lektors; der Grund für die zahlreichen Wiederholungen liegt in der Erkenntnis, daß ein nur einmal eingeprägter Gedanke allzu leicht vergessen wird, ohne Spuren im Denken der Menschen zu hinterlassen. Will man jedoch jemanden überzeugen, daß er eine Information ernst nehmen und sich einprägen soll, so ist die fast FORMELHAFTE WIEDERHOLUNG das richtige Mittel. Auch in der Bibel wird vieles mehrfach gesagt, und das klassische Beispiel für die Suggestivkraft der Wiederholung sind die Reden Buddhas. Oder denken Sie an die Liturgie im katholischen Gottesdienst, an Fugen und Kantaten in der geistlichen Musik.

Wir sind vollkommen sicher, daß die Gedanken, die hinter der Abfassung dieses Buches standen, für Ihr weiteres Leben so wichtig sind, daß wir eine mögliche Kritik an den ständigen Repetitionen gerne in Kauf nehmen *um den Preis sicherzugehen, daß das Gesagte Sie wirklich erreicht und sich in Ihrem Denken festsetzt.* Nur so kann das Ziel dieses *»Schlüsselwerks bewährter Erfolgsmethoden«* erreicht werden: Ihnen Zutritt zu allem zu ermöglichen, was Sie sich wünschen.

Kapitel 29

Der Forscher, der die Lebenschance der Menschheit veränderte

Niemand, der ihn flüchtig kannte, hätte es für möglich gehalten, daß der kleine Mann mit dem zerzausten Ziegenbärtchen und dem verkrüppelten Bein imstande sein sollte, das Leben von Millionen Menschen zu retten und ein Institut zu gründen, das weitere Millionen vor dem Tode bewahren würde. Und doch erreichte der unscheinbare Gelehrte alles, was er sich vorgenommen hatte. Er erklärte schädlichen Keimen, Bakterien und Mikroben und den von ihnen verursachten Krankheiten den Krieg, weil er sicher darauf vertraute, daß er diesen Krieg gewinnen konnte. Sein Name war LOUIS PASTEUR.

Er entwickelte jenen Sterilisierungsprozeß, der uns heute unter dem Namen »Pasteurisierung« geläufig ist. Aufgrund der Pasteurisierung von Trinkmilch allein konnten Millionen von Kleinkindern vor dem Tod durch Infektionen bewahrt werden. Pasteur arbeitete an der Produktion von Impfstoffen, die die Auswirkungen tödlicher Viruserkrankungen besiegen halfen. Er entdeckte Schutzsera, Antitoxine und zahllose Medikamente – pure »Lebensretter«.

Vor dem schicksalhaften Jahr 1888 waren medizinische Entdeckungen meist Zufallstreffer, die auf gut Glück von einsam und allein arbeitenden Forschern und Ärzten gemacht wurden. Louis Pasteur aber gründete in diesem Jahr das Pasteur-Institut in Paris, in dem tödliche Krankheiten von einem Arbeitsteam speziell ausgebildeter Wissenschaftler systematisch erforscht und bekämpft wurden. Damit eröffnete Pasteur *eine neue Ära medizinwissenschaftlicher Forschung, von der die Menschheit auch heute noch profitiert.*

Dieses Institut, dem viele ähnliche Einrichtungen in anderen Ländern folgen sollten, rettete und rettet überall auf der Welt stündlich tausende Menschen vor dem sicheren Tod – weil Louis Pasteur in dem begründeten Glauben lebte, daß er mit seinen Ideen Erfolg haben würde. Doch er ließ seinem Glauben auch dementsprechendes Handeln folgen; er arbeitete nach den Vorstellungen, die er in Gedanken entworfen hatte.

Viele Leute, die Selbstvertrauen und Zuversicht zu besitzen meinen, lehnen sich zufrieden zurück und tun nichts, um ihre Wünsche und Ideen zu verwirklichen. Natürlich werden sie auf diese Weise gar nichts erreichen. *Glaube ist Macht* – doch diese Macht muß in Taten umgesetzt werden, sonst bringt sie nichts ein. Wer untätig auf Erfolg wartet, wartet auf den Erfolg vergeblich. Wenn ein Mensch wirklich und wahrhaftig überzeugt ist, für den Erfolg bestimmt zu sein, dann leitet er daraus auch die Motivation ab, sich durch Taten in Werken zu bewähren.

Selbstvertrauen ist kein Zaubermittel, sondern ein Machtmittel, das uns in die Hand gegeben ist, um eingesetzt zu werden. Daher müssen Sie *Ihre Überzeugungen in Taten umsetzen;* erst diese können Ihnen einbringen, was Sie sich wünschen.

Kapitel 30

Er konnte keine Noten lesen und wurde glücklich und reich – als Komponist

Wir sagten es vielleicht schon hundertmal: Wenn ein Mensch intensiv daran glaubt, daß er etwas leisten kann, dann schafft er auch, was er sich vorgenommen hat. Handikaps aller Art sollten Sie nicht zurückhalten.

Lesen Sie bitte die Geschichte des Komponisten IRVING BERLIN, und Sie werden sehen, daß Schwierigkeiten im Grunde nur dazu da sind, überwunden zu werden – in seinem Leben und in Ihrem.

Irving Berlins Eltern flohen mit ihren sechs Kindern vor den Folgen der Oktoberrevolution aus Rußland. Irvings einzige Erinnerung an die alte Heimat war der Feuerschein des elterlichen Hauses, das in der Dunkelheit der Nacht in Flammen aufging. Ohne einen Groschen Geld kamen die Flüchtlinge in Amerika an. Sie lebten in einem Keller ohne Licht, aber in dem glücklichen Gefühl, frei zu sein – Berlin hat diesem Empfinden später in einem seiner berühmten Songs Ausdruck verliehen: »God bless America« (Gott segne Amerika).

Man kann von Irving Berlin wohl mit Recht sagen, daß er Musik im Blut und ein Herz voller Lieder hatte. Genau gesagt achthundert Lieder. Er schrieb mehr Songs als irgendein anderer Komponist seiner Tage – er, der nicht mehr als zwei Jahre regelmäßigen Schulbesuch aufzuweisen und keine einzige Musikstunde absolviert hatte; er konnte nicht einmal Noten lesen! Aber sein GLAUBE AN SEINE FÄHIGKEIT, die Welt mit Liedern verschönern zu können, war unerschütterlich und erfüllte sein ganzes Wesen. Er pflegte seine Melodien einem Sekretär vorzusummen, der sie in Notenschrift festhielt.

Das erste Lied brachte ihm genau dreiunddreißig Cent ein. Aber das konnte Berlin nicht entmutigen. Er hielt sich unbeirrbar für einen begabten Komponisten und komponierte weiter. Drei Jahre später leitete er mit *»Alexander's Ragtime Band«* eine neue Ära in der amerikanischen Musikgeschichte ein. Sie bedeutete auch einen neuen Abschnitt in Berlins Leben: Für dieses eine Stück erhielt er fast eine Viertelmillion Dollar, und das war nur der Anfang der Millionen, die nun hereinzufließen begannen.

Er konnte immer noch keine Noten lesen, aber er war so felsenfest wie eh und je davon überzeugt, daß er Musiker war und sonst nichts. Er komponierte wie unter einem inneren Zwang, und Millionen Dollar landeten in seiner Kasse. Sämtliche Einkünfte – mehr als zwölf Millionen Dollar – seiner Show *»This is the Army«*, die er der im Kampf stehenden Armee der USA gewidmet hatte, spendete Berlin einem Armee-Unterstützungsfonds, der Hilfsgelder an bedürftige Armeeangehörige auszahlte. Er konnte sich diese Großzügigkeit leisten, denn die WUNDERBARE KRAFT DES GLAUBENS an seine eigene Fähigkeit brachte ihm nicht nur die persönliche Befriedigung wachsenden Ruhms, sondern drückte sich auch ganz real in Geld und Geldeswert aus.

Was Irving Berlin aber wirklich von Herzen beglückte, war nicht das große Geld, das er mit seiner Musik verdiente und zum größten Teil wieder verschenkte, sondern die Freude und Heiterkeit, die er den Menschen mit seinen achthundert Liedern spendete – und die dem unwandelbaren Vertrauen in seine Begabung und dementsprechendem Arbeiten entsprangen.

Kapitel 31

Der schwarze Arzt-Forscher, der das Leben von Millionen rettete

Während es in Europa kaum nötig ist, darauf hinzuweisen, daß etwa Louis Pasteur ein Weißer war, stellt in Amerika die Hautfarbe eines Menschen für manche Leute immer noch ein Denkproblem dar. Aber die Rassenfrage soll uns hier weniger beschäftigen als das *Thema, wie man Vorurteile und Handikaps überwinden kann, um zu Erfolg zu gelangen.*

Diese Frage ist »international«; sie läßt sich jedoch am Beispiel eines in vielen Beziehungen benachteiligten amerikanischen Negers, der mit seinen Handikaps auf eindrucksvolle Weise fertig wurde, besonders gut besprechen. Viele Menschen schlagen sich mit dem Problem herum, einer unterprivilegierten Schicht anzugehören, sei es daß sie als Gastarbeiter in einem fremden Land arbeiten, sei es daß sie einer Minderheit im eigenen Land angehören, auch wenn dies nicht so augenscheinlich hervortritt wie im Fall der amerikanischen Negerbevölkerung.

Die Betroffenheit solcher Minderheiten über ihr Anderssein, über die Benachteiligungen, unter denen sie zu leiden haben, füllt oft ihr ganzes Bewußtsein aus und lähmt sie förmlich – eine echte Behinderung auf dem Weg zum Erfolg. Statt über ihre wirklichen oder vermeintlichen Handikaps nachzugrübeln, sollten solche Menschen lieber einen nützlicheren Zeitvertreib wählen – wie zum Beispiel das Studium bewährter Erfolgsmethoden, das sie lehren wird, wie unwichtig im Grunde die Lebensumstände sind, denen sie solche Bedeutung zumessen.

Der Fall des schwarzen Wissenschaftlers Dr. Charles Drew ist ein gutes Beispiel dafür. Millionen Menschen aller Hautfarben verdanken ihm ihr Leben, nur weil er dem Grund seiner Benachteiligung , seiner Hautfarbe, kaum Beachtung schenkte und sich ganz seinen Interessen verschrieb. Charles Drew war ein Mensch, *der an außergewöhnliche Leistungen glaubte und der überzeugt war, selbst hervorragende Leistungen erbringen zu können.*

Er war in seiner Jugend ein großer Sportler, später ein mit vielen Preisen ausgezeichneter Wissenschaftler, ein berühmter Forscher; und schließlich wurde er Chefchirurg und Personaldirektor des in den USA weitbekannten Freedman-Spitals. Zu einer Zeit, da Auszeichnungen an Neger nur sehr selten verliehen wurden, erhielt Charles Drew die »Springarn-Medaille für Dienste am Wohlergehen der Menschheit«, eine hochgeschätzte Ehrung.

In Washington geboren, studierte Drew am Amherst-College, wo er die »Mossman-Trophäe« zugesprochen erhielt, und zwar als der Student, der seinem College über viele Jahre hindurch die größte Ehre eingebracht hatte. An der McGill-Universität, wo er sein Studium fortsetzte, gewann er erste Preise für seine Studien in physiologischer Anatomie. An der Columbia-Universität begann er sich mit den Eigenschaften des Blutplasmas zu befassen und wurde zur Kapazität auf diesem Gebiet.

Charles Drew war ein Pionier der Blutplasma-Aufbewahrung. Vor seiner bahnbrechenden Forschungsarbeit gab es keine Möglichkeit, größere Mengen Blutplasma für Notfälle riesigen Ausmaßes (etwa bei Katastrophen oder im Kriegsfall) zu lagern; Bluttransfusionen waren nur sehr beschränkt möglich. Drew entwickelte Methoden, mit deren Hilfe Blutplasma in Blutbanken gespeichert werden konnte – eine Technik, die gerade rechtzeitig kam, um während des Zweiten Weltkriegs und all die Jahre danach ungezählten Kranken und Verwundeten ein Weiterleben zu ermöglichen.

Die ganze Menschheit wird Charles Drew für immer verpflichtet bleiben, einem Arzt-Forscher, der unbeschadet seiner Hautfarbe Rassenvorurteile und alle Hindernisse überwand, weil er genügend Selbstvertrauen hatte, sich hervorragende Leistungen zuzutrauen, und seine ganze Arbeit in den Dienst seiner Erfolgsüberzeugung stellte.

Kapitel 32

Der große Reiseberichterstatter, der sich seine Ausbildung erkämpfen mußte

Die amerikanische Reiseliteratur war lange Jahre hindurch Schauplatz der Erfolge eines Mannes, der es fertigbrachte, Millionen Amerikaner mit seinen abenteuerlichen Berichten aus fernen Weltgegenden zu fesseln: sein Name war LOWELL THOMAS. Die Aufgabe, die sich Thomas gestellt hatte und die er in so hervorragender Weise bewältigte, erforderte einerseits ein sehr großes Selbstvertrauen und den unerschütterlichen Glauben, die oft unvorhergesehenen und bisweilen unüberwindlich anmutenden Probleme zu bewältigen, denen er auf seinen Reisen begegnete, andererseits eine möglichst umfassende Bildung, um was er sah und erlebte zu verstehen und zu beurteilen, und die dramatische Ader, seine Erlebnisse so packend zu schildern, wie er das verstand: so daß die Zuschauer für seine Vorträge um Karten Schlange standen.

Am intensiven Glauben an seine Fähigkeiten mangelte es Thomas nicht; er zweifelte keinen Augenblick an seinem Erfolg. Das Wissen jedoch fehlte ihm weitgehend. Er mußte sich über viele Umwege und unter echten Entbehrungen Schritt um Schritt vorwärtskämpfen, um sich jene Bildung anzueignen, die er für ausreichend hielt. Er war der festen Meinung, daß er für die von ihm angestrebte Laufbahn vier Universitäten absolvieren müsse. Aber er hatte nicht einmal genug Geld für den Besuch einer einzigen Universität!

Zielstrebig setzte er seinen Plan in Taten um. Mit harter Arbeit finanzierte er seinen Weg nach oben: Er markierte Rinder mit Brandzeichen, arbeitete bald als Jungreporter, bald als Heizer, als Kellner, als Koch in einer Schnellimbißstube, als Immobilienverkäufer. Er nahm jede Arbeit, jede Mühe auf sich. So absolvierte er vier Universitäten!

Seine Mühe machte sich bezahlt: Er verfügte über eine umfassende Ausbildung, die er nun tatsächlich in lohnende Abenteuer umzusetzen vermochte. Er besuchte die entferntesten und ausgefallensten Gegenden der Erde – ein MARCO POLO unserer Zeit – und beherrschte die Vortragssäle der angelsächsischen Welt mit seinen dramatischen Reise- und Abenteuerschilderungen. Schon vor seinem dreißigsten Lebensjahr hatte er ein Jahreseinkommen von einer Million Dollar, und das war erst der Anfang!

Übersehen Sie aber nicht: LOWELL THOMAS setzte seinen grenzenlosen Glauben an sich selbst und seinen Erfolg in harte Arbeit um. Er erarbeitete sich mühevoll an vier Universitäten jene Ausbildung, die er für notwendig hielt. *Er war nicht »minderprivilegiert«, weil er sich einfach nicht gestattete, sich so zu fühlen.* Und da seine Ausbildung teuer war, verdiente er sie sich durch härteste Arbeit jeder Art.

Heute hätten es die meisten von uns wesentlich leichter: Schulbildung, sogar Hochschulbildung ist hierzulande billig, bei entsprechender Leistung häufig völlig kostenlos. Alles, was man heutzutage braucht, ist ein Ziel; mit Energie, der richtigen Motivation und mit Hilfe der in diesem Buch aufgezeigten bewährten Erfolgsmethoden können auch Sie sich die von Ihnen als notwendig erachtete Ausbildung aneignen.

Kapitel 33

Der Mann, der daran glaubte, Blitze erzeugen zu können

Als der deutsche Emigrant KARL STEINMETZ 1889 in New York an Land ging, sah er nicht gerade wie ein Erfolgsmensch aus: Er besaß eine fast zwergenhafte Gestalt; sein schwächlicher Körper war von einem Höcker verunstaltet; er hatte zudem einen riesigen Kopf. Seine Sehkraft war schlecht, seine Kleider waren abgeschabt und fadenscheinig. Er besaß kein Geld, er hatte keine Arbeit, er konnte kaum Englisch. Aber CHARLES STEINMETZ, wie er sich nun nannte, besaß dafür einen unerschütterlichen Glauben an seine Fähigkeiten als Elektroingenieur und Mathematiker. Er verstand es, die komplexesten und schwierigsten elektrischen Probleme mit Hilfe der Mathematik zu lösen, nicht wie EDISON, der praktische Experimente durchführte, sondern einzig und allein ausgerüstet mit Schreibstift und Papier – und dem *gläubigen Vertrauen auf seine Fähigkeiten.*

Die Konstruktion großer Elektromotoren schien damals ein Ding der Unmöglichkeit zu sein, und zwar wegen der Einwirkungen des Magnetismus auf den Eisenkern des Motors. CHARLES STEINMETZ jedoch widmete sich im Vertrauen auf sein mathematisches Ingenium zwei Jahre lang der Untersuchung dieses Problems. In dieser Zeit stellte er komplizierteste Berechnungen an, die er schließlich in einem Bericht von zweihundert Seiten zusammenfaßte.

Steinmetz wurde über Nacht als genialer Wissenschaftler gefeiert, und die General Electric Co. kaufte die Firma auf, für die er arbeitete, nur um sich Steinmetz zu sichern, denn dieser hatte eine fabelhafte Gehaltsaufbesserung ausgeschlagen, weil er bei dem Arbeitgeber bleiben wollte, der ihm als erster eine Stellung angeboten hatte. Steinmetz wurde der führende Kopf des brillanten Technikerstabs, den General Electric sich leisten konnte, und er erhielt praktisch unbegrenzte Mittel für Labor- und Werkstatteinrichtungen.

Aber Steinmetz blieb bei seinen ureigenen Hilfsmitteln: Bleistift, Papier und dem uneingeschränkten Vertrauen in die Richtigkeit seiner Berechnungen; die ausgefeilten Labortechniken verwendete er ausschließlich zur Überprüfung der Richtigkeit seiner Berechnungsergebnisse.

Als Steinmetz für General Electric zu arbeiten begann, konnte man elektrischen Strom nur über eine Entfernung von etwa fünf Kilometern übertragen. Steinmetz war überzeugt, daß dieses Problem durch Wechselstrom zu lösen sei; und er glaubte das nicht nur, sondern löste tatsächlich dieses schwierige Problem, und zwar wiederum mit rein mathematischen Mitteln. Seine Gleichungen waren allerdings so kompliziert, daß sie kaum jemand mehr verstehen konnte. Aber sie waren richtig, denn seine Lösungsvorschläge funktionierten. Die Elektrifizierung der modernen Welt konnte beginnen.

Doch da tauchte ein neues Problem auf. Elektrizitätsleitungen waren äußerst blitzgefährdet. Steinmetz glaubte auch hier eine Lösung finden zu können. Er wollte selbst Blitze herstellen, um das Problem in den Griff zu bekommen. Blitze selbst produzieren? Unmöglich! Lächerlich! Aber nicht für einen Mann, der unbeirrt auf seine Fähigkeiten vertraut!

Steinmetz benötigte wiederum zwei Jahre angestrengter Berechnungsarbeiten und konstruierte eine Monsterapparatur, die zwei Stock hoch war und nach Schalterbetätigung einen ungeheuren Blitz erzeugte, dem Donnergrollen folgte. Dann ging er in aller Ruhe daran, eine Technologie zu entwickeln, durch die der Blitz geerdet und elektrische Installationen ein für allemal zuverlässig geschützt werden konnten.

Für einen Menschen, der felsenfest an seine Fähigkeiten glaubt, ist nichts zu schwer – nichts! Charles Steinmetz hat nicht eine Sekunde daran verschwendet, seinen mißgebildeten Körper, seine schlechten Augen, seine Armut oder seine Unkenntnis der englischen Sprache als Behinderungen auf seinem Weg zum Erfolg zu akzeptieren – weil er gar *nicht auf den Gedanken kam, nach Ausflüchten zu suchen.* Er wußte, daß er Erfolg haben würde.

Was hindert Ihrer Ansicht nach *Sie*, erfolgreich zu werden?

Kapitel 34

Er glaubte an Freiheit und Gerechtigkeit für alle Menschen

Der Historiker John Fiske schrieb einmal: »William Penn war unter den Gründern des amerikanischen Gemeinwesens der hervorragendste in jeder Beziehung.« Der als Gründer von Pennsylvania in die Geschichte eingegangene William Penn (1644–1718) hatte, ungeachtet aller Schwierigkeiten, einen geradezu visionären Glauben an die Notwendigkeit eines Zusammenschlusses der neuenglischen Kolonien, obwohl die Union erst siebzig Jahre nach seinem Tod Wirklichkeit werden konnte. Penn glaubte aber auch aus tiefstem Herzen an die Möglichkeit einer Vereinigung aller Nationen und entwarf sogar Pläne dafür. Man bedenke: Im siebzehnten Jahrhundert! Ebenso überzeugt war er von der Unerläßlichkeit einer Vereinigung der Staaten Europas; er schlug einen europäischen Völkerbund vor – zweihundertfünfzig Jahre bevor dieser Gedanke erstmals in den Köpfen unserer Politiker Eingang fand!

William Penn wurde in London als Kind einer Familie der englischen Oberschicht geboren; Mitglieder seiner Familie bekleideten mehrfach hohe Ämter im Staat. Als weitgereister Mann, der sich an den Höfen Europas mit Leichtigkeit und Eleganz bewegte, war er vielen Angehörigen königlicher Familien und großen Denkern seiner Zeit in Freundschaft verbunden. Vier aufeinanderfolgenden englischen Königen stand er als Berater zur Seite. Er hätte leicht ein Leben in Untätigkeit, Luxus und Glanz verbringen können, doch er glaubte zutiefst an die Ideale von Gerechtigkeit und Freiheit, die er nirgendwo im damaligen Europa finden konnte. Er ging nach Amerika, um dort sein Leben der Errichtung eines Gemeinwesens zu widmen, das er auf der

Grundlage freiheitlicher Verfassung, religiöser Toleranz und freundnachbarlicher Beziehungen mit den einheimischen Indianern verwirklichte.

Aufgrund einer ererbten Forderung gegenüber der englischen Krone – es handelte sich um die damals ungeheure Summe von achtzigtausend Pfund – überließ ihm König KARL I. den riesigen Landstrich in der Neuen Welt, den WILLIAM PENN zu Ehren seines Vaters Pennsylvania nannte. William Penn begann sofort mit dem Bau einer Stadt, die den Namen Philadelphia erhielt. Zuerst jedoch zahlte er Mann für Mann jeden Siedler aus, dessen Grund und Boden er übernahm, obwohl der König ihm gesetzlich das Land übereignet hatte. Dann zahlte er aus privaten Mitteln auch noch Abfindungen an die Indianer, in deren Besitz das Territorium ursprünglich gewesen war. Das alles ist als das »heilige Experiment« in die Geschichte eingegangen.

William Penn *glaubte zutiefst an Freiheit und Gerechtigkeit, und das waren für ihn keine leeren Worte.* In Verwirklichung seiner Überzeugungen und Ideale gründete er die größte der ersten amerikanischen Kolonien: ein Land, in dem Redefreiheit, Religionsfreiheit und die besten Ausbildungsmöglichkeiten für alle Menschen gesichert waren. Er setzte sich nach besten Kräften sogar dafür ein, für die Menschen Pennsylvanias auch die Freiheit von Not und Elend zu sichern. Bis zum heutigen Tag haben seine wahrhaft bewunderungswürdigen Ideen und Ideale nichts von ihrer faszinierenden Ausstrahlung verloren.

Alle diese Ideen konnten nur von einem Menschen entwickelt und verwirklicht werden, der von tiefem Glauben an die unvergänglichen menschlichen Werte von Freiheit und Gerechtigkeit erfüllt war. Für uns heute besteht die eigentliche Lektion, die die Geschichte William Penns uns vermitteln kann, in der überzeugenden *Demonstration dessen, was einem von Idealen erfüllten Menschen kraft Glaubens und tatkräftigen Wirkens möglich ist.*

Es ist höchste Zeit, in den Ländern des Westens *jene Ideale wieder zur Geltung zu bringen, die die Freiheit und Würde aller Menschen verteidigen.* Es ist höchste Zeit, daß wir die Ideale William Penns übernehmen und den vornehmsten Zweck der bürgerlichen Freiheiten wieder in der Vereinigung und in der Zusammenarbeit aller Staatsbürger und nicht in ihrer Aufspaltung in Interessengruppen sehen. Nur in einem Staatswesen, in dem alle Bürger sich zusammenschließen, kann Freiheit, Gerechtigkeit, Chancengleichheit und Wohlstand für alle erreicht werden. Und das gleiche gilt für eine jede Völkergemeinschaft.

Kapitel 35

Der phänomenale Aufstieg eines schwarzen Bürodieners

Die Möglichkeit, auch als Angehöriger einer minderprivilegierten Gruppe Erfolg zu haben, bestätigt uns die Geschichte von JOHN MERRICK und Dr. A. M. MOORE, die zusammen die North Carolina Mutual Life Insurance Company gründeten, eine Lebensversicherungsgesellschaft, die das größte ausschließlich von Negern aufgebaute und geleitete Geschäftsunternehmen der USA werden sollte. Die Habseligkeiten der Gesellschaft zur Zeit ihrer Gründung bestanden aus vier Sesseln in einem leeren Zimmer – plus der unerläßlichen Portion an gläubigem Vertrauen, Mut und Ausdauer und einer Persönlichkeit wie CHARLES CLINTON SPAULDING.

Die Versicherungsgesellschaft wäre zu Beginn ihrer Tätigkeit beinahe bankrott gegangen, weil sie eine fällige Summe von vierzig Dollar nicht auszahlen konnte. Aber MERRICK und MOORE brachten zusammen neununddreißig Dollar und einundsiebzig Cent auf, während der Bürodiener C. C. SPAULDING die restlichen neunundzwanzig Cent beisteuerte – die Firma war gerettet!

Spaulding arbeitete als Bürodiener, Buchhalter, Vertreter und Werbeleiter in einer Person, da die Gesellschaft sich keinen anderen Angestellten leisten konnte. Genaugenommen personifizierte Spaulding die Gesellschaft im wörtlichen Sinne, und er mußte seinen Lebensunterhalt durch den Verkauf von Versicherungspolicen bestreiten.

Viele Leute spotteten damals über Neger, die in der Versicherungsbranche arbeiten wollten. Aber Versicherungsvertreter Spaulding konnte mit Recht darauf hinweisen, daß die Gesellschaft bereits einen Betrag in der Höhe von vierzig Dollar ausbezahlt hatte – und mit diesem Beweis in der Hand konnte er im ersten Jahr Versicherungen abschließen, die achthundert Dollar Prämien ausmachten. Jahr um Jahr fuhr C. C. Spaulding über die Landstraßen Nordkarolinas und schloß geduldig und beharrlich Versicherungspolicen für seine Gesellschaft ab. Dann begann er, nach und nach eine Verkaufsorganisation aufzuziehen. Zuerst warb er aus allen Bezirken des Staates schwarze Lehrer an, die nebenberuflich für die Versicherungsgesellschaft arbeiteten. Weitere ehrgeizige Neger schlossen sich seiner wachsenden Vertreterschar an, bis hunderte schwarze Versicherungsmakler der Negerbevölkerung der amerikanischen Ostküste Versicherungsschutz vermittelten.

Im Jahre 1923 war Spaulding vom »Mädchen für alles« bereits zum Präsidenten der Gesellschaft aufgestiegen und baute sie weiter aus. Als er 1952 starb, hinterließ er als Erbschaft außer einer florierenden Versicherungsgesellschaft den *Beweis, daß nicht Hautfarbe, Rasse, Religionszugehörigkeit, Nationalität oder andere Kriterien für den Erfolg eines Menschen entscheidend sind,* sondern allein das Vertrauen auf die eigene Kraft und die geduldige und nimmermüde Anwendung bewährter Erfolgsmethoden.

Im Jahre 1969 beschäftigte die Versicherungsgesellschaft bereits zweitausend Angestellte und verfügte über ein Gesellschaftskapital von fünfundneunzig Millionen Dollar. Sie war damit zum größten amerikanischen Unternehmen geworden, das ausschließlich im Besitz von Negern ist und auch von Negern geführt wird. Mitbegründer JOHN MERRICK aber hatte niemals im Leben eine Schule besucht, und CHARLES CLINTON SPAULDING, der das Unternehmen zum Erfolg führte, war als eines von vierzehn Kindern in einer Familie, die in bitterster Armut lebte, auf die Welt gekommen und hatte gegen all die Diskriminierungen anzukämpfen, denen Neger zu jener Zeit in viel stärkerem Maße als heute ausgesetzt waren. Entscheidend war: *sie glaubten unverbrüchlich an ihren Erfolg.*

Gibt es in Ihrem Leben nichts, das Sie mit ebensolchem Vertrauen in Angriff nehmen könnten?

Kapitel 36

Er glaubte an seine Begabung als Schriftsteller – und gewann den Nobelpreis

Mit nur fünf Jahren Schulbildung hinter sich gelang es ihm, einer der hervorragendsten Schriftsteller der englischen Sprache zu werden. Er verfaßte Theaterstücke, Essays, Satiren und zahlreiche Abhandlungen über Politik, Wirtschaft und Religion und erhielt schließlich sogar den Nobelpreis für Literatur. Er war von Haus aus ein armer Ire, der mit fünfzehn Jahren als kaufmännischer Angestellter in Dublin zu arbeiten begann – für einen Hungerlohn.

Aber er wollte Schriftsteller werden. Er war felsenfest von seinem großen Talent überzeugt, so daß er seine Stelle aufgab und zu schreiben anfing. Es dauerte neun Jahre, bis er von seiner Arbeit auch leben konnte, und in diesen ersten neun Jahren betrug das gesamte literarische Einkommen des indessen in London ansässigen Schriftstellers kaum zwanzig Pfund!

Dennoch lebte er in der tiefen Überzeugung, ein berühmter Schriftsteller zu werden. Und er irrte sich nicht. Er galt tatsächlich bald als einer der populärsten englischsprachigen Autoren, seine Werke wurden in zahlreiche Fremdsprachen übersetzt, und er bezog aus seinen Lustspielen, Dramen und Essays ein Einkommen von vielen Millionen Pfund . . . weil er niemals aufgehört hatte, an seinen Erfolg zu glauben.

Wahrscheinlich haben Sie schon erraten, von wem wir sprechen? Es handelt sich um G.B.S., den großen Satiriker und weltweit erfolgreichsten Dramatiker des zwanzigsten Jahrhunderts, um George Bernard Shaw!

Kapitel 37

Er glaubte an die Kugelgestalt der Erde – und entdeckte Amerika

Es gibt Historiker, die die Ansicht vertreten, die Entdeckung Amerikas durch CHRISTOPH KOLUMBUS (1451–1506) sei die mutigste Leistung der Geschichte. Darüber läßt sich streiten. Auch war Kolumbus beileibe nicht der einzige, der schon damals von der Kugelgestalt der Erde überzeugt war. Alle gebildeten Menschen seiner Zeit teilten diese Meinung. Sie wurde an Schulen und Universitäten vorgetragen. Man konnte sogar schon Globen kaufen, auch wenn die auf ihnen dargestellte Verteilung der Landmassen nicht der Wirklichkeit entsprach.

Kolumbus war ein ganz hervorragender Kartograph. Er beherrschte Mathematik und Astronomie. Und vermutlich war er auch einer der tüchtigsten Navigatoren seiner Tage: er fühlte sich seiner Sache meist so sicher, daß er nur selten ein Astrolabium verwendete, sondern gewöhnlich nur mit Hilfe von gegißtem Besteck segelte und darauf vertraute, seinen Bestimmungshafen sicher zu erreichen. Seine Entdeckung Amerikas – vermutlich hatten verschiedentlich schon andere Seefahrer vor ihm diese Entdeckung gemacht! – war daher sicher eine tapferes Wagnis, aber keineswegs »die mutigste Leistung der Geschichte«. Sie war vielmehr der *Triumph großer Geduld und eines unerschütterlichen Glaubens an seine Sendung.*

Einen Großteil seines Lebens war Christoph Kolumbus auf der Suche nach dem Mäzen, der ihn finanziell unterstützen und ihm so die Möglichkeit geben sollte, seinen Glauben zu verifizieren, daß der Kurs nach Westen zu neuen Küsten und ungeahnten Reichtümern führen würde. Seine Frau verlangte unaufhörlich, daß er zu Hause bleiben und endlich seßhaft werden sollte, aber tief in seinem Herzen trug er die Überzeugung, daß es ihm bestimmt sei, die große Westfahrt zu segeln. Es gelang ihm, König JOHANN II. von Portugal für seine Pläne zu interessieren. Der König setzte zur Prüfung des Projektes eine Kommission ein. Und wie so viele Ideen, deren Schicksal von Kommissionen entschieden wird, wurde auch der Plan des KOLUMBUS endlos zerredet und diskutiert – und schließlich verworfen. Doch bevor der König Kolumbus sein endgültiges Nein wissen ließ, verstrichen volle sechs Jahre.

(Das ist übrigens ein Punkt, den Sie sich merken sollten: Wenn Sie nicht innerhalb einer vernünftigen Zeitspanne ein klares Ja oder Nein auf Ihre Anfrage bekommen, verzichten Sie freiwillig auf Ihr Vorhaben und wenden Sie sich einem anderen Objekt zu.)

Enttäuscht, aber unbeirrt in seinem Vorsatz begab sich Kolumbus an den Hof FERDINANDS II. und ISABELLAS VON SPANIEN. Auch sie übergaben seine Pläne einer Kommission zur Prüfung. Diese Kommission war jedoch eine ungeheuer flott arbeitende Versammlung: sie lehnte schleunigst ab – nach nur zwei Jahren.

Als Prototyp eines unbelehrbaren Optimisten hielt sich KOLUMBUS noch drei weitere Jahre zur Verfügung der spanischen Krone und hoffte auf eine Meinungsänderung des Herrscherpaares. Sein ursprünglich rotes Haar wurde langsam weiß, er litt an Arthritis, und seine Kleider wurden schäbig und löchrig.

Schließlich machte er sich auf den Weg nach Frankreich, und zu seinem Glück traf er unterwegs einen Mann, der wußte, wie man es richtig anstellt. »Du mußt dich direkt an die Königin wenden; sie hat in Spanien das Heft in der Hand. Und vor allem: Laß dich nicht wieder an irgendeine Kommission verweisen!« Er vermittelte Kolumbus eine Audienz bei der Königin, und ISABELLA sorgte für alles weitere.

Sie stattete ihm drei gute Schiffe aus, und obwohl Romantiker und Poeten seither nicht aufgehört haben, das Gegenteil zu behaupten, war es nun eine todsichere Sache für KOLUMBUS, von Spanien so lange westwärts zu segeln, bis er Land sichtete. Viele weniger seetüchtige Schiffe haben seither mit weitaus unerfahreneren Navigatoren diese Leistung wiederholt, aber Christoph Kolumbus kann die Ehre für sich in Anspruch nehmen, der erste gewesen zu sein – zumindest auf der südlichen Route.

Was uns aber mehr interessiert, sind seine Ausdauer, seine Geduld und seine Überzeugtheit von seiner Sendung, lauter Eigenschaften, die ihn unbeirrt weiter um die Chance kämpfen ließen, seine Ideen in die Tat umzusetzen. Aufgrund seiner Technik des Fragens und Bittens und der Dynamik seines Glaubens erhielt er schließlich die Gelegenheit, Geschichte zu machen – wie *Sie* mit Hilfe der gleichen Technik Gelegenheit bekommen werden zu erlangen, was Sie sich wünschen. Dann können Sie ebenfalls den poetischen Worten folgen, die ein Dichter Kolumbus zugeschrieben hat: »Weitersegeln, weitersegeln, immer weiter . . .«

Aber es genügt nicht, einfach mutig geradeaus ins Blaue loszusegeln. *Sie brauchen ein Ziel und, um es zu erreichen, einen genauen Kurs.* Danach müssen Sie sich richten können – und Sie müssen Ihren Kurs auch beibehalten. In diesem Punkt kann uns Kolumbus ein wunderbares Beispiel sein: Jeden Abend schrieb er auf seiner historischen Westfahrt ins Logbuch die Worte: »Heute nach Westen gesegelt, weil es unser Kurs ist.« Tag für Tag näherte er sich unaufhaltsam seinem Ziel, wie es seinem Kurs entsprach.

Sie brauchen ebenfalls ein Ziel im Leben, auf das sie unaufhaltsam zusteuern können. *Kennen Sie Ihr Ziel?*

Kapitel 38

Er folgte seinem Glauben und wurde zum Helfer der Kranken

Es ist allgemein üblich, vom »großen Doktor und Menschenfreund« zu sprechen, wenn die Rede auf ALBERT SCHWEITZER (1875–1965) kommt. Das ist kein Zufall, es ist sogar eine ziemlich arge Untertreibung. Denn mit sechsundzwanzig Jahren besaß Albert Schweitzer bereits drei Doktorate: in Philosophie, Theologie und Musikwissenschaft. Er hatte seine Studien in hervorragender Weise geschafft, obwohl er ursprünglich ein kränklicher Knabe gewesen war, der mit Lese- und Schreibschwierigkeiten zu kämpfen hatte und allgemein als schlechter Schüler eingestuft worden war. Um diese Handikaps zu überwinden, versuchte er sich gerade in schwierigsten Fächern zu bestätigen und lernte zum Beispiel, um seinen Geist zu schulen, Hebräisch.

Sooft in den Vereinigten Staaten von Amerika die Rede auf die sogenannten Drop-outs kommt, die die Schule vor dem achtzehnten Lebensjahr verlassen, oder sooft in Europa Schüler vor der mittleren Reife beziehungsweise vor Abschluß der Pflicht- oder Berufsschule ihre Ausbildung abbrechen, weil sie es zu langweilig oder zu schwierig finden, noch weitere Zeit mit Lernen »zu vertun«, sollte man sie auf Dr. Schweitzer und seine Lernprobleme aufmerksam machen. Er glaubte allerdings fest an seine Fähigkeit zu lernen, und er *wollte* vor allem lernen!

Mit fünfundzwanzig Jahren wurde er Hilfsprediger an der Nikolaikirche in Straßburg. Er machte Karriere als einer der bedeutendsten Konzertorganisten aller Zeiten, und er schrieb zahlreiche Bücher.

Aber als er dreißig Jahre alt war, erfaßte ihn urplötzlich die tiefe Überzeugung, daß es sein eigentliches Ziel im Leben sei, als Arzt und Missionar in Äquatorialafrika zu arbeiten. Er sah sich also genötigt, noch ein viertes Doktorat, diesmal für Medizin, zu erwerben. Medizin zu studieren ist schon anstrengend genug; aber Albert Schweitzer kam daneben weiterhin allen seinen anderen Verpflichtungen nach: er blieb Vikar an der Nikolaikirche, unterrichtete weiter Philosophie und gab Orgelkonzerte wie bisher – seine stilgerechte Interpretation der Orgelwerke JOHANN SEBASTIAN BACHS gilt als Markstein in der Musikgeschichte – und er verfaßte sogar noch mehrere Bücher.

Er war ein von tiefem Glauben erfüllter Mensch – und daher war ihm nichts zu schwer, nichts unmöglich. *Wenn Sie von ähnlich fester Überzeugung und gläubigem Vertrauen in Ihre Fähigkeiten und Zielsetzungen erfüllt sind, dann wird auch Ihnen nichts mehr zu schwierig oder unerreichbar erscheinen.*

Mit achtunddreißig Jahren, kurz nach seiner Promotion zum Doktor der Medizin, ging ALBERT SCHWEITZER nach Lambarene im tropischen Gabun. Die kleine Gruppe Menschen, die mit ihm zusammen dort ankam, legte inmitten des dichten Urwaldes eine Lichtung an und erbaute, ständig bedroht von wilden Tieren und wenig freundlichen Eingeborenen, dort das später berühmt gewordene Tropenspital des Missionsarztes. Dr. Schweitzer wurde wegen dieses Krankenhauses und auch wegen seiner Arbeitsweise später des öfteren kritisiert. Seine Klinik entsprach tatsächlich nicht den herkömmlichen Vorstellungen. Es gab kein fließendes Wasser, keine Röntgenapparate und elektrischen Strom nur im Operationssaal. Der Haupttrakt des Spitals war ein langer, ebenerdiger Bau, in dem sich winzige, dunkle Räume aneinanderreihten, die alle auf einen Hof hinaus gingen, wo die Familien der Patienten auf kleinen qualmenden Feuerchen die Mahlzeit bereiteten, weil die mißtrauischen Schwarzen Angst vor Vergiftungen hatten, wenn ihnen Fremde ihr Essen vorsetzten. Die Patienten lagen auf hölzernen Pritschen, die mit einfachen Matten bedeckt waren. Nein, es war tatsächlich kein hygienisches modernes Spital! Vielleicht hätte Dr. Schweitzer auf Hygiene wirklich mehr Wert legen können, wie seine Kritiker behaupteten.

Aber wie dem auch immer sei – fest steht: Die Bedingungen, unter denen Dr. Schweitzer in Lambarene leben und arbeiten mußte, waren unerfreulich, primitiv und auch gefährlich. In dem feuchtheißen Dschungelklima hielt sich eine moderne Spitalausstattung nicht lange, Metallklammern setzten sofort Rost an. Gummiwärmeflaschen verschimmelten in kurzer Zeit. Die mißtrauischen und abergläubischen Eingeborenen hätten sich nie auch nur in die Nähe eines imposanten modernen Spitals gewagt. Dr. Schweitzer hatte instinktiv gefühlt, daß er ihnen eine Umgebung anbieten mußte, die sich von ihrer gewohnten nicht allzusehr unterschied und die den einfachen Menschen, die er behandelte, die Angst nahm.

Wirklich wichtig für uns aber ist das erstaunliche Phänomen, daß Albert Schweitzer sich von den Bequemlichkeiten und Annehmlichkeiten, dem Ruhm und dem Reichtum abwendete, die er auf so vielen Gebieten mit Leichtigkeit errungen hatte und noch hätte erringen können. Er folgte seiner tiefen inneren Überzeugung und fand allen widrigen Umständen zum Trotz Mittel und Wege, Menschen zu helfen, die zu den Ärmsten der Armen zählten. *In seiner Aufgabe fand er die tiefe Erfüllung in einer menschlichen Größe,* die in der ewigen Wahrheit gründet, daß Geben seliger ist als Nehmen.

Kapitel 39

Er war überzeugt, gewaltlos zu siegen – und errang die Freiheit für vierhundert Millionen

Im Jahre 1947 gewährte das mächtige britische Empire Indien die Unabhängigkeit. Vierhundert Millionen Menschen hatten ihre Freiheit erreicht – ohne Krieg, ohne Blutvergießen. Das war der Kraft eines dürren, damals achtundsiebzig Jahre alten Mannes zu verdanken, der keine irdischen Besitztümer außer einer Uhr im Wert von einem Dollar aufzuweisen hatte. Aber er besaß darüber hinaus andere Werte: seinen *unbedingten Glauben, daß Gewalt weder in Worten noch in Taten dauerhafte Lösungen erzielt,* ja daß sie die Lösung aller Probleme geradezu verhindert.

Mahatma Gandhi (1869–1948) verkörperte Indien. Er war so sehr ein Teil des öffentlichen Lebens, daß er vierundzwanzig Stunden pro Tag der Öffentlichkeit zur Verfügung stand. Er schlief sogar unter aller Augen auf einer Matte, inmitten der Menschen, die von überall her zu ihm kamen, um ihn um Hilfe zu bitten. Er erteilte Ratschläge, unterstützte sie, wenn sie Probleme hatten. Er kannte keine Geheimnisse. Jeder konnte kommen und gehen und den weisen Worten zuhören, die der Mahatma an seine Mitmenschen richtete.

Gandhi entstammte der angesehenen Hindukaste der Waischjas (der Kaufleute) und hatte in London die Rechte studiert; aber er identifizierte sich so sehr mit den Parias, den kastenlosen »Unberührbaren«, daß er auch andere Hindus dazu bewegen konnte, es ihm gleich zu tun. Es war sein ganz besonderer Ehrgeiz, die Hindus von ihrem grausamen Kastensystem abzubringen. Er erreichte, daß die Pforten der geheiligten Hindutempel, die seit Jahrhunderten für die Parias verschlossen geblieben waren, nun auch für die Kastenlosen geöffnet wurden. Vor allem aber wird Mahatma Gandhi in die Geschichte eingehen, weil er die Gewaltlosigkeit als Lebenseinstellung predigte. Und er bewies die Macht der Gewaltlosigkeit dadurch, daß er mit ihrer Hilfe die politische Freiheit für vierhundert Millionen Menschen erringen konnte. Er war so überzeugt von der Wirkung der Gewaltlosigkeit, daß er die Zukunft seines Landes dafür aufs Spiel setzte – und gewann!

Wir wollen uns nicht damit aufhalten, seine erstaunliche Lebensgeschichte in voller Länge zu schildern oder die faszinierende Geschichte der indischen Unabhängigkeitsbewegung zu wiederholen; das wollen wir den Historikern überlassen. Sie haben hier ein Buch vor sich, das Sie lehren will, *wie Sie alles bekommen können, was Sie sich wünschen, indem Sie die Methode der psychologisch richtigen Menschenbeeinflussung und andere Erfolgstechniken verwenden.*

Die Demonstration dessen, was an Unglaublichem durch Gewaltlosigkeit erzielt werden kann, sollte hier nur dazu dienen, einzelnen Menschen oder ganzen Gruppen, die sich von der Anwendung von Gewalt dies oder jenes versprechen, vor Augen zu halten, was sie mittels gewaltloser Methoden erreichen können: nämlich alles, was sie wollen, und zwar schneller und leichter, als es ihnen durch den Einsatz von Druckmitteln, von offenen oder versteckten Drohungen, von Gewalt in welcher Form oder Schattierung immer – in Worten oder Handlungen – je möglich wäre.

Es ist eine psychologisch erwiesene Tatsache, daß Akte der Gewalt unreife, ziemlich dumme und jedenfalls Versuche mit untauglichen Mitteln sind, sich des eigenen Ich, der eigenen Person zu versichern, die sich aus verschiedensten Gründen geängstigt oder verletzt und beleidigt fühlt. Ein Mensch, der auf Gewalt zurückgreifen muß, tut das immer aus dem Zwang einer Überkompensation für seinen Minderwertigkeitskomplex heraus.

Das ermöglicht uns, zwei in die Augen springende SCHLUSSFOLGERUNGEN zu ziehen:

1. Menschen, die gewalttätig sind oder die Anwendung von Gewalt androhen, versuchen damit nur *ihre Angst und ihre Unsicherheit zu überspielen, die aus einer Verletzung ihres*

Selbstwertgefühls resultieren. Ihre gewaltsamen Handlungen oder aggressiven Tendenzen sind ein Hinweis darauf, daß sie innerlich von Angst über ihr Gefühl der Minderwertigkeit erfüllt sind. Und in demselben Maße, in dem sie heimlich Angst und Scham empfinden, werden sie tatsächlich zu Menschen, die anderen dauernd unterlegen sind und diesen Zustand durch Gewalttätigkeiten kurzfristig zu korrigieren suchen.

In jeder beliebigen Lage, vor allem aber in Wettbewerbssituationen, in denen es darum geht, andere durch Leistung zu überzeugen, bricht ihre Unterlegenheit deutlich hervor, sie geraten in eine Zwangslage, die keine noch so aggressive Handlung wirklich beseitigen kann.

2. Gewalt oder Drohung mit Gewalt soll andere Menschen erschrecken und ihnen Furcht einjagen in der Erwartung, daß sie sich dann »freiwillig« unterordnen werden. *In Wahrheit wird aber auf diese Art jedes Problem nur noch viel komplizierter.* Wenn es dem Gewalttäter tatsächlich gelingt, Furcht einzuflößen, sieht er sich mit der Tatsache konfrontiert, daß der Bedrohte sofort oder später irgend etwas gegen den, der ihn ängstigt, unternimmt. Wenn aber der Bedrohte keine Angst hat, dann wird er wütend und schlägt im Zorn zurück.

Es ist nicht möglich, eine Auseinandersetzung durch Gewalt für sich zu entscheiden. Mit Gewalt lassen sich vielleicht Scheinsiege erzielen, aber diese Siege sind befristeter Natur, weil der Angreifer sich auf diese Art einen Feind geschaffen hat, der nur auf den günstigen Augenblick für einen Gegenschlag wartet. In der Zwischenzeit aber lebt der Aggressor, der die Methode der Gewalt gewählt hat, in dauernder Angst vor der Vergeltung, von der er sicher weiß, daß sie kommen wird.

Sehen wir uns einmal recht alltägliche Situationen an, die der Gewalttätigkeit zumindest benachbart sind und den Menschen zweifellos viel Sorgen und Kummer verursachen. Wir haben bisher die Gewalt vor allem unter dem Gesichtspunkt eines tätlichen Angriffs auf andere betrachtet. Es gibt aber auch weniger heftige Formen, andere Menschen zu attackieren; da sie weniger brutal sind, kommen sie naturgemäß häufiger vor; sie sind leider vollkommen alltäglich. Aber wenn sie auch weniger aggressiv zu wirken scheinen, handelt es sich dabei doch um klare Feindseligkeiten gegen Mitmenschen – und man sollte sie auch als solche erkennen.

Das geeignete Beispiel ist das »alltäglich« anmutende Streiten. Streit ist ein wechselseitiger Angriff auf die Meinung und Einstellung des anderen. Angriffe jeder Art aber lösen bekanntlich sofort Widerstand und Animosität aus. Es darf daher niemand hoffen, durch Feindseligkeit und Widerstand je irgendeinen Gewinn für sich verzeichnen zu können. Niemals!

Streiten Sie also nie. Ganz gleich, wie falsch Ihnen die Ansicht Ihres Gesprächspartners erscheinen mag, ganz gleich auch, wie ungeheuer recht Sie selbst haben mögen, streiten Sie nie! Es gibt eine Menge unterschiedlicher psychologisch wirksamer Methoden, einem Mitmenschen seine abweichenden Ansichten zu erkennen zu geben, ohne daß Sie dabei ins Streiten kommen, ohne daß Sie die Meinung oder Einstellung Ihres Gegenübers zu attackieren brauchen, wodurch Sie nur Widerstände und Feindseligkeiten auszulösen vermöchten. Diese besser tauglichen Methoden werden wir in einem später folgenden Kapitel besprechen.

Auch Kritik ist eine Art, wie man andere Menschen angreifen kann; und sie löst gleichfalls feindselige Empfindungen und Widerstand seitens des Kritisierten aus. *Kritisieren Sie also niemanden!* Kritisieren Sie niemanden, ganz egal, wie notwendig es Ihnen erscheinen mag, jemanden zu »korrigieren« (zu seinem eigenen »Besten«, wie man sich in solchen Fällen natürlich immer einzureden pflegt). Kritik ist immer ein Angriff auf das Ich des anderen, auf sein Selbstwertgefühl, seinen Stolz, sein Ehrgefühl. Es gibt auch eine Vielzahl psychologisch wirksamer Methoden, um andere Menschen zu korrigieren und zu belehren, Methoden, die einer persönlichen Attacke, wie Kritik sie darstellt, entbehren. Diese Techniken bringen Ihnen bessere Ergebnisse, da sie weder Feindseligkeit noch Widerstand erzeugen. Wir wollen auch auf sie später noch zurückkommen.

Zusammenfassend läßt sich sagen: Wenn es Mahatma Gandhi möglich war, für vierhundert Millionen Inder die Freiheit zu erkämpfen, und zwar bei vollkommenem Verzicht auf jede Gewalt, dann können auch Sie in Ihrem Leben jedes Ihrer Ziele erreichen, ohne daß Sie andere Menschen angreifen oder durch

Kritik, Streit oder Drohungen deren Verbitterung und Animosität provozieren.

Machen Sie das Prinzip der Gewaltlosigkeit zu Ihrer Lebenseinstellung, indem Sie immer die folgenden REGELN FÜR EINEN SICHEREN ERFOLG beachten:

- Verwenden Sie *niemals* Gewalt in welcher Form immer.
- Drohen Sie *niemals* mit Gewalt in welcher Weise immer.
- Denken Sie auch *niemals* gewalttätig und hegen Sie keine gewalttätigen Phantasien.
- Streiten Sie *niemals*, denn Streit ist ein Angriff auf die Ansichten und Einstellungen anderer Menschen und löst automatisch Widerstand und Ressentiments aus.
- Kritisieren Sie *niemals* einen anderen Menschen, denn so greifen Sie seine Persönlichkeit, sein Selbstwertgefühl, seinen Stolz an und lösen zwangsläufig Abneigung und Gegnerschaft aus.

Das Ichgefühl (Selbstwertgefühl, Stolz, Ehrgefühl) eines Menschen ist sein kostbarster Besitz. Jeder Angriff, jede Bedrohung dieses Eigenwertgefühls löst unmittelbar feindselige Ablehnung und sofortige oder spätere Vergeltung aus. Jede Art der Aggression und Gewalt in unserer Welt – zwischen den verschiedenen Rassen, Religionen, Nationen, Gruppen oder Einzelindividuen – ist *das Ergebnis von Angriffen, Beleidigungen, Bedrohungen oder Erniedrigungen des Selbstwertgefühls anderer Menschen, ihrer Infragestellung als Menschen schlechthin.*

Es ist eine Tragödie, daß solche Vorgänge in verschiedensten Abstufungen millionenmal jeden Tag, tagaus, tagein und überall auf der Erde vorkommen. Um das zu ändern, gibt es nur eins: *Beginnen Sie bei sich selbst!*

Kapitel 40

Sie war von sich überzeugt – und wurde die größte Wissenschaftlerin aller Zeiten

Ihr Mädchenname war MARYA SKODOWSKA. Man kann von ihr sagen, daß wahrscheinlich kaum jemand je härter gearbeitet und so völlig hingegeben an einen anscheinend unmöglichen Erfolg geglaubt hat als dieses arme polnische Mädchen, das trotz widrigster Umstände und größter Entbehrungen eine echte Wohltäterin der Menschheit wurde.

Sie war vermutlich nur deshalb überhaupt zu so außerordentlichen Leistungen fähig, weil sie *vollkommen überzeugt und von dem tiefen Glauben erfüllt war, daß sie letzten Endes ihr Ziel erreichen würde.*

Es begann mit einem langen, entbehrungsvollen Universitätsstudium. Sie lebte in einer fensterlosen, ungeheizten Dachkammer, die weder Gas noch elektrischen Strom hatte. Sie konnte sich für den ganzen Winter nur zwei Sack Kohlen leisten, und sie hatte so wenig zu essen, daß sie mehr als einmal vor Schwäche ohnmächtig wurde. Sie besaß buchstäblich nichts anderes als den unerschütterlichen Glauben daran, daß sie lernen und Erfolg haben wollte. Sie lernte! Und sie wurde die größte Wissenschaftlerin ihrer Tage. Sie hatte Erfolg! Sie erhielt den Nobelpreis gleich zweimal, einmal für außergewöhnliche Leistungen auf dem Gebiet der Physik und einmal für Chemie.

Zusammen mit ihrem Mann PIERRE CURIE hatte sie in einem elenden Schuppen und unter fast unüberwindbar scheinenden Schwierigkeiten ein neues Element entdeckt und isoliert, das Radium, und hat damit den Lauf der Physik, der Medizin und der ganzen Weltgeschichte verändert, in die sie als MADAME CURIE einging. Sie war zur größten Wissenschaftlerin aller Zeiten geworden, weil sie niemals von ihrer Überzeugung abgegangen war, auf dem rechten Weg zu sein.

Wie können wir – Sie und ich – uns je über Handikaps und Schwierigkeiten im Leben beschweren, wenn wir die Geschichte der Madame Curie beherzigen? Leben Sie in einer ungeheizten Dachkammer ohne Gas und Strom? Sind Sie schon einmal vor Hunger ohnmächtig geworden? Wie oft sind Sie in letzter Zeit am Verhungern gewesen? Oder worüber haben Sie sich sonst zu beklagen? Vergleichen Sie Ihre Lage, Ihre Probleme und Schwierigkeiten mit jenen, denen Madame Curie gegenüberstand und die sie so glänzend überwand. Fragen Sie sich auch, warum Sie bisher nicht mehr erreicht haben?

Vielleicht liegt es nur daran, daß Sie in Wahrheit nicht fest genug daran glauben, mehr erreichen zu können, viel mehr sogar. *Sind Sie bereit, sich diesen Glauben anzueignen, um zu erreichen, was Sie sich wünschen?*

Kapitel 41

Sie war blind, taub und stumm – und vollbrachte »Wunder«

Die geradezu wunderbaren Leistungen HELEN KELLERS beruhen auf einem ungeheuren gläubigen Vertrauen in ihre eigene Kraft. Seit ihrer frühesten Kindheit war sie blind und taubstumm gewesen; aber sie lernte dennoch sprechen. Ihre Erfolge auf allen Wissensgebieten waren so erstaunlich, ihre Gaben, andere Behinderte auf der ganzen Welt zu ermuntern und zu ermutigen, so wirkungsvoll, daß sie zusammen mit ihrer Lehrerin die Roosevelt-Medaille für »kooperative Leistungen hervorragender Art und weitreichender Bedeutung« erhielt. Ihre Meisterung der Sprache – für einen taubstummen Menschen eine ungeheure Schwierigkeit – wurde einmal als »die größte Einzelleistung in der Geschichte der Pädagogik« bezeichnet. Sie schaffte all dies kraft Glaubens!

Ihre Bücher wurden in viele Sprachen übersetzt, und sie selbst wurde weltbekannt. Sie reiste mehrmals nach Europa und dann auch in den Orient, um Behinderte in aller Welt zu ermutigen und zu dem gläubigen Selbstvertrauen zu inspirieren, daß auch sie fähig seien, ihre Behinderungen zu überwinden. Helen Kellers Lehrerin ANNE SULLIVAN verdient allerdings ebenfalls größte Anerkennung. Als Lehrerin ihres Schützlings und deren Begleiterin für ein halbes Jahrhundert war sie ein nicht weniger großer Mensch! Anne Sullivan arbeitete fünfzig Jahre lang daran, die Behinderten auf der ganzen Welt anzusprechen und zu ermutigen. Auf gewisse Weise sind wir schließlich alle nur die Werkzeuge, der verlängerte Arm jener Menschen, die uns einmal unterrichtet haben. HELEN KELLER wäre wohl die erste gewesen, die das bestätigt hätte.

Es ist hier nicht unsere Aufgabe, weitere Details des zweifachen »Wunders« Helen Keller und Anne Sullivan zu berichten. Sie finden ihre Lebensgeschichte in vielen Büchern. Wir wollen Sie mit der Frage ansprechen: Wenn Helen Keller, blind und taubstumm von frühester Kindheit an, so tief von sich selbst überzeugt sein konnte, daß sie zum bewunderten Vorbild für die Behinderten aller Länder wurde, was könnten dann Sie mit Ihren Handikaps erreichen, die sicher nicht einmal annähernd jenen Helen Kellers gleichkommen? *Wie überzeugt sind Sie von Ihren Fähigkeiten?*

In diesem und den vorhergegangenen Kapiteln beschrieben wir nur einige wenige von Tausenden der Lebensgeschichten, die außergewöhnlich verliefen, weil der unbeschränkte Glaube an die eigene Kraft und Fähigkeit die Menschen lenkte und leitete. Es sind die Schicksale von Persönlichkeiten, die zutiefst an ihren Erfolg glaubten und deshalb zwangsläufig auch Erfolg hatten. Nun ist es an der Zeit, daß wir unser Programm fortsetzen, nämlich wie Sie persönlich erreichen, was Sie sich wünschen, rasch und in überreichem Maße.

Kapitel 42

Glauben auch Sie fest an Ihren Erfolg!

In den vorhergegangenen Kapiteln haben Sie von Menschen gelesen, die alle *etwas gemeinsam hatten: den uneingeschränkten Glauben an den Erfolg.* Er verlieh ihnen die Kraft, auf dem Gebiet, das sie gewählt hatten, zu wirklicher Größe zu gelangen. Ganz gleich, was Sie selbst sich wünschen, was Sie werden oder bekommen möchten, Sie können alles erreichen, wirklich alles. Aber Sie müssen folgende VORAUSSETZUNGEN erfüllen:

- Sie müssen *sich entscheiden, was Sie wirklich wollen*, was Ihr ganz spezielles Ziel im Leben ist, Ihr Lebensziel.
- Sie müssen felsenfest darauf *vertrauen, daß Sie bekommen, was Sie sich wünschen.*
- Sie müssen die Erfüllung Ihres Wunsches *so stark wollen, daß Sie bereit sind, den Preis dafür zu bezahlen.*
- Sie müssen erprobte Erfolgsmethoden einsetzen. Mit Hilfe der in diesem *»Schlüsselwerk bewährter Erfolgsmethoden«* angeführten Techniken können Sie alles bekommen, was Sie sich wünschen.

Sie werden vermutlich fragen, wieso nicht mehr Leute Erfolg im Leben haben, wenn die Sache so einfach ist. Das liegt unter anderem daran, daß die meisten Menschen keine Ahnung haben, wie sie es anfangen sollen, ihre Wünsche zu verwirklichen. Sie bedienen sich nicht nur keiner Erfolgsmethoden, sondern tun vielmehr alles, was zum Scheitern führen muß.

Schon einmal glauben nur die wenigsten Menschen fest an ihren Erfolg. Damit fehlt ihnen bereits ein maßgebendes Kriterium für den Durchbruch. Es mangelt ihnen an Selbstsicherheit – und viele sehen das auch ein. In einer an einer amerikanischen Universität durchgeführten Umfrage wurden kürzlich sechshundert Studenten aufgefordert, ihr größtes Problem zu nennen. Drei von vieren nannten »Mangel an Selbstvertrauen«.

Bitte stellen Sie sich das vor: Drei von vier Studenten halten fehlendes Selbstvertrauen für ihr größtes Problem! Man kann sich nur fragen, wie die übrigen fünfundzwanzig Prozent der Befragten ihr Selbstvertrauen beurteilten. War es vielleicht ihr zweit- oder drittgrößtes Problem? Wie dem auch sei, wenn diese Studenten zuwenig Vertrauen in die eigenen Fähigkeiten hatten, dann konnten sie an der Universität nur wenig Hilfe erwarten. Erinnern Sie sich des Ausspruchs des Psychologen Dr. WALTER SCOTT: *»Erfolg oder Versagen ist viel eher die Folge unserer geistigen Einstellung als unserer geistigen Fähigkeiten.«*

Die beste Ausbildung an der besten Universität könnte Ihnen nichts nützen, wenn Sie nicht zutiefst von Ihrem Erfolg überzeugt sind. Wenn Sie aber sicher sind, daß Sie erreichen werden, was Sie sich in den Kopf gesetzt haben, dann können Sie es auch schaffen, sogar wenn es Ihnen im Augenblick an der nötigen Ausbildung oder an deren Voraussetzungen mangeln sollte. Es werden sich in diesem Fall Möglichkeiten für Sie ergeben, die Sie nie erwartet hätten, solange Sie nicht an das Gelingen Ihrer Pläne glaubten. Alles, was Sie für die Verwirklichung Ihres Wunsches benötigen, wird Ihnen *in dem Maße zur Verfügung stehen, wie sich Ihr Vertrauen in den Erfolg festigt.* Es ist ein unabänderliches Gesetz des Lebens, daß fester Glaube an den Erfolg alle notwendigen Elemente anzieht, die zur Realisierung nötig sind.

Dennoch bilden die Leute, die aus irgendwelchen willkürlichen Gründen nicht an ein Gelingen ihrer Pläne glauben können, die Mehrzahl. Eine andere vor einiger Zeit durchgeführte Befragung ergab, daß neun von zehn Menschen unter Minderwertigkeitsgefühlen und unter dem Empfinden leiden, ihren Aufgaben nicht gewachsen zu sein. Psychologen meinen, daß mangelndes Selbstvertrauen überhaupt die häufigste seelische Störung ist, an der die westliche Welt leidet. Viele Seelenärzte glauben darüber hinaus, daß die meisten Menschen nicht einmal versuchsweise an die Lösung ihres Problems herangehen, weniger weil das nicht möglich wäre, sondern *weil sie nicht genug Mut haben, es überhaupt zu versuchen.*

Nicht genug Mut? Warum? Weil sie einer armen Familie entstammen? Weil sie in einer armseligen Wohngegend aufwuchsen? Weil sie nie Glück hatten? Weil sie einer minderprivilegierten Gruppe angehören? Weil sie in irgendeiner Weise behindert sind? Aber waren denn nicht fast alle Menschen, deren Lebensgeschichten wir beschrieben haben, auf irgendeine Art benachteiligt? Mit der Ausnahme von WILLIAM PENN mußten sie alle von Anfängen ausgehen, die vermutlich wesentlich schlechter als die Möglichkeiten waren, die ein Leser dieses Buches für sich hat. Sie hatten keine reichen Eltern, keine Regierungen, die ihnen ihre Studien bezahlten. Sie verzweifelten nicht, weil sie behindert oder benachteiligt waren. Sie gaben nicht vor, das Leben gebe ihnen keine Chance. Sie glaubten an ihren Erfolg und hatten Erfolg.

Es ist bedauerlich, aber wahr: *Das Leben schuldet Ihnen nichts*, weder Chancen noch Gelegenheiten, noch eine gute Startposition, weder vollkommene Gesundheit noch reiche Eltern! Sie müssen selbst sehen, wo Sie bleiben. Wenn Sie etwas wünschen, das Sie nicht besitzen, müssen Sie hinausgehen und es sich beschaffen. Wie? Indem Sie die Erfolgsmethoden einsetzen, die Ihnen hier vermittelt werden.

Ihre erste Aufgabe dabei ist, sich für Sie selbst überzeugend zu erweisen. Wenn nicht einmal Sie sich überzeugend finden, wie können Sie dann erwarten, daß ein anderer Mensch Ihnen etwas »abkauft«? Wenn nicht einmal Sie selbst von der Wirkung Ihrer Ideen überzeugt sind, wie sollen diese Ideen dann einen Dritten beeindrucken?

Schreiben Sie einmal einen Werbespot über sich selbst und lesen Sie sich ihn mehrmals am Tag vor! Sie lachen? Warum eigentlich? Wenn Werbespots geeignet sind, die unwichtigsten und dümmsten Dinge zu verkaufen, die niemand wirklich braucht noch will, dann sollte man es doch einmal mit Werbung für etwas versuchen, woran einem wirklich liegt: für den persönlichen Erfolg!

Gewöhnen Sie sich an, sich zu benehmen, als ob Sie gerade einen Millionenvertrag abgeschlossen hätten. Das wird Ihre ganze Haltung vorteilhaft verändern. Gewöhnen Sie sich an, *wie ein erfolgsgewohnter Mensch zu sprechen, zu schreiben, zu handeln.* Nie mehr werden Sie scheu der Wand entlang schleichen und mit kaum vernehmbarer Stimme Wünsche äußern, auf die kein Mensch achtet. Das ist ein für allemal vorbei! Jeder, der Sie kennt, wird sofort die Veränderung in Ihrem Auftreten bemerken. Indem Sie eine derartige, so überaus wichtige ERFOLGSHALTUNG an den Tag legen, ebnen Sie sich den Weg zum Erfolg. Probieren Sie es aus, fangen Sie jetzt gleich damit an.

Glauben Sie an sich selbst und an das Gelingen Ihrer Pläne. Und zeigen Sie das durch Ihr Benehmen, durch soviel Erfolgshaltung, daß andere Leute das Gefühl bekommen, Sie überzeugen und beeindrucken zu müssen, nicht umgekehrt. Mrs. REGINALD FELLOWES, die von der amerikanischen Presse wiederholt als die »raffinierteste und klügste Frau der Welt« apostrophiert wurde, weiß da einen guten Tip: Vor einer großen Gesellschaft oder einer wichtigen geschäftlichen Besprechung bleibt sie einen Augenblick auf der Schwelle stehen, um sich vor Augen zu halten, wie wichtig es ist, so hereinzukommen, als ob man jeden einzelnen der Anwesenden persönlich kenne. So hat man sofort die nötige freundliche und doch strahlend selbstsichere Haltung.

Diese Ausstrahlung ist wichtig. Denn Ihre nach außen hin sichtbar werdende Selbstsicherheit ist Ausfluß Ihrer inneren Einstellung, Ihres gesunden Selbstvertrauens und Ihres bedingungslosen Glaubens an den Erfolg. Es ist dies wie eine Schlange, die sich in den Schwanz beißt: Der erfolgreich Wirkende hat weiter und immer mehr Erfolg, während der Erfolglose immer wieder versagt. Doch Sie können dieses Gesetz für sich arbeiten lassen, indem Sie, gestützt von Ihrem Selbstvertrauen, Ihre Sicherheit zeigen und spüren lassen.

Prägen Sie sich das gut ein: Machen Sie Selbstbewußtsein zu Ihrem persönlichen »Markenzeichen«, gehen Sie bei all Ihren Überlegungen von ihm aus, richten Sie Ihr gesamtes Denken, Ihr tägliches Handeln, Ihr Sprechen und Auftreten dementsprechend aus. Gehen Sie dabei folgendermaßen vor:

- *Achten Sie auf selbstsichere Planung*, wenn Sie etwas in Angriff nehmen. Tun Sie das nicht, so wird schon Ihr Plan von Unsicherheit und Ängstlichkeit belastet sein. Sie werden dann nicht das nötige Selbstvertrauen aufbringen, um erfolgreich zu sein. Kein Mensch kann einen von Zweifeln belasteten Plan mit ganzer Kraft vorantreiben!

- *Bleiben Sie sich stets Ihrer Selbstsicherheit bewußt,* und sie wird umgekehrt allen Ihren Bestrebungen Autorität, Entschlußkraft sowie Vertrauen einflößende Überzeugungskraft verleihen.
- *Verlieren Sie nie Ihr Selbstbewußtsein.* Bedenken Sie stets, daß jeder Mensch mit seiner Ausstrahlung das Unterbewußtsein der Menschen seiner Umgebung erreicht und beeindruckt. Aufgrund echter Selbstsicherheit werden Sie bei Ihrer Umwelt den Eindruck eines Erfolgsmenschen erwecken.
- *Sie müssen mit gewinnender Autorität sprechen.* Nur so können Sie andere von der Richtigkeit Ihrer Ansichten überzeugen. Der Hauptgrund – und zudem meist auch der einzige Grund –, warum jemand nicht bereit ist zu tun, worum Sie ihn bitten, liegt darin, daß er nicht absolut sicher ist, ob es für ihn einen Vorteil bedeutet, Ihre Bitte zu erfüllen. Sie müssen ihm daher eindringlich zu verstehen geben, daß er dabei nichts verlieren, daß er vielmehr eine Menge dabei gewinnen kann, wenn er Ihrer Bitte entspricht. Wie wir schon bei der Erklärung dieser Erfolgsmethode besonders betonten, ist es wichtig, daß Sie dabei keinerlei Druck auf Ihren Gesprächspartner ausüben, sondern daß Sie ihn nur mit Hilfe gezielter Fragen in die von Ihnen gewünschte Richtung lenken, so daß er sich mit seinen eigenen Antworten alle Versicherungen gibt, die er zu seiner Sicherheit benötigt. Helfen Sie ihm, sich selbst zu überzeugen!
- *Handeln Sie selbstsicher.* Alle Ihre Tätigkeiten erhalten so eine zwingende, direkte und mitreißende Überzeugungskraft.

Aber wie erlangen Sie persönlich diese Selbstsicherheit, die für den Erfolg so dringend nötig ist? Sie wissen vielleicht schon, daß das ganz einfach ist: Sie müssen nur intensiv daran glauben, daß Sie Erfolg haben werden, und Sie müssen diese Gewißheit in allen Ihren Plänen, in Ihrem Denken und in Ihrer ganzen Einstellung, vor allem aber auch in Ihrer Redeweise mitschwingen lassen. *Das uneingeschränkte gläubige Vertrauen in Ihren Erfolg wird Ihnen zwangsläufig das nötige Selbstbewußtsein verleihen.* Und wenn wir hier »Erfolg« sagen, dann meinen wir damit, daß Sie alles im Leben bekommen, was Sie sich wirklich wünschen.

Kapitel 43

Wie Sie alles, was Sie sich wünschen, bekommen können – kraft Glaubens

Die Kraft des uneingeschränkten Glaubens ist der wahre Grund für »Wunderheilungen« und alle anderen »Wunder«, die sich im Laufe der Geschichte ereignet haben. Die Berichte über solche scheinbar unerklärliche Vorfälle sind zahlreich, und sie lassen sich nicht anders erklären denn als Manifestationen tiefer Gläubigkeit und grenzenlosen Vertrauens. Aber darüber hinaus stehen uneingeschränktes Selbstvertrauen und unbeirrbarer Glaube auch als motivierende Kraft hinter jedem erfolgreichen und außergewöhnlichen Menschenleben.

In den vorstehenden Kapiteln haben Sie an Beispielen gesehen, wie gläubiges Vertrauen einen Menschen zu wahrer Größe führen kann. Wir meinen, daß es keiner weiteren Beispiele mehr bedarf. Die Sache ist klar und jedem Versuch spöttischer Besserwisserei entzogen. Die einzige Frage, die sich uns hier stellt, ist diese: Wie können *Sie* persönlich die wunderbaren Kräfte unbeirrbaren Glaubens für sich einsetzen? Wie sollen *Sie* es anstellen, mit Hilfe Ihres Glaubens an den Erfolg auch tatsächlich erfolgreich zu werden? *Wie können Sie kraft Glaubens alles erreichen, was Sie sich wünschen?*

Es ist so ungeheuer wichtig für Sie, die Kraft grenzenlosen Glaubens für sich arbeiten zu lassen, daß wir Ihnen eine Reihe verschiedener Techniken zeigen wollen, durch die Sie jeden Zweifel an sich selbst und an Ihren eigenen Fähigkeiten ein für allemal beseitigen können. Es handelt sich dabei um einfache und leicht zu erlernende Methoden; und wir wollen Ihnen in jedem der folgenden Kapitel eine davon genau und unter Verzicht auf komplizierte Formulierungen im besonderen vorstellen. Jetzt wollen wir einmal damit beginnen, Ihnen zu erklären, wie Sie ganz grundsätzlich mit Hilfe der psychologisch angelegten Persönlichkeitsentwicklung einen unerschütterlichen Glauben an die Erfüllung aller Ihrer Wünsche entfalten können.

Es gibt drei verschiedene Schichten oder Ebenen des Bewußtseins. Obwohl wir sie hier der Deutlichkeit halber getrennt anführen, sind sie in Wirklichkeit nicht als etwas Getrenntes anzusehen; sie gehen vielmehr fließend ineinander über. Sie sind eng miteinander verbunden, wirken wechselweise aufeinander ein und stellen Teilaspekte des höheren universellen Geistes dar. Diese drei Bewußtseinsebenen wollen wir bei der psychologisch angelegten Persönlichkeitsentwicklung ansprechen.

Das Bewusstsein ermöglicht uns das Gegenwärtighaben von Erlebnissen, das bewußte Denken. Es hat seinen Sitz im Gehirn (Großhirn). Ein Hirnchirurg kann das Gehirn freilegen, untersuchen, operieren; es kann infolge Verletzungen beeinträchtigt werden, und seine Arbeitsweise läßt sich indirekt durch psychologische Versuche testen. Das Großhirn ist auf eine überaus komplizierte Weise strukturiert und gefurcht, die Bewußtseinsprozesse laufen dementsprechend äußerst vielfältig und auch verwickelt ab; aber im allgemeinen läßt sich sagen, daß uns die Gehirnfunktionen und die Arbeitsweise des Bewußtseins ziemlich gut bekannt sind.

Das Unterbewusstsein steuert alle unterschwelligen seelisch-geistigen Vorgänge. Es arbeitet und funktioniert ohne bewußte gedankliche Kontrolle. Es lenkt auch alle Körperfunktionen, die den Lebensprozeß ausmachen: Herzschlag, Atmung, Verdauung usw.

Wenn ein Mensch sein Bewußtsein dafür einsetzen müßte, sein Herz regelmäßig schlagen zu lassen, seine Lungen willentlich zum rhythmischen Atmen zu veranlassen, seine Verdauungsvorgänge zu steuern und so fort, so wäre er nicht imstande, die Milliarden von Impulsen an sein sensorisches Nervensystem weiterzugeben, die nötig sind, um die vitalen Lebensvorgänge auch nur eine Minute aufrechtzuerhalten. Er wäre in kürzester Zeit tot.

Die unendliche Weisheit der Natur, die wir heute noch nicht einmal ansatzweise verstehen können, hat uns daher zusätzlich mit einem »Unterbewußtsein«* ausgestattet. Viele Psychologen verwenden den Ausdruck »Unterbewußtes« lieber als die Bezeichnung »Unbewußtes«, weil dieser Terminus Anklänge an »Bewußtlosigkeit«, Willenlosigkeit und Passivität zuläßt, Begriffe, die mit der erstaunlich vollkommenen und unaufhörlichen Aufmerksamkeit und Aktivität des Unterbewußten aber nicht das Geringste zu tun haben. Wir wollen daher ebenfalls lieber den Ausdruck »Unterbewußtsein« verwenden.

Zusätzlich zur Steuerung der unwillkürlich ablaufenden Lebensfunktionen des Körpers und anderer Aufgaben, die über die Leistungsfähigkeit des Bewußtseins weit hinausgehen, vermerkt und speichert das Unterbewußtsein während der ganzen Lebenszeit eines Menschen jeden Gedanken, der im Gehirn je gedacht wurde, und jede Überzeugung, die der Mensch je gehegt, jedes Gefühl, das er empfunden hat, jeden Glauben, dem er anhängt, alle geistigen Einflüsse, denen er je ausgesetzt war. Das Unterbewußtsein speichert die Summe aller unserer Lebenserfahrungen. Aber es speichert nicht nur, sondern es verwendet sie auch zur Entwicklung unserer Persönlichkeit, zur Ausformung unseres Charakters und sogar zur Gestaltung unseres Lebens.

Wir können Sie gar nicht eindringlich genug auf diese Tatsachen hinweisen. Bitte merken Sie sich jedes Wort des vorhergehenden Absatzes. Er besagt im Grunde nichts anderes, als daß der Mensch, der Sie heute sind – Ihr Charakter, Ihre Persönlichkeit, Ihre Lebensumstände –, das Resultat dessen ist, was Sie Ihr ganzes bisheriges Leben lang gedacht und geglaubt haben. Wenn Sie mit sich nicht einverstanden sind, so wie Sie im Augenblick leben, dann können Sie niemanden anderen als sich selbst dafür verantwortlich machen. *Die Inhalte Ihres Denkens und Glaubens haben Sie und Ihr Leben geprägt.* Ihre eigenen Gedanken und

* Die Psychologie unterscheidet im allgemeinen zwischen dem der Tiefenpsychologie entstammenden Begriff »Unbewußtes« und dem »Unterbewußten«. Das Unbewußte umfaßt seelische Vorgänge, die nicht der Selbstbeobachtung unterliegen, aber das bewußte Erleben oder Verhalten beeinflussen können. Es zerfällt in das persönliche Unbewußte und das kollektive Unbewußte (in dem die Urerfahrungen der Menschheit ihren Niederschlag gefunden haben). Unter dem Unterbewußten werden hingegen im allgemeinen einfach seelische Vorgänge unterhalb der Bewußtseinsschwelle, vor allem nicht bewußt gesteuerte intelligente Äußerungen, verstanden. Der synonyme Gebrauch wird von der Psychologie überwiegend abgelehnt.

Einstellungen sind verantwortlich dafür, was beziehungsweise wer Sie jetzt sind. Ihr Unterbewußtsein hat Ihre Gedanken und Ihre Überzeugungen in Ihrem Leben verwirklicht und Sie zu dem gemacht, was Sie heute sind.

Weitere Beweise für diese Tatsache finden sich in den philosophischen Lehren der Geistesgrößen aller Zeiten und in allen Weltreligionen. Wir brauchen die schon an anderer Stelle dieses Buches zitierten Wahrheiten sicher nicht zu wiederholen (schlagen Sie bitte nochmals in Kapitel 25 nach); es sollte genügen, hier wieder mit aller Entschiedenheit festzustellen, daß es sich dabei um eine Erfahrung handelt, die unwiderlegbar ist. Sie müssen daraus den einzig möglichen Schluß ziehen, der sich aus diesem ewig gültigen Prinzip des Lebens ergibt: *Sie sind das Ergebnis all dessen, was Sie je gedacht oder geglaubt haben.* Ihr Unterbewußtsein hat Sie als Abbild der Gesamtheit Ihrer Anschauungen und Überzeugungen geprägt und wird das auch in Zukunft tun.

Es gibt aber noch einen zweiten Gestaltungsgrundsatz, nach dem Ihr Unterbewußtsein entsprechend Ihren Gedanken und Einstellungen Ihren Charakter prägt und auf dem Umweg über Ihre Persönlichkeit Ihr ganzes Leben beeinflußt: *Ihr Denken und Ihr Fühlen wirken sich entsprechend dem Grad der Intensität des betreffenden Gedankens oder Gefühls aus.*

Das bedeutet zum Beispiel, daß Haßgefühle, die Sie gegenüber jemandem hegen, Ihr Leben und Ihre zukünftige Entwicklung wesentlich stärker beeinflussen werden als ein eher beiläufiges Gefühl der Abneigung. Der wesentliche Unterschied liegt in der Intensität! Ängstlichkeit etwa ist keineswegs eine Tugend; aber Sie werden keinen bleibenden Schaden davontragen, wenn Sie ein ängstlicher Mensch sind. Angst hingegen, nackte, überwältigende Angst, kann einen Menschen umbringen.

Über Ihr Unterbewußtsein haben Sie auch Zugang zum »unendlichen Bewußtsein«.

DAS UNENDLICHE BEWUSSTSEIN könnte man auch etwa den »unendlichen Geist« oder den »universellen Geist« oder auch das »kosmische Bewußtsein« nennen – die Namen sind verschieden, aber sie bezeichnen dasselbe. Religiöse Menschen erkennen in ihm Gott. Ob Sie sich einer Religion zugehörig fühlen oder nicht: die Existenz einer übergeordneten Macht oder Kraft leugnet kaum jemand. Selbst größte Wissenschaftler unserer Zeit wie ALBERT EINSTEIN oder MAX PLANCK gelangten an den Grenzmarken der Naturwissenschaft zu dieser Einsicht. Das »unendliche Bewußtsein« weist treffend auf die Qualität der Unendlichkeit hin, die diesen Geist, dieses Bewußtsein auszeichnet: unendliches Wissen (in Vergangenheit, Gegenwart und Zukunft), unendliche Machtvollkommenheit (unbegrenzt und immerwährend), unendliche Dauer (Ewigkeit), schlechthin alles, überall und immerdar – eben Unendlichkeit.

Natürlich kann unser begrenzter menschlicher Geist diese ungeheure Dimension nur ganz entfernt und eher nur erahnend als wissend begreifen; wir wollen daher auch nicht versuchen, was nicht möglich ist, nämlich diese Unendlichkeit zu definieren. Wir müssen aber auf diese geistige Realität kosmischer Dimension verweisen, weil Sie über Ihr Unterbewußtsein Anteil an diesem unendlichen Bewußtsein haben. (Manche Glaubenslehren postulieren, die Seele des Menschen habe Anteil an Gott – Sie sehen, wie sich die Ansichten gleichen, ungeachtet der verschiedenen Bezeichnungen.) In diesem Anteil am universellen Geist liegt auch *die Quelle Ihrer unbegrenzten Macht, Ihrer unbegrenzten Fähigkeiten.*

Es gilt als philosophisches Allgemeingut, daß der Mensch allein nichts ist, ein Nichts ist. Um im menschlichen Leben einen Sinn zu sehen, muß man eine übergeordnete Quelle des Wissens und der Macht annehmen, auf die man sich beziehen kann. Tatsächlich aber hat der Mensch über sein Unterbewußtsein Zugang zu dieser Allmacht und diesem Allwissen und kann aus ihm schöpfen. So vermögen sich auch Ihr Denken und Glauben in der Wirklichkeit Ihres Lebens zu realisieren.

Wir werden die drei Bewußtseinsebenen oder geistigen Ebenen später noch genauer besprechen. Wir wollten sie hier nur einmal summarisch darstellen. Halten wir nochmals fest: Es sind drei Geistesebenen – oder Bewußtseinsebenen –, mit deren Hilfe Sie Ihren unbeirrbaren Glauben in erfüllte Wünsche umsetzen können:

- das Bewußtsein,
- das Unterbewußtsein,
- das unendliche Bewußtsein.

Ihr grenzenloser Glaube *muß daher in Ihrem Bewußtsein seinen Anfang nehmen,* denn diese geistige Ebene können Sie bewußt kontrollieren. Ihr Bewußtsein ist die Ebene, auf der sich Ihr Denken abspielt, wogegen Ihr Unterbewußtsein sozusagen die Produktionsebene darstellt, die alles, was sie zur Produktion benötigt, aus der unendlichen Quelle der Weisheit und Macht schöpfen kann, die wir als unendliches Bewußtsein bezeichnet haben.

Sie müssen zunächst einmal eine *Entscheidung darüber treffen, was Sie in Ihrem Leben – im Sinne Ihrer Lebensziele – erreichen wollen:* Glück, Liebe, Erfolg, Wohlstand, Einfluß, Macht, Ansehen, Ruhm; was immer Sie sich wünschen, es liegt in Ihrer Reichweite. Nachdem Sie zu einem wohlüberlegten Entschluß gekommen sind, was Sie im Leben erreichen wollen, müssen Sie fest und unbeirrbar daran glauben, daß sich Ihre Wünsche erfüllen werden. Dieser Vorgang spielt sich in Ihrem Denken, in Ihrem Bewußtsein ab.

Ziel dieses festen Glaubens ist es, die Inhalte Ihres Denkens und Glaubens, das heißt auch Ihres Wünschens, Ihrem Unterbewußtsein tief einzuprägen. Ihr Unterbewußtsein wird, sozusagen autonom agierend, alles in Gang setzen, damit sich Ihre Wünsche erfüllen werden. Je beharrlicher, je öfter und intensiver Sie gläubig an die Erfüllung Ihrer Wünsche denken, desto stärker werden sie sich Ihrem Unterbewußtsein einprägen und desto nachdrücklicher wird Ihre Überzeugung die Kräfte Ihres Unterbewußtseins mobilisieren. Ihr Unterbewußtsein aber wird, gesteuert von der Kraft Ihrer Überzeugung, aus dem unendlichen Bewußtsein die Macht und das Wissen schöpfen, die nötig sind, Ihren tiefen Glauben in die Wirklichkeit Ihrer Lebenserfahrung umzusetzen.

Das klingt vielleicht ein wenig schwierig. Es hilft Ihnen unter Umständen, wenn Sie sich die Funktion der drei Bewußtseinsebenen folgendermaßen vorstellen: Ihr Bewußtsein stellt gleichsam die Leitung, das Management, einer Firma dar. Ihr bewußtes Denken entscheidet, was die Fabrik, das heißt Ihr Unterbewußtsein, aus Ihrem Leben machen soll. Ihr Bewußtsein (das Management) erteilt Ihrem Unterbewußtsein (der Fabrik) kraft Glaubens Aufträge. Je beständiger und intensiver Ihr Glaube an die Verwirklichung der von Ihrem Bewußtsein getroffenen Entscheidungen ist, desto prompter und genauer wird Ihr Unterbewußtsein die »Produktion« aufnehmen und den Inhalt Ihres Glaubens verwirklichen. Ihr Unterbewußtsein denkt nicht weiter über die ihm erteilten Aufträge nach; es übernimmt ungeprüft die Instruktionen Ihres Bewußtseins – genauer: die Inhalte Ihres Denkens, Glaubens und Fühlens – und verwandelt sie mit Hilfe der höheren Weisheit und Macht des unendlichen Bewußtseins in Realitäten.

Auf der Erkenntnis dieser Zusammenhänge beruht die psychologisch fundierte PERSÖNLICHKEITSENTWICKLUNG. Wer nämlich einmal verstanden hat, wie das funktioniert, wird die Kräfte seines Denkens und Glaubens wirklich dafür einzusetzen beginnen, sich seine Wünsche zu erfüllen. Aber auch wer diese Vorgänge nicht völlig begreift, kann jene wunderbaren Kräfte des Denkens und Glaubens gleichwohl einsetzen, um zu bekommen, was er sich wünscht.

Alles, was Sie letztlich *wissen müssen, um Erfolg zu haben,* ist dies:

- Je tiefer und intensiver Ihr Glaube an die Erfüllung eines Wunsches ist, desto sicherer werden Sie bekommen, was Sie sich wünschen. Es genügt nicht, einfach etwas zu wollen und dann zu hoffen, daß man es bekommt – Sie müssen wissen, und zwar aus ganzem Herzen davon überzeugt sein, daß Ihr Wunsch in Erfüllung gehen wird.
- Je exakter Sie Ihre Wunschvorstellungen auf einen bestimmten Inhalt konzentrieren, desto sicherer werden Sie genau das bekommen, was Sie sich vorstellen. Niemand kann sich gleichzeitig optimal auf mehrere verschiedene Zielvorstellungen konzentrieren.
- Je öfter Sie sich tief überzeugt vorstellen, daß Sie bekommen werden, was Sie sich wünschen, desto rascher wird sich Ihr Wunsch erfüllen.

Zusammengefaßt heißt das: Sie müssen zutiefst daran glauben, daß Sie genau das bekommen werden, was Sie sich wünschen. Sie müssen sich so oft wie möglich darauf konzentrieren, damit Ihr Glaube schließlich ein Teil Ihrer Persönlichkeit, ein Teil Ihrer selbst wird.

Es gibt eine Reihe wirksamer PSYCHOLOGISCH BEGRÜNDETER ERFOLGSMETHODEN, die Ihnen helfen werden, sich oft und immer wieder so intensiv auf Ihren Glauben an die Erfüllung Ihres Wunsches zu konzentrieren, daß diese nicht lange auf sich warten lassen wird. Diese Methoden werden Ihre Konzentrationsübungen leicht und angenehm machen. Sie werden Ihren Erfolg sicherstellen und sind darüber hinaus noch geradezu vergnüglich in der Anwendung:

- Die Methode des inneren Sprechgesangs.
- Die Methode der Knotenschnur.
- Die Methode der magischen Münzen.
- Die Methode der Spielkarten.
- Die Methode der Vorstellungsbilder.
- Die Methode der Schriftkarten.
- Die Methode der Selbsthypnose.

Wir werden diese Methoden in kurzen Kapiteln besprechen, aber zuerst wollen wir Ihnen noch erklären, wie Sie den Glauben an die Erfüllung Ihres Wunsches zu einem ganz persönlichen Wahlspruch machen können. Sie lernen damit bereits den ersten Schritt zu jeder einzelnen der Erfolgsmethoden kennen, die wir vorstehend angeführt haben. Lesen Sie das nächste Kapitel!

Kapitel 44

Machen Sie aus Ihrem Wunsch einen persönlichen Slogan!

Niemand kann wirklich intensiv an eine ganz allgemeine, nur vage definierte Sache glauben. Kein Mensch kann sich auf den unklaren Wunsch konzentrieren, »irgendwie« Erfolg zu haben, »irgendwann« oder mit »irgend etwas« – »wenn möglich«. Sie brauchen Ihr Unterbewußtsein keineswegs mit besonderen Anweisungen zu füttern, *wie* Ihr Wunsch zu verwirklichen wäre; aber *Sie müssen Ihrem Unterbewußtsein genau und klar formuliert mitteilen, was Sie sich wünschen.* Ihr Unterbewußtsein weiß dann viel besser als Sie (als Ihr bewußtes Denken), was nötig ist, um Sie ans Ziel zu bringen. Es wird seine eigenen wunderbaren Wege zur Realisierung Ihres Herzenswunsches einschlagen.

An Ihnen also liegt es einzig und allein, *die Entscheidung zu fällen, was Sie wirklich wollen.* Sie müssen Ihre Vorstellungen in Worte kleiden und sodann eine kurze, klare Zusammenfassung finden, das heißt einen Leitspruch kreieren, eine Art Werbeslogan, mit dem Sie Ihrem Unterbewußtsein Ihren Wunsch »verkaufen« können. Wie jeder Werbefachmann weiß, bewirkt ein über eine längere Zeitspanne hinweg häufig wiederholter Werbeslogan einen fast unauslöschlichen Eindruck. Um also Ihren Wunsch Ihrem Unterbewußtsein in der nötigen nachdrücklichen Art einzuprägen, sollten Sie diesen Wunsch in die Form eines kurzen, persönlichen Slogans kleiden, den Sie für sich so oft wie möglich wiederholen.

Das ist gar nicht weiter schwierig. Hier ein Beispiel zur Anregung: Nehmen wir einmal an, Sie möchten reich sein. Sie wollen sich alles leisten können, was man für Geld bekommen kann. Nun müssen Sie Ihrem Unterbewußtsein Ihre Wunschvorstellung unauslöschlich einprägen: Sie wollen reich sein. Doch stellen Sie sich einmal vor, daß Sie Ihr Unterbewußtsein mit der ständigen Wiederholung folgender Definition Ihres Wunsches beeindrucken möchten:

»Ich möchte sehr reich sein und genügend Geld haben, um mir all die Dinge kaufen zu können, die ich mir immer gewünscht habe und nie leisten konnte.«

Das ist zwar eine klare Zusammenfassung Ihrer Vorstellungen, aber Sie werden zugeben, daß sie nicht besonders prägnant klingt! Versuchen Sie es nur einmal, diese »endlose« Feststellung häufig zu wiederholen. Und dann stellen Sie sich bitte vor, was Ihr Unterbewußtsein mit dieser wenig wirksamen Suggestion anfangen wird. Wir können es Ihnen gleich verraten: Nichts!

Um eine wirksame Formulierung für Ihr Unterbewußtsein zu finden, müssen Sie *den Inhalt zu einem kurzen, klaren, prägnanten Slogan zusammenfassen.* Viel besser wäre zum Beispiel die Vorsatzformel: »Millionär sein!«

Lesen Sie, wiederholen Sie diesen Slogan fünf Minuten lang! Lesen Sie ihn ganz konzentriert und, wenn es geht, laut. Formen Sie jedes Wort mit den Lippen, um es zu betonen. Machen Sie aus dieser Formel eine Suggestion. Sagen Sie sich fünf Minuten lang immer wieder vor:

»Millionär sein! Millionär sein!
Millionär sein! Millionär sein!
Millionär sein! Millionär sein!«

Können Sie schon spüren, wie die Wirkung einzusetzen beginnt?

Zur Erläuterung noch ein weiteres Beispiel: Nehmen wir an, Sie hätten sich Glück gewünscht. Sie möchten gerne glücklich sein und andere glücklich machen und ein fröhliches Leben führen. Sie können schlecht den ganzen, zu langen Satz so oft wiederholen, daß sich die Botschaft Ihrem Unterbewußtsein wirklich einprägt. Ungleich besser wirkt die Vorsatzformel: »Freude haben, Freude machen!«

Wiederholen Sie diesen einprägsamen Spruch fünf Minuten lang, lesen oder sprechen Sie ihn sich vor. Formen Sie jedes Wort *mit den Lippen* und lächeln Sie dabei. Blicken Sie in den Spiegel, lächeln Sie sich zu und fühlen Sie, wie Ihr ganzes Sein von Freude erfüllt ist – einer Freude, die Sie mit Ihrer ganzen Umwelt teilen werden, während Sie lächelnd immerfort den suggestiven Slogan wiederholen:

»Freude haben, Freude machen!
Freude haben, Freude machen!
Freude haben, Freude machen!«

Wie ist es, fühlen Sie nicht die immense Wirkung dieser prägnanten, suggestiven Formulierung?

Nun stellen Sie sich bitte vor, welchen ungeheuren Eindruck Sie in Ihrem Unterbewußtsein erzielen können, wenn Sie eine solche Suggestion (Sie verfassen natürlich für Ihren ganz speziellen Wunsch einen eigenen Slogan!) immer wieder durchdenken und sich vorsprechen – wenn Sie ihn jeden Morgen nach dem Aufwachen fünf Minuten lang wiederholen und ebenso abends vor dem Einschlafen, wie gesagt, fünf Minuten lang, und auch immer, wenn Sie während des Tages Gelegenheit dazu haben. Sie konzentrieren sich auf Ihren Slogan, sooft es geht. Und so verfahren Sie Tag um Tag, Woche um Woche bis Sie bekommen, was Sie sich wünschen. *Sie werden es bekommen!*

Ihr Unterbewußtsein läßt sich mit einem Computer vergleichen. Viele höchst komplizierte Maschinen werden heute durch Computer gesteuert. Ihr Innenleben ist aber noch wesentlich komplizierter als die komplexeste Apparatur, die wir kennen; daher hat die Natur Sie mit Ihrem Unterbewußtsein ausgestattet, das der phantastischste aller phantastischen Computer ist, der Ihr Leben erfolgreich zu steuern und für Sie *jedes »Programm« zu erfüllen vermag, das Sie ihm kraft zielgerichteten Denkens und unbeirrbaren Glaubens eingeben.*

Sie verwandeln Ihr Unterbewußtsein tatsächlich in einen unfehlbaren Computer, indem Sie es für Ihre Zwecke programmieren. Das schaffen Sie, indem Sie ihm in Form Ihrer Wünsche die Daten eingeben, die es in seiner unnachahmlichen und wunderbaren Weise verarbeiten wird, um für Sie genau das Leben herbeizuführen, das Sie unbeirrbar erwarten. Noch einmal: Der Computer in Ihrem Inneren wandelt die von Ihnen selbst gewählten und eingegebenen Informationen – die Inhalte Ihres Denkens und Glaubens – in Wirklichkeiten um, wenn das Datenmaterial gut ist, das heißt, *wenn Ihr Glaube an die Realisierung Ihrer Wünsche tief und intensiv genug ist.*

In den folgenden Kapiteln werden Sie lernen, wie Sie den Computer Ihres Unterbewußtseins am besten mit verwertbarem Material versorgen können.

Kapitel 45

Die Methode des inneren Sprechgesangs

Schon in der Morgendämmerung der Menschheitsentwicklung machten sich die in Horden und stammesähnlichen Gruppen zusammenlebenden Urmenschen RHYTHMISCHE GESÄNGE zu Nutzen, um ihrem Glauben Ausdruck zu verleihen und ihn gleichzeitig zu vertiefen. Und Naturvölker, die erst in unseren Tagen in abgelegenen Weltgegenden aufgespürt wurden, verwenden noch heute Gesänge, die sich wohl kaum von denen ihrer Ahnen unterscheiden, die vor Tausenden von Jahren gelebt haben. Sie dienen immer noch demselben Zweck: nämlich der Bekundung ihres Glaubens und der Verwirklichung ihrer Glaubensvorstellungen. Sie versuchen wie ihre Vorväter ihre Kraft für den Lebenskampf zu stärken, den verschiedenen Stammesgottheiten ihre Nöte und Bedürfnisse zu übermitteln und eine Erfüllung dieser Wünsche zu erreichen, indem sie ihren Glauben durch rhythmische Beschwörungen vertiefen und stärken.

Diese Tradition ging auch mit fortschreitender Zivilisierung der Menschheit nicht verloren. Rhythmische Inkantationen lassen sich bis heute überall dort feststellen, wo Menschen daran gelegen ist, *gedankliche Konzentration auf ein einziges Ziel und die Intensivierung eines bestimmten Gedankens zu erzielen.* In den Massendemonstrationen von gestern und heute greifen die Demonstranten nur zu gerne auf diese im wahrsten Sinne des Wortes uralte Methode zurück, um ihren Ideen und Einstellungen Nachdruck zu verleihen.

Alle modernen Staaten verwenden den rhythmisch betonten Gesang für ihre Zwecke: Die von vielen Menschen bei feierlichen Anlässen zu singende Nationalhymne dient der Intensivierung und Verinnerlichung patriotischer Gefühle. Gesänge und Sprechchöre gehören zum liturgischen Zeremoniell jeder Kirche. Litaneien in christlichen Gottesdiensten sind eine Abart der rhythmischen Gesänge, die wir meinen. Die oft zu wiederholenden zeremoniell-mystischen Worte mancher geheimer Bruderschaften und Gesellschaften sind demselben Motiv verpflichtet. Bei Sportveranstaltungen, wie etwa Fußballänderkämpfen, dient der skandierende Sprechgesang der Anhängergruppen als beliebtes Anfeuerungsmittel, das den Siegeswillen der eigenen Mannschaft intensivieren und steigern soll.

Vielleicht gibt es keine Äußerung der Massenpsychologie, die eine längere Geschichte und eine weitere Verbreitung aufzuweisen hat, als der RHYTHMISCHE SPRECHGESANG. Er wird eingesetzt:

- zur besseren gedanklichen Konzentration auf *ein einziges Ziel,*
- zur Intensivierung des Glaubens *an dieses Ziel,*
- um dem Glauben *an dieses Ziel* Ausdruck zu verleihen.

Die Tatsache, daß die Verwendung des Sprechgesangs seit dem Anbeginn der menschlichen Geschichte nicht abgenommen, sondern, im Gegenteil, vielleicht noch zugenommen hat, ist ein schlagender Beweis für seine Wirksamkeit. Damit wir uns nicht mißverstehen: Wir sprechen natürlich nicht vom Liedgesang oder vom künstlerischen Gesang, wie wir ihn etwa von der Oper oder vom Konzertsaal her kennen, und wir meinen auch nicht die Schlager der Rock-, Beat-, Pop- und sonstigen Wellen der sogenannten Unterhaltungsmusik. Wir sprechen von dem choralartigen, stark rhythmisierten Gruppengesang, der in fast eintönigen Wiederholungen und oft dem Sprechton angenähert bestimmte Inhalte mit betäubender Eindringlichkeit wiederholt.

Es ist unvorstellbar, daß Millionen von Menschen Jahrtausende hindurch eine Methode verwendet haben sollten, die nicht ihren Zweck erfüllt. Wir können also als hinreichend gesichert annehmen, daß rhythmischer Sprechgesang ungeheuer wirkungsvoll ist – und weil das so ist, müssen wir uns überlegen, wie wir ihn in unserem eigenen Leben einsetzen können.

Wir haben bisher vor allem von dem von Gruppen intonierten Sprechgesang gesprochen; aber was wir meinen muß nicht unbedingt im Chor rezitiert werden wie in der altgriechischen Tragödie, muß nicht im Gruppengebrüll entfesselt werden wie auf dem Fußballplatz, sondern kann vielmehr *wirksam von jedem Einzelmenschen eingesetzt werden – zum Beispiel von Ihnen.*

Doch keine Angst: wir wollen Sie nicht auffordern, künftig singend oder sprechend durchs Leben zu gehen! Der rhythmische Sprechgesang, den wir meinen, kann für Außenstehende vollkommen unhörbar bleiben – ganz nach Wunsch mit oder ohne Lippenbewegungen. Sie können Ihren inneren Sprechgesang überall und zu jeder Zeit anstimmen, allein oder mitten unter Menschen, die keine Ahnung davon haben, was in Ihrem Inneren vor sich geht.

Bei dieser Methode liegt der Nachdruck nicht auf dem Wort »Gesang«. Die Wirkung beruht auch nicht wesentlich auf der Melodie. Übrigens sind ja auch die bei Massendemonstrationen und Sportveranstaltungen üblichen Sprechchöre nicht sehr melodisch. Das besondere *Charakteristikum eines solchen psychologisch wirksamen »Gesangs« ist vielmehr der Rhythmus* oder, um es im Jargon der Jugendlichen zu sagen, der »Beat«, von dem er getragen ist. Die größte Wirkung erzielt *die Kombination von begeisterndem Rhythmus und einprägsamem Slogan* (wir haben im vorstehenden Kapitel ausführlich darüber gesprochen), bei dem jede betonte Silbe mit einem »Beat«, also mit einem Taktschlag, zusammenfällt.

Sie erinnern sich sicher noch an die Slogans, die wir als Beispiele im vorstehenden Kapitel erwähnt haben. Wenn wir nun versuchen, die Betonung der Silben durch Hebungs- und Senkungszeichen zu markieren, sieht das folgendermaßen aus:

´ ◡◡ ´ ◡ ´ ◡◡ ´ ◡
Millionär sein! Millionär sein!

Versuchen Sie nun bitte, den Slogan mit dieser wirkungsvollen rhythmischen Betonung fünf Minuten lang zu wiederholen – schweigend. Setzen Sie dabei in Gedanken die Akzente ganz stark. Merken Sie, wie sich dabei dieser »Auftrag« an Ihr Unterbewußtsein gleichsam wie mit Hammerschlägen in Ihrem Innern eingräbt? Sie spüren sicher die gesteigerte Intensität, die Sie so erzielen können!

Wenn Sie einen Slogan komponieren, den Sie als inneren Sprechgesang verwenden wollen, sollten Sie vielsilbige Wörter eher vermeiden, weil sie sich schwerer in einen mitreißenden Rhythmus bringen lassen. Ein Beispiel: Das Wort »unvoreingenommen« erweist sich als äußerst sperrig, wenn Sie versuchen, es zu einem rhythmischen Slogan zu verarbeiten. Stellen Sie sich einmal diesen Satz vor:

Ich will unvoreingenommen sein!

Es geht – aber schwungvoll oder wirkungsvoll klingt das nicht. Natürlich lassen sich schon Verbesserungen erzielen, wenn wir einfach mehrere Wörter oder Silben unbetont lassen. Zum Beispiel:

Ich will unvoreingenommen sein!

Das klingt schon etwas besser, aber wirklich zügig ist es noch immer nicht. Das Wort »unvoreingenommen« ist einfach kein guter Aufhänger. Ganz anders klingt doch:

Ich will offen sein! Ich will offen sein!

Sie müssen zugeben, daß das leichter ins Ohr geht! Noch leichter ins Ohr geht zum Beispiel:

Ich will reich sein! Ich will reich sein!

Aber vom Rhythmus und von der Formulierung des Inhalts her ist zweifellos der unter allen erwähnten Beispielen beste Slogan dieser:

Millionär sein! Millionär sein!

Sie werden bald Spaß daran haben herauszufinden, was sich verwenden läßt und was nicht, wie Sie den Punch, die Brisanz des Inhalts verbessern, wie Sie holpernde Wörter durch glatter klingende ersetzen, durch Akzentwechsel einen besseren Rhythmus finden können und so fort. Lassen Sie Ihre Phantasie spielen, setzen Sie Ihr Rhythmusgefühl und Ihre Kreativität ein und kreieren Sie für Ihre ganz persönlichen Anliegen Ihren ganz speziellen Slogan, Ihren »inneren Sprechgesang«.

Wenn Sie ihn still, aber sehr konzentriert und intensiv immer von neuem wiederholen, wird sich Ihr Anliegen Ihrem immer aufnahmebereiten Unterbewußtsein einprägen, und es wird die

Erfüllung Ihres Wunsches in Angriff nehmen. Nehmen wir zum Beispiel an, Sie hätten den Slogan »Ich habe Macht!« gewählt, weil Ihre Zielsetzungen auf Macht gerichtet sind. Mit zunehmender Wiederholung wird sich das Gefühl bei Ihnen einstellen, daß Sie in wachsendem Maße Macht besitzen. Und mit steigendem Selbstvertrauen wird die tatsächliche Machtfülle sich steigern, bis sie dem Umfang entspricht, den Sie für sich selbst in Anspruch nehmen wollen. Vom Rhythmus und Inhalt her wäre wohl noch suggestiver und brisanter die Kurzformel:

´ ∪ ´ ∪ ´ ∪ ´ ∪
Macht und Einfluß! Macht und Einfluß!

Sie sehen schon, daß Sie bei der Gestaltung Ihres Leitspruches völlig frei sind; er soll nur wirklich *zündend und rhythmisch sein, einprägsam und von mitreißender Überzeugungskraft.* Wissen Sie was ein »Ohrwurm« ist? Sie kennen doch sicher diese komische Situation, in der man ein Lied oder eine Melodie, die man irgendwo aufgeschnappt hat, nicht loswerden kann. Den ganzen Tag verfolgt sie einen und drängt sich, ganz gleich, womit man sich beschäftigt, ins Bewußtsein, als ob ein Leierkastenmann in unserem Innern unaufhörlich dasselbe herunterkurbelte ... Genau das ist es, was Sie sich für Ihren persönlichen Slogan wünschen sollen: daß er Sie nicht losläßt, nicht eine Minute aus Ihrem Bewußtsein verschwindet, sondern Sie im Hintergrund Ihrer Gedanken auf Schritt und Tritt begleitet. Solche Wurzeln sollte Ihr Slogan schlagen!

Ihr innerer Sprechgesang entfaltet tagtäglich seine Wirkung. Das geschieht still und für andere unhörbar. Es empfiehlt sich aber, daß Sie, wenn Sie einen Slogan kreieren, ihn laut vorsprechen, bis Sie die Wort- und Rhythmusfolge perfektioniert haben. Betonen Sie jeden Akzent überdeutlich, bewegen Sie dabei Ihre Lippen und klopfen Sie den Takt mit einem Bleistift auf der Tischplatte oder mit den Fingern der einen in der Handfläche der anderen Hand mit, bis Sie ein körperliches Gefühl für den Rhythmus haben.

Sie finden nun im Folgenden eine REIHE VON BEISPIELEN in verschiedenen Rhythmen, *wiederholen Sie jeden Slogan mindestens zehnmal,* bis Sie ein deutliches Gefühl für die Unterschiede bekommen:

1. *Ein Slogan für den Wunsch nach Glück:*

   Freude haben, Freude machen!
   Freude haben, Freude machen!
   Freude haben, Freude machen!

2. *Ein Slogan für den Wunsch nach Liebe:*

   Ich liebe dich, und du liebst mich!
   Ich liebe dich, und du liebst mich!
   Ich liebe dich, und du liebst mich!

3. *Ein Slogan für den Wunsch nach Erfolg:*

   Erfolg ist mir sicher! Ich ziehe ihn an!
   Erfolg ist mir sicher! Ich ziehe ihn an!
   Erfolg ist mir sicher! Ich ziehe ihn an!

4. *Ein Slogan für den Wunsch nach Reichtum:*

   Millionär sein! Millionär sein!
   Millionär sein! Millionär sein!
   Millionär sein! Millionär sein!

5. *Ein Slogan für den Wunsch nach größerem Ansehen:*

   Ich steige höher! Ich steige hoch!
   Ich steige höher! Ich steige hoch!
   Ich steige höher! Ich steige hoch!

6. *Ein Slogan für den Wunsch nach Macht:*

   Macht und Einfluß! Macht und Einfluß!
   Macht und Einfluß! Macht und Einfluß!
   Macht und Einfluß! Macht und Einfluß!

7. *Ein Slogan für den Wunsch, beliebt zu sein:*

   Ich habe Freunde überall! Freunde sondergleichen!

Ich habe Freunde überall! Freunde sondergleichen!
Ich habe Freunde überall! Freunde sondergleichen!

8. *Ein Slogan für den Wunsch nach Ruhm:*

Ich mehre Ehre und ernte Ruhm!
Ich mehre Ehre und ernte Ruhm!
Ich mehre Ehre und ernte Ruhm!

Haben Sie gemerkt, daß der Rhythmus davon abhängt, wie Sie die einzelnen Wörter im Zusammenhang betonen? Diese Äußerlichkeit ist wichtig. *Ihr Slogan muß rhythmisch sitzen. Nicht weniger wichtig ist aber der Inhalt.* Wir haben hier zwar für Sie eine Reihe verschiedener Slogans als Beispiele zusammengestellt. Sie müssen sich aber genau überlegen, was Sie selbst am meisten wünschen, was Ihr ganz persönlicher Hauptwunsch ist – und dafür müssen Sie dann *einen höchst persönlichen Slogan kreieren oder, noch besser gesagt, komponieren* (falls nicht zufällig unter unseren Mustern ein Slogan ist, den Sie gerne für sich verwenden möchten). Und auf diesen Slogan sollen Sie sich dann ausschließlich konzentrieren.

Dieses eine Ziel müssen Sie anstreben, nicht eine ganze Reihe von Zielvorstellungen. Das würde nur Verwirrung in Ihrem Unterbewußtsein auslösen. *Entscheiden Sie sich für einen einzigen Slogan, aber den verwenden Sie dann konsequent so lange, bis Sie das Gewünschte erhalten haben.* Dann – und wirklich erst dann – können Sie Ihr nächstes Ziel ansteuern.

Sie werden es vielleicht anfänglich gar nicht so leicht finden, sich vollkommen auf Ihren inneren Sprechgesang konzentrieren zu können; Sie schweifen vielleicht in Gedanken leicht ab vom genauen Wortlaut Ihres persönlichen Slogans. Wir haben daher für Sie eine Reihe verschiedener Hilfsmittel ausgearbeitet, die Sie in die Lage versetzen werden, sich vollkommen auf Ihren inneren Sprechgesang zu konzentrieren, so lange Sie die Möglichkeit haben, ihn zu wiederholen. Sie können einen oder mehrere dieser Tricks anwenden, um die ungestörte und ungeteilte Konzentration auf Ihren Slogan sicherzustellen.

Kapitel 46

Die Methode der Knotenschnur

Die psychologisch wirksame Technik, mit deren Hilfe Sie Ihren Wunsch in Form des von Ihnen kreierten Slogans Ihrem Unterbewußtsein einprägen können, ist jene der KONZENTRATION. Sie müssen den genauen Wortlaut Ihres Slogans jeweils mindestens fünf Minuten lang wiederholen.

Wahrscheinlich fällt Ihnen das am Anfang ziemlich schwer. Ihr Slogan wird sich nämlich nicht nur Ihrem Unterbewußtsein mitteilen, sondern er wird auch Ihr bewußtes Denken aktivieren und es dazu anregen, sich mit Gedanken zu beschäftigen, die in Beziehung zu Ihrem Leitspruch stehen. Das ist wunderbar und kann der raschen Erfüllung Ihres Wunsches äußerst nützlich sein – nur gerade dann nicht, wenn Sie sich besonders auf Ihren Slogan konzentrieren wollen. Während dieser Konzentrationsübungen, die jeweils mindestens fünf Minuten oder länger dauern sollen, dürfen Sie *nichts anderes* als den genauen Wortlaut Ihres Slogans denken. Sie sollen ihn wiederholen und dürfen sich dabei von keinen anderen Vorstellungen stören lassen. *Es ist unbedingt nötig, nur diesen einen Gedanken festzuhalten und sich durch nichts davon ablenken zu lassen!*

Damit Sie Ihrer ungeteilten Aufmerksamkeit und Ihrer tiefen Konzentration auf den Wortlaut Ihres Leitspruchs sicher sind, können Sie sich zum Beispiel einer geknoteten Schnur bedienen, die Ihnen als Konzentrationshilfe nützen wird. Bitte lächeln Sie nicht über diese simple und so naiv wirkende Gedankenstütze. Denken Sie vielmehr daran, daß ähnliche Hilfsmittel in vielen Religionen verwendet wurden und werden, um die Gedanken der Gläubigen am Abschweifen zu hindern. Religionsgeschichtlich ist die mit Knoten, Holzkugeln oder Perlen versehene Gebetsschnur den mit »magischen« Knoten versehenen Schnüren verwandt, die uns aus Volkskunde und Völkerkunde wohlbekannt sind. Sie dient als Zählhilfe beim Beten und findet sich in der katholischen Kirche (man denke nur an den Rosenkranz), im Buddhismus und seit dem achtzehnten Jahrhundert unter dem Namen »Tasbih« auch im Islam. Im Vorderen Orient sowie in Südosteuropa kann man immer wieder alte Leute antreffen, die unaufhörlich Perlenschnüre (in Griechenland »Kolomboi«) durch die Finger gleiten lassen.

Es gibt darum keinen vernünftigen Grund, warum man sich dieses altbewährten Beruhigungs- und Konzentrationsmittels nicht bedienen sollte, auch wenn die selbstgemachte Form vielleicht nicht gerade höchste ästhetische Ansprüche zu befriedigen vermag. Aber es kommt uns ja schließlich auf die Wirkung an, nicht auf Äußerlichkeiten!

So können Sie sich einer Knotenschnur bei Ihren Konzentrationsübungen bedienen:

- Sie nehmen am besten eine etwas über einen Meter lange, nicht zu dicke Schnur, etwa ein Stück dünne Wäscheleine oder eine Vorhangschnur und machen im Abstand von jeweils etwa fünf Zentimetern Knoten in Ihre Schnur.
- Ein Schnurende halten Sie in der rechten Hand. Mit Zeigefinger und Daumen der linken Hand ergreifen Sie den obersten Knoten (der Ihrer rechten Hand am nächsten liegt). Während Sie den Knoten festhalten, wiederholen Sie Ihren Slogan viermal. Konzentrieren Sie sich dabei genau auf jedes einzelne Wort, und bemühen Sie sich, es gedanklich festzuhalten, um es Ihrem Unterbewußtsein einzuprägen. Nach viermaliger Wiederholung lassen Sie den ersten Knoten los und greifen nach dem nächsten; die Schnur gleitet dabei nach.
- Nun wiederholen Sie den Vorgang: Wieder sprechen oder denken Sie vollkommen konzentriert viermal den genauen Wortlaut Ihres Leitspruchs mit stark akzentuierter rhythmischer Betonung, wie wir es geübt haben.
- Fahren Sie mit dieser Vorgangsweise fort, bis alle Knoten durch Ihre Hände geglitten sind. Dann gehen Sie in umgekehrter Weise vor, die linke Hand hält nun die Schnur, während Sie

Ihren Slogan wiederholen, ohne dabei Ihre Gedanken auch nur einen Augenblick wandern zu lassen.

Diese Übung führen Sie jeweils mindestens fünf Minuten lang durch. Zuerst werden Sie eine Uhr brauchen, aber nach ein paar Übungen werden Sie ein ziemlich genaues Zeitgefühl entwickeln, so daß Sie sich kaum noch täuschen werden. Die Konzentrationshilfe in Form der Knotenschnur wird es Ihnen erleichtern, *Ihr Denken wie in einem Brennpunkt auf Ihren persönlichen Slogan zu konzentrieren, wodurch sich sein Inhalt tief Ihrem Unterbewußtsein einprägt.*

Besonders wichtig sind zwei Zeitpunkte am Tage, die Sie niemals überspringen sollten, nämlich die ersten *fünf Minuten jeden Morgen,* nachdem Sie erwacht sind, und die letzten *fünf Minuten vor dem Einschlafen* abends. Zusätzlich sollten Sie sich auch tagsüber für diese Übung Zeit nehmen, sooft Sie können. Fahren Sie unbeirrt damit fort, bis Sie bekommen, was Sie sich gewünscht haben.

Natürlich kann es sich für Sie als unmöglich herausstellen, tagsüber Ihre Knotenschnur zu verwenden, wenn Sie nicht riskieren wollen, von Ihren Arbeitskollegen oder anderen Mitmenschen bespöttelt zu werden. Aber für jeden Berufstätigen ergeben sich während des Tagesablaufs immer wieder Leerläufe oder Minuten, die ungenützt vertan werden, die mit einer Zigarette, mit Tratschen oder mit einem unnötigen Telephonat ausgefüllt werden. Diese Zeit können – und sollen – Sie nun besser nützen: nämlich für eine Wiederholung Ihres Slogans, für eine neuerliche Eingabe Ihres Wunsches in den Computer Ihres Unterbewußtseins.

Vielleicht kann Ihnen eine Miniaturausgabe Ihrer Knotenschnur die Wiederholungen Ihres Slogans in solchen Augenblikken des Leerlaufs erleichtern. Verwenden Sie dafür ein etwa fünfzig Zentimeter langes Stück Bindfaden mit Knoten im Abstand von etwa zwei bis drei Zentimetern. Dieses Stück Schnur können Sie leicht in Ihrer Jackentasche oder in Ihrem Kosmetiktäschchen unterbringen. Vergessen Sie nicht: *Es gibt keine bessere Verwendung für unausgefüllte Minuten in Ihrem täglichen Leben.* Statt sie zu verschwenden, wie andere Menschen das aus Unwissenheit tun, setzen *Sie* diese Zeit dafür ein, sich zu verschaffen, was Sie sich am meisten im Leben wünschen. Die Knotenschnur kann Ihnen dabei eine große Hilfe sein.

Sie können aber auch mit dem Kleingeld in Ihrer Hosentasche oder aus Ihrem Portemonnaie arbeiten, wie Sie im nächsten Kapitel erfahren werden!

Kapitel 47

Die Methode der magischen Münzen

Natürlich hat das Kleingeld in Ihrer Tasche nichts Magisches an sich; aber es kann gleichwohl eine geradezu magische Wirkung entfalten, wenn Sie lernen, Münzen als KONZENTRATIONSHILFE zu benutzen, um zu bekommen, was Sie sich wünschen.

Bitte stellen Sie sich das einmal vor: Ein paar Münzen, zusammen nur ein, zwei Mark wert, können für Sie ein Hilfsmittel zur Erfüllung Ihrer Wünsche sein! Die Münzen bringen das natürlich nicht allein zuwege. *Sie entfalten ihre magische Wirkung über die Macht Ihres Unterbewußtseins.*

Sie kennen die Notwendigkeit der richtigen Programmierung Ihres Unterbewußtseins schon aus den vorangegangenen Kapiteln. Doch vielleicht ist jetzt der geeignete Zeitpunkt für eine kurze Wiederholung gekommen: Blättern Sie nochmals zurück zu Kapitel 43 »Wie Sie alles, was Sie sich wünschen, bekommen können – kraft Glaubens«. Lesen Sie alles nochmals genau durch, bis zu dieser Stelle.

Der ganze weitere Erfolg liegt nun daran, daß Sie es *fertigbringen, sich fünf oder auch mehr Minuten vollkommen auf den genauen Wortlaut Ihres persönlichen Slogans zu konzentrieren,* der zusammenfaßt, was Sie sich am meisten im Leben wünschen. Sie müssen dabei unter allen Umständen verhindern, daß Ihre Gedanken abzuschweifen beginnen und sich der naheliegenden Vergegenwärtigung Ihrer Wünsche in anderer Weise zuwenden, ein Vorgang, der aufgrund der Bewußtmachung Ihres Lebenswunsches sehr leicht eintritt. Die Übung kann nur wirksam sein, wenn sie tatsächlich mit äußerster Konzentration durchgeführt wird, wenn Ihre Gedanken förmlich jedem einzelnen

Wort Ihres inneren Sprechgesangs verhaftet bleiben. Im vorstehen den Kapitel haben Sie die besonders gut funktionierende Methode der Knotenschnur kennengelernt. Der Trick mit den Münzen, den wir Ihnen nun erklären wollen, läuft auf das gleiche Prinzip hinaus. Der einzige Unterschied liegt in der Wahl des Konzentrationsmittels: Jetzt sind es die Münzen in Ihrer Tasche.

- Sie sollten mindestens drei Münzen verwenden, besser wären sechs oder mehr. Nehmen Sie die Münzen in eine Hand. Während Sie Ihren Slogan vergegenwärtigen, je nach den Umständen laut oder leise, legen Sie eine der Münzen in die offene Handfläche Ihrer anderen Hand. Sie wissen schon: Vier Wiederholungen – eine Münze.
- Sie fahren fort, sich intensiv auf Ihren Slogan zu konzentrieren und ihn Wort für Wort zu wiederholen, wobei Sie jedes vierte Mal eine Münze weiterreichen, bis alle Münzen in die ursprünglich freie Hand gelangt sind. Nun geht das Spiel ohne Unterbrechung weiter.
- Die Münzen wandern wieder zurück in die nun leere Hand, bis sie gefüllt ist, und so fort. Dabei wiederholen Sie ohne Unterlaß und mit vollkommener Konzentration viermal pro Münze Ihren Slogan.
- Womöglich sollten Sie diese Übung jeweils mindestens fünf Minuten lang durchführen; wenn das wirklich nicht geht, nützen Sie zumindest die wenigen Augenblicke, die Sie eben gerade erübrigen können.

Psychologisch gesehen stellt sich aus der Koppelung der Münzenübertragung mit der Konzentration auf Ihren Slogan eine *Art konditionierter Reflex ein, der sich sehr günstig auf die »Programmierung« Ihres Unterbewußtseins auswirken wird.* Und insofern eben erweisen sich die Münzen als »magisch«.

Sie können die Methode der magischen Münzen immer verwenden, wenn Sie entweder Ihre Knotenschnur nicht zur Verfügung haben, oder in Gegenwart anderer Menschen nicht zeigen wollen. Wenn Sie aber zu Hause sind oder sich an Ihrem Arbeitsplatz unbeobachtet fühlen, ist der Gebrauch der Knotenschnur empfehlenswerter, weil er grundsätzlich eine noch intensivere Konzentration erlaubt.

Im übrigen kennen wir noch eine weitere gute Konzentrationshilfe: die Methode der Spielkarten. Sie werden sie im nächsten Kapitel kennenlernen.

Kapitel 48

Die Methode der Spielkarten

Dies ist eine weitere psychologisch besonders wirksame Methode zur INTENSIVIERUNG IHRER KONZENTRATION. Ihr Ziel ist – Sie wissen es – die Beeinflussung Ihres Unterbewußtseins, das Sie kraft Ihres Denkens und Glaubens dazu bewegen wollen, alle seine Fähigkeiten und Kräfte zur Erfüllung Ihres Wunsches einzusetzen.

Sie wissen vermutlich ungefähr, wie durch ein Computersystem ein Raumschiff gelenkt wird. Das Computersystem dient als Steuerungsmechanismus; ihm werden die beabsichtigte Flugbahn und die genaue Landeposition, an der die Raumkapsel wieder zu Boden gehen soll, eingegeben. Ein solches Computerleitsystem hält nun während des ganzen Fluges das Raumschiff auf Kurs und steuert es genau auf seinen Bestimmungspunkt zu, bis die Landung geglückt ist. Das ist ein treffendes Bild auch dafür, was Ihr persönliches Leitsystem für Sie tun soll!

Ihr persönlicher Steuerungsmechanismus aber ist nichts anderes als Ihr wie ein Computer arbeitendes Unterbewußtsein. Es wurde mit allem »programmiert«, was Sie je intensiv gedacht und geglaubt haben. Aufgrund des kybernetischen Leitsystems Ihres Unterbewußtseins wurden Sie dann zu genau jener Stelle im Leben geführt, auf der Sie sich nun befinden.

Was aber, wenn Ihnen der Platz nicht gefällt, den Sie gerade einnehmen?

Sie brauchen nur zu überlegen, daß Ihre augenblickliche Lage von den Inhalten Ihres eigenen Denkens und Ihren eigenen Überzeugungen bestimmt wurde, die Sie im Laufe Ihres Lebens vertreten haben. Sie haben sich vom ersten Augenblick an Ihrem

Unterbewußtsein eingeprägt und Ihr Schicksal bis zum heutigen Tag bestimmend gestaltet.

Und vergessen Sie bitte nie: Das Unterbewußtsein »überlegt« nicht, ob die ihm eingegebenen Gedanken für Sie gut oder schlecht sein mögen; es nimmt das Material an, das ihm dargeboten wird, und macht sich unverzüglich daran, die ihm eingegebenen Suggestionen zu verwirklichen. Es kann weder die gedanklichen Einflüsse – seine alleinigen Richtlinien – kontrollieren noch ändern, noch kann es darüber entscheiden, ob seine Bewirkungen für Ihr Leben günstig oder ungünstig sind. Es kümmert sich überhaupt nicht darum, ob Ihnen die Richtung gefällt, die es Ihrem Leben verleiht. Es verwirklicht einfach alles, was ihm Ihr Denken und Glauben eingibt.

Wenn ein Mensch daher sein Unterbewußtsein mit Gedanken oder Gefühlen der Angst, des Hasses, der Gewalt, der Krankheit, des Versagens oder der Verzweiflung »vergiftet«, dann *wird sein Leben ein logisches Ergebnis dieser destruktiven Einstellungen und der daraus resultierenden Handlungen sein.*

Wer hingegen aufbauend denkt, prägt sein Unterbewußtsein dementsprechend. Aufbauend ist die zuversichtliche Erwartung des Guten und des angestrebten Erfolges, sind Selbstvertrauen, Entschlossenheit, Mut, Treue, Liebe, Hilfsbereitschaft usw. Wer diese Einstellung hat und sich noch dazu bemüht, mit Hilfe bewährter Erfolgsmethoden seine Lebensziele zu erreichen, der wird gleichfalls erhalten, was er seinem Unterbewußtsein eingeprägt hat: *das Produkt seines Denkens und Glaubens und der daraus resultierenden Handlungen, ein glückliches und erfolgreiches Leben.*

Daher ist es so entscheidend wichtig für Sie, Ihren persönlichen Erfolgsslogan so fest und so tief wie möglich Ihrem Unterbewußtsein einzuprägen, denn nur so kann Ihr Wunsch derart bestimmend auf Ihr Unterbewußtsein wirken, daß es nach ihm die weiteren Handlungen – Ihre weiteren Handlungen – ausrichtet. Dank diesem Slogan können Sie auch die Auswirkungen früherer destruktiver Gedanken oder Gefühlshaltungen auslöschen oder überwinden.

Mit Hilfe bestimmter Konzentrationsübungen, die Sie mindestens zweimal am Tag, besser aber noch öfter, während jeweils mindestens fünf Minuten durchführen, gelingt Ihnen die zwingende Ausrichtung Ihres Unterbewußtseins auf Ihren Wunsch am besten: *Ein einziger dominierender Gedanke wird sich ihm einprägen und es veranlassen, Ihr Leben so zu steuern, wie Sie es wünschen.*

Neben den beiden Konzentrationshilfen, die Sie bereits kennengelernt haben, gibt es noch eine weitere, ebenfalls geeignete Methode, die nichts weiter als ein Spiel Karten, egal welcher Art, voraussetzt.

- Sie legen ein Paket Spielkarten mit der Bildseite nach unten auf einen Tisch oder sonst eine ebene Fläche. Es ist wichtig, daß Sie während Ihrer Konzentrationsübung die Karten immer nur mit der Bildseite nach unten verwenden, damit Sie nicht von den verschiedenen Kartenbildern oder Zahlen abgelenkt werden und sich voll auf die Worte Ihres Slogans konzentrieren können.
- Sie heben nun die oberste Karte ab und legen sie – immer mit dem Bild nach unten, so daß Sie nur die vollkommen gleichen Rückseiten der Karten vor Augen haben – daneben.
- Dabei blicken Sie konzentriert auf das Muster der Kartenrückseite und sprechen (oder denken, je nachdem, ob Sie allein sind oder nicht) mit akzentuierter Betonung des Rhythmus den von Ihnen kreierten Slogan, Ihren persönlichen inneren Sprechgesang. Nach viermaliger Wiederholung nehmen Sie die nächste Karte, und so weiter.
- Während der neue Stoß Karten langsam wächst, bleiben Sie vollkommen auf den genauen Wortlaut Ihres Slogans konzentriert, den Sie unaufhörlich wiederholen, viermal bei jeder einzelnen Karte.
- Wenn Sie alle Spielkarten umgeschichtet haben, gehen Sie in umgekehrter Weise vor und tragen diesen Stoß wieder ab. Dabei bleibt Ihre Aufmerksamkeit vollkommen auf die Worte Ihres Slogans gerichtet, Ihre Gedanken schweifen nicht ab.
- Sie sollten mindestens fünf Minuten lang diese Übung machen, wenn länger, um so besser. Üben Sie weiter, solange Sie Ihre absolute Konzentration aufrechterhalten können. Erst wenn Sie merken, daß Ihre Gedanken unaufhaltsam

abzugleiten beginnen, wie bei einem Fernsehapparat, wenn das Bild zu »laufen« anfängt, hören Sie auf.

- Sollten Ihre Gedanken schon vor Ablauf der Fünfminutenfrist zu wandern beginnen, brechen Sie die Übung kurz ab. Nach einer kleinen Pause können Sie sie wieder aufnehmen, vermutlich wird Ihnen die Konzentration dann wieder leichterfallen.

Sie können natürlich die Spielkarten oder die Münzen *durch beliebige andere Konzentrationshilfsmittel ersetzen*, die allerdings nicht besonders ablenkend wirken dürfen, sondern ein möglichst gleichförmiges Aussehen haben sollen. Geeignet sind Spielsteine, Büroklammern, unausgefüllte Karteikarten, gleichfarbige und gleich große Kugeln (die Sie aus einem Schälchen in ein anderes übertragen können), gleich aussehende Knöpfe und noch viele andere Dinge, die Sie mit Leichtigkeit in Ihrem Haushalt finden können. Sogar Bohnen oder Reiskörner eignen sich ganz ausgezeichnet. Sollten Sie nichts anderes zur Hand haben, klappt die Methode auch mit dem Umblättern von Buchseiten; in diesem Fall sollten Sie jedoch die Augen geschlossen halten oder das Buch verkehrt herum hinlegen, damit Sie nicht an irgendwelchen Buchstaben oder Wörtern hängenbleiben, die nichts mit Ihrem Slogan zu tun haben.

Nunmehr aber wollen wir uns zu einer Technik vorwagen, mit deren Hilfe Sie Ihr Unterbewußtsein noch stärker zu beeindrukken vermögen, als bloße Worte es können: es handelt sich um die Methode der Vorstellungsbilder.

Kapitel 49

Die Methode der Vorstellungsbilder

Jetzt können Sie einen Riesenschritt vorwärts auf dem Weg zum Erfolg machen! Wenn Sie mittlerweile für sich selbst einen Slogan ausgearbeitet haben (der sich auch gut für die Methode des inneren Sprechgesangs eignet) und wenn Sie diesen Slogan so oft wiederholt haben, daß er Ihnen bereits »in Fleisch und Blut« überging, dann hat ihn auch Ihr Unterbewußtsein einverleibt und wartet nur noch darauf, daß Sie ihm nun den Wortlaut Ihres Slogans auch in Vorstellungsbildern eingeben. Dabei handelt es sich um die vielleicht wirkungsvollste und durchschlagendste psychologische Technik, die wir an Sie weitergeben können!

Sie versetzt Sie in die Lage, den Wortlaut, *den Inhalt Ihres Leitspruchs in Vorstellungsbilder dessen zu verwandeln, was Sie sich wünschen.* Vorstellungsbilder, die Sie deutlich vor Ihrem geistigen Auge haben, prägen sich besonders nachhaltig Ihrem Unterbewußtsein ein. Es wird vollkommen klar und unmißverständlich »begreifen«, was Sie sich wünschen, und sich daranmachen, Ihren Wunsch zu erfüllen.

Der große englische Dichter und Denker SAMUEL TAYLOR COLERIDGE muß schon vor mehr als hundertfünfzig Jahren begriffen haben, daß solche Bilder Gedanken in Wirklichkeiten umwandeln können, denn er schrieb: »Ein Bild ist ein Zwischending zwischen einem Gedanken und einer Sache!«

Heute können Sie im Rahmen der hier aufgeführten Wege der Persönlichkeitsentwicklung Ihren Wunsch zunächst in einen – in einem begeisternden Slogan zusammengefaßten – Gedanken verwandeln. Den Slogan können Sie dann in ein Vorstellungsbild umformen, das sich besonders tief und unauslöschlich Ihrem

Unterbewußtsein einprägen wird. Und auf dem Weg über Ihr Unterbewußtsein und seine ans Wunderbare grenzende Wirkungsweise wird sich Ihr Vorstellungsbild in reale Lebenswirklichkeit verwandeln.

Wir haben uns in den vorangegangenen Kapiteln dieses Buches vor allem auf die Art der Worte konzentriert, die Sie wählen sollen, um Ihrem Unterbewußtsein Ihren festen Glauben einzuimpfen, daß sich Ihr Wunsch erfüllen wird. Bitte unterbrechen Sie diese Übungen nicht! Die wörtliche Wiederholung Ihres Erfolgsslogans und Ihre unwandelbare Überzeugung, daß Ihr Anliegen sich realisieren wird, sind notwendig für den Erfolg. Und auch die Konzentrationshilfen, die Sie kennengelernt haben (Knotenschnur, Münzen, Spielkarten usw.), sollten Sie weiterhin benützen.

Aber nun werden Sie zusätzlich zu Ihren Konzentrationsübungen noch geistige Vorstellungsbilder verwenden. Die Bilder werden die Beeinflussung Ihres Unterbewußtseins verstärken und vervollkommnen. Sie erinnern sich doch noch daran: *Je nachhaltiger Sie Ihren Wunsch Ihrem Unterbewußtsein einzuschärfen vermögen, desto sicherer und vor allem auch desto schneller wird er sich erfüllen.*

So wichtig und unerläßlich es ist, zu Beginn Ihren Herzenswunsch in klug gewählte und prägnant und mitreißend formulierte Worte zu kleiden, so zwingend notwendig ist auf einer höheren Stufe der Persönlichkeitsentfaltung die Ergänzung der Worte durch Vorstellungsbilder. Ein altes chinesisches Sprichwort lautet: »Ein Bild sagt mehr als tausend Worte!« Das ist von besonderer Gültigkeit, was die Kraft geistiger Vorstellungsbilder betrifft, das Unterbewußtsein zu beeindrucken und zu prägen.

Sehen wir uns einmal gemeinsam an, welcher Art etwa die Phantasiebilder sein könnten, die Sie zu einem der Beispiele für einen Slogan vor Ihrem geistigen Auge erscheinen lassen sollen. Nehmen wir den Slogan für den Wunsch nach Reichtum:

Millionär sein! Millionär sein!
Millionär sein! Millionär sein!
Millionär sein! Millionär sein!

Während Sie nun dreißigmal bzw. mindestens fünf Minuten lang Ihren Slogan wiederholen, vertiefen Sie ihn durch die Phantasievorstellung, was Sie alles mit dem Reichtum anfangen wollen, den Sie sich wünschen. *Sie wissen, daß sich Ihr Wunsch erfüllen wird!* Sie wissen es ganz genau, und Sie zweifeln keine Sekunde daran. Stellen Sie sich einfach vor, daß Sie bereits bekommen haben, was Sie sich erträumen. Sie besitzen in Ihrer Vorstellung bereits die Million Dollar oder Mark oder Franken, die Sie ersehnen. Sie sind Millionär! Sie sind selbstsicher und erfolgreich und fühlen sich wohl im Bewußtsein Ihrer Bedeutung. Sie tragen teure Kleidung, maßgeschneidert. Sie fahren einen Luxuswagen, er ist leise, komfortabel und nicht alltäglich. Ihr neues Haus ist von gepflegter Vornehmheit und erlesenem Geschmack. In tropischen Gewässern kreuzt Ihre weiße Jacht. Die Ausstattung Ihres Büros läßt die Bedeutung der geschäftlichen Operationen ahnen, die abgewickelt werden. Im Safe hinter dem Gemälde liegen Ihre Aktien, Ihr Schmuck, natürlich nur jener Teil, den Sie nicht in der Bank deponiert haben . . .

Lächeln Sie nicht, weil dieses Bild so sehr von der Wirklichkeit abweicht, in der Sie augenblicklich stecken. Es geht nicht um eine Vorstellung der Realität, wie sie jetzt ist, sondern wie sie sein soll und sein wird, wenn Ihr Wunsch in Erfüllung geht. Schrecken Sie nicht aus falsch verstandener Wahrheitsliebe davor zurück, sich solchen Wunschbildern hinzugeben! Im Gegenteil.

Während jeder der Konzentrationsübungen (wie sie in den vorausgegangenen Kapiteln beschrieben wurden) sollten Sie nun den Inhalt des von Ihnen kreierten Slogans durch Vorstellungsbilder Ihrer Phantasie ergänzen und intensivieren. Stellen Sie sich alle diese Dinge wirklich vor. Sehen Sie sich selbst in den erträumten Situationen. *Sehen Sie sich in Ihrer Phantasie, wie Sie bereits besitzen, was Sie heute erträumen: Sie erfreuen sich daran und genießen alles, was Sie sich schon immer gewünscht haben!* Sie werden es ja auch bald bekommen!

Wie aber macht man es? Wie produziert man solche geistigen Bilder? Es gibt dafür einige leichte und einfache Behelfsmittel. Man kann sich im allgemeinen leichter etwas »vorstellen«, wenn man tatsächlich ein Bild der Sache ansieht, die man vor sein inneres Auge rufen möchte. Wenn wir wieder auf das Beispiel vom »Millionärsein« zurückgreifen wollen, so wären Photos und Abbildungen für ein Wunsch-Bilderbuch vermutlich leicht zu finden. Sie entdecken sie in Illustrierten, Modemagazinen, Reiseprospekten und Möbelkatalogen, in Anzeigen von Autofirmen und ähnlichen Druckwerken.

Schneiden Sie die Bilder aus, die Ihnen am eindrucksvollsten vorkommen, kleben Sie sie in ein einfaches Schulheft und stellen Sie sich so Ihr höchst privates Bilderbuch zusammen, in dem die Erfüllung Ihres Wunsches so augenscheinlich wie nur möglich in überzeugenden, bunten und mitreißenden Bildern dargestellt ist. Stellen Sie sich genau vor, wie Sie in den abgebildeten Kleidern aussehen könnten, kleben Sie vielleicht sogar Ihr Bild dazu, spielen Sie ein bißchen mit Phantasie und Sehnsucht, es ist dies eine Art Kreativität, deren sich niemand zu schämen braucht, zumal sie rasche Erfolge mit sich bringt!

Blättern Sie Ihr Wunsch-Bilderbuch so oft wie möglich durch, verweilen Sie bei den einzelnen Bildern und denken Sie sich in die dargestellte Umgebung hinein, agieren Sie selbst in Gedanken in der abgebildeten Szene, bis Sie vollkommen mit den Bildern und Darstellungen vertraut sind. Sie müssen fast schon spüren können, wie sich die Stoffe der teuren Kleider anfühlen, die Sie tragen, des eleganten Anzugs oder der hinreißenden Bluse mit dem aufregenden Ausschnitt!

Nach einiger Zeit sollten Sie dieses Bilderbuch vor Ihrem inneren Auge sehen können, auch wenn Sie es nicht zur Hand nehmen. Und nun gehen Sie noch einen Schritt weiter:

Gehen Sie ruhig zu einem der größten Autohändler in Ihrer Stadt und lassen Sie sich die teuersten Wagen zeigen, bis Sie genau wissen, welches Ihr Traumauto ist. Machen Sie eine Probefahrt, wenn das möglich ist. Lassen Sie sich bei einer Immobilienfirma Pläne von Häusern vorlegen, besichtigen Sie einige Wohnungen oder Villen, bis Sie ganz genau wissen, was Sie gerne möchten, was Ihre Wunschwohnung, Ihr Traumhaus wäre. – Und dazwischen wiederholen Sie immer wieder (mindestens fünf Minuten lang):

Millionär sein! Millionär sein!
Millionär sein! Millionär sein!
Millionär sein! Millionär sein!

Abonnieren Sie eine führende Wirtschaftszeitung oder lesen Sie sie zumindest regelmäßig im Kaffeehaus. So bekommen Sie ein

Gefühl für Finanzangelegenheiten und stehen finanziellen Problemen nicht länger völlig ahnungslos gegenüber. Wer sich Geld wünscht, muß schließlich mit Geld umzugehen verstehen!

Und während all dieser Beschäftigungen wiederholen Sie immer wieder laut oder leise Ihren Slogan (mindestens fünf Minuten lang):

Millionär sein! Millionär sein!
Millionär sein! Millionär sein!
Millionär sein! Millionär sein!

Unser Beispiel befaßte sich speziell mit dem Wunsch nach Reichtum und Wohlstand, aber *selbstverständlich läßt sich die Methode mit dem gleichen Erfolg für alles anwenden, was Sie sich wünschen.* Was immer Sie sich wünschen, Sie können leicht ein Bilderbuch zusammenstellen; wenn Sie kunsthandwerklich oder zeichnerisch begabt sind, wird es Ihnen vielleicht besonders Freude machen, die geklebten Bilder durch eigene Zeichnungen zu ergänzen oder Collagen aus gezeichneten und geklebten Details zusammenzustellen. Und wenn Sie Ihr Wunsch-Bilderbuch oft genug durchgeblättert haben, können Sie jederzeit vor Ihrem inneren Auge Phantasiebilder entwerfen,.in denen Sie alles abbilden, was Sie sich wünschen. Jedesmal, wenn Sie Ihre Konzentrationsübungen durchführen (Sie wissen ja, zumindest früh und abends, aber noch besser, sooft es geht, auch während des Tages), setzen Sie die Vorstellungsbilder dafür ein, Ihren tiefen Glauben an die Verwirklichung Ihres Wunsches zu intensivieren und Ihrem Unterbewußtsein in unnachahmlicher Deutlichkeit einzuspeichern, was Sie wollen.

Je öfter Sie die Technik der Vorstellungsbilder zusammen mit all den anderen Erfolgsmethoden anwenden, die Sie nun schon kennen, desto zuverlässiger werden Sie Ihr Lebensziel erreichen.

Neben dieser wahrhaft erstaunlichen Methode der Persönlichkeitsentwicklung, wie Sie sie nun mit den geistigen Vorstellungsbildern kennengelernt haben, gibt es aber noch andere Techniken. Eine ebenfalls äußerst wirkungsvolle Beeinflussung des Unterbewußtseins ist die Zuhilfenahme von »Schriftkarten«. Was wir darunter verstehen, erfahren Sie im nächsten Kapitel.

Kapitel 50

Die Methode der Schriftkarten

Auf den vorstehenden Seiten haben wir Sie mit der Wirkungsweise der Vorstellungsbilder bekannt gemacht. Mit ihrer Hilfe können Sie Ihr Unterbewußtsein hervorragend »programmieren« und auf diese Weise rascher und erfolgreicher zur Erfüllung Ihres Herzenswunsches gelangen. Der Erfolg der Methode beruht unter anderem darauf, daß Sie mittels Ihrer Vorstellungsbilder Ihrem Unterbewußtsein BILDHAFTE PLANMODELLE dessen zur Verfügung stellen, was Sie sich am meisten wünschen. Nach guten Planmodellen läßt sich ganz allgemein leichter arbeiten – und auch Ihr Unterbewußtsein funktioniert eben besser so.

Sie haben gelernt, die Worte Ihres auf die Kurzform eines Slogans gebrachten persönlichen Sprechgesangs in Bildfolgen zu übertragen, die Sie jederzeit vor Ihrem geistigen Auge erscheinen lassen können, um den Inhalt Ihres Slogans zu verdeutlichen und zu vertiefen.

Nun werden Sie lernen, den *Wortlaut und den Inhalt Ihres Slogans vom Schriftbild her visuell zu verdeutlichen und zu vertiefen.* Dazu verwenden Sie Schriftkarten.

Besorgen Sie sich im nächsten Papiergeschäft oder fertigen Sie sich selbst gewöhnliche glatte Karteikarten, etwa im Format sieben mal zwölf Zentimeter, zumindest sechs, am besten etwa zwanzig Stück. Falls Ihnen ein anderes Format lieber ist, können Sie natürlich auch dieses wählen; wichtig ist nicht die Größe, sondern allein die Tatsache, daß sich die Karten bequem handhaben lassen sollen.

Nun nehmen Sie einen dick schreibenden Filzstift in einer beliebigen dunklen, leuchtenden Farbe (es geht um die Deutlichkeit der Schrift) und schreiben Sie jetzt den genauen Wortlaut Ihres Slogans in Blockbuchstaben auf die eine Seite einer Karteikarte. Beschreiben Sie alle Karten in der gleichen Weise. Versuchen Sie dabei, die Schrift so wenig zu ändern wie möglich, und achten Sie darauf, daß Sie keinen Schreibfehler machen. Sollten Sie sich verschreiben, werfen Sie bitte die betreffende Karte weg und nehmen Sie eine neue. Ausgebesserte Fehler sind ebenso auffällig wie unkorrigierte und können Ihre Konzentrationsfähigkeit erheblich stören. Außerdem müssen Sie vermeiden, Ihrem Unterbewußtsein einen Fehler einzuprägen!

Wenn Sie ein bißchen Geld auf Ihrem unfehlbaren Weg zum Erfolg ausgeben können, wäre es natürlich auch möglich, in einer kleinen Druckerei, die sich mit dem Druck von Visitenkarten befaßt, Ihre Wiederholungskarten drucken zu lassen. Wenn Sie dabei eine möglichst auffallende Schrift wählen, wird die Wirkung noch gesteigert. Eine Druckerei wird allerdings fast zum gleichen Preis eine größere Anzahl dieser Karten für Sie drucken, kaum weniger als fünfzig oder hundert. Das ist aber ganz angenehm für Sie, Sie haben auf diese Art einen gewissen Vorrat an Kärtchen und können verbogene, schmutzig gewordene oder verlorengegangene leicht ersetzen.

Sie verwenden die Karten wiederum dazu, sich auf Ihren Slogan zu konzentrieren. Sie gehen dabei ganz ähnlich vor wie bei der KONZENTRATIONSÜBUNG mit Hilfe der Spielkarten:

- Sie legen alle bedruckten oder beschrifteten Karten auf einen Stapel vor sich auf den Tisch, jetzt allerdings mit der Schriftseite nach oben. Vergegenwärtigen Sie sich nun den Inhalt Ihres Slogans. Sagen Sie sich den Wortlaut (laut oder still) zehnmal vor. Legen Sie die Karte, wiederum mit der Schriftseite nach oben, unter ihren Stapel.
- Lesen Sie nun die nächste Karte. Sie enthält natürlich denselben Slogan, den Sie ja genau kennen. Lesen Sie wieder zehnmal hintereinander den Wortlaut, dann legen Sie die Karte unter ihren Stapel.
- Fahren Sie weiter so fort, bis mindestens fünf Minuten oder mehr um sind. Sie sollten diese Übung jeden Morgen nach dem Aufwachen durchführen und so oft im Laufe des Tages, wie es

Ihnen möglich ist, dann auf jeden Fall nochmals vor dem Einschlafen am Abend.

Sie werden sich vermutlich fragen, warum Sie einen ganzen Stapel von Karten mit vollkommen identischer Beschriftung brauchen. Sollte eine einzige Karte nicht ebenfalls genügen? Nein. Der Grund liegt in der mangelnden menschlichen Konzentrationsfähigkeit. Falls Sie nicht außergewöhnlich begabt sind, Ihre Gedanken zu sammeln, werden Sie sich kaum längere Zeit auf eine einzige Karte konzentrieren können. Die Monotonie des Anblicks immer derselben Karte wird unweigerlich Ihre Aufmerksamkeit einschläfern und Ihre Gedanken ablenken.

Durch das Wechseln der Karten wird nun zwar einerseits die Monotonie durchbrochen, infolge der Gleichartigkeit der verwendeten Karten erfährt aber Ihre Aufmerksamkeit keine Ablenkung, und Ihre Konzentrationsfähigkeit bleibt über einen längeren Zeitraum erhalten. Wir benutzen für unseren Zweck das gleiche psychologische Prinzip, das Sie schon von den Methoden der Knotenschnur, der magischen Münzen und der Spielkarten her kennen.

Der nächste Schritt wird vollzogen, indem Sie sich *angesichts Ihrer Schriftkarte vorstellen, was Ihr Slogan für Ihr Leben bedeuten wird.* Wir wollen das wiederum anhand unseres gewählten Slogans für Reichtum als MUSTERBEISPIEL verdeutlichen.

- Sie haben sich eine größere Anzahl von Schriftkarten besorgt, die mit dem Slogan bedruckt oder beschriftet sind:
  Millionär sein! Millionär sein!
- Sie legen die Karten mit der Schrift nach oben vor sich auf einen Stapel und blicken konzentriert auf die oberste Karte. Sie lesen:
  Millionär sein! Millionär sein!
  Dies ist ein Satz, der sich an Ihr Unterbewußtsein richtet. Sie lesen die Aufforderung zehnmal hintereinander und betonen im Geiste ganz stark den Rhythmus des Slogans.
- Nun blicken Sie konzentriert auf das Schriftbild Ihres Slogans und stellen sich bildhaft Szenen vor, die Sie persönlich als Millionär (oder als Millionärin) zeigen.
- Sie sehen sich selbst, wie Sie nach Erfüllung Ihres Wunsches voll Selbstvertrauen und Sicherheit agieren. Sie spüren den

feinen Stoff der Kleider, die Sie tragen. Sie sehen sich in einen luxuriösen Wagen steigen, während ein Chauffeur die Türe für Sie offenhält. Sie sehen sich in Ihrem perfekt eingerichteten Haus umhergehen, oder Sie spüren, wie auf Sie, der (oder die) Sie an Bord Ihrer Luxusjacht an Deck liegen, die tropische Sonne herabstrahlt. Sie sehen vor Ihrem geistigen Auge, wie Sie in Ihrem gediegen-kostspielig eingerichteten Büro Aktienpakete und Investmentzertifikate in den Safe sperren oder Juwelen herausholen. Stellen Sie sich selbst vor in einer millionenschweren Umgebung – solange es Ihnen möglich ist, Ihre Konzentration zu erhalten.

- In dem Augenblick, da Ihre Gedanken zu wandern und abzuschweifen beginnen, brechen Sie ab und schieben die oberste Karte Ihres Stapels unter den Stoß.
- Vor Ihnen liegt die nächste Schriftkarte oben mit demselben Slogan:

  Millionär sein! Millionär sein!

  Und wieder beginnen vor Ihrem geistigen Auge die Bilder abzulaufen, die wir Ihnen eben geschildert haben. Je deutlicher Sie alles vor sich haben, desto besser.

Fahren Sie mit dieser Übung fort, *solange es Ihnen möglich ist und Sie Spaß daran haben.* Sie sollten sich für Ihre Vorstellungsübung allerdings genügend Zeit nehmen. Beginnen Sie mit zehn Minuten oder einer Viertelstunde und dehnen Sie die Spanne schrittweise bis zu einer halben Stunde aus. Je öfter Sie die Zeit dafür finden können, desto besser. Einmal pro Tag sollte es Ihnen aber schon möglich sein, das ist so ziemlich das Minimum.

Sie haben nicht soviel Zeit? Aber ist das, wenn Sie das einwenden, nicht wieder eine Ausrede? Vielleicht können Sie Ihre Fernsehzeit etwas kürzen, eine Hausarbeit rascher und planvoller erledigen oder unnütze Telephonate einschränken. Eine halbe Stunde ist rasch eingespart, wenn man wirklich will – Sie werden sehen! Noch besser wäre es natürlich, wenn Sie öfter am Tag üben könnten, aber das ist sicher nicht in jedem Fall zu verwirklichen. Wenn aber doch – wie gut für Sie!

Wir haben den von uns vorgeschlagenen Slogan für Reichtum als Beispiel gewählt, weil finanzielle Probleme so viele Menschen bedrücken. Aber Sie können für sich wählen, was Sie wollen. Es sollte allerdings der ganz spezielle Herzenswunsch sein, den Sie hegen. Auf ihn sollten Sie sich konzentrieren.

Ihr Slogan – als Ausdruck des von Ihnen selbst komponierten inneren Sprechgesangs – wird, zusammen mit dem Eindruck Ihrer Vorstellungsbilder, Ihr Unterbewußtsein wunschgemäß »programmieren« und seine kybernetischen Kräfte für die Erfüllung Ihres Wunsches mobilisieren. Sie werden so befähigt, alles zu bekommen, was Sie sich wünschen.

Beachten Sie bitte, daß wir das Wort »befähigen« gewählt haben. »Befähigt sein« bedeutet, daß *Sie selbst imstande sein werden, Ihren Wunsch zu verwirklichen* und sich zu verschaffen, was Sie anstreben. Sie werden einen aktiven Anteil daran übernehmen, indem Sie Ihren tiefen Glauben selbst in die Tat umsetzen – in Zusammenarbeit mit den kybernetischen, den zielorientierten Kräften Ihres Unterbewußtseins.

Ihr Unterbewußtsein wird die Ideen produzieren. Sie werden plötzlich überraschende Eingebungen haben und ungeahnte Gelegenheiten vorfinden, von denen Sie vorher nie zu träumen gewagt hätten! Sie werden alle Mittel zur Verfügung haben, die Sie zur Realisierung Ihres Wunsches benötigen! Ihr Unterbewußtsein wird mit Hilfe des unendlichen Bewußtseins, dessen Teil es ja ist, alles Nötige bereitstellen, das Sie brauchen: die Kraft, die Möglichkeit, die Gelegenheit! Sie müssen sie nur ergreifen.

Wie Sie dabei vorgehen sollen? Sie brauchen sich nicht den Kopf zu zerbrechen, was Sie tun sollen oder wie Sie Ihr Ziel in Angriff nehmen sollen. Das ist nicht nötig. Im richtigen Augenblick werden Sie *genau wissen, was zu tun ist – und auf welche Art es getan werden kann.* Ihr Unterbewußtsein wird Ihnen das nötige Wissen in Form einer plötzlichen Intuition, einer Idee, einer überraschenden Erkenntnis eingeben.

Sie brauchen bis dahin nur die in diesem Schlüsselwerk aufgezeigten bewährten Erfolgsmethoden anzuwenden – im tiefem Glauben an Ihren Erfolg.

Kapitel 51

Die Methode der Selbsthypnose

Sie kennen nun schon eine Reihe psychologisch fundierter Techniken, mit deren Hilfe Sie Ihr Unterbewußtsein beeinflussen können. Sie können es »instruieren«, seine kybernetischen Kräfte zu Ihren Gunsten einzusetzen und Ihnen alles zu verschaffen, was Sie sich wünschen. Die Methoden, die Sie in den vorausgegangenen Kapiteln kennengelernt haben, beruhen auf der Fähigkeit zielgerichteten Denkens, auf Fähigkeiten also Ihres Bewußtseins; mit Hilfe dieser Methoden gelingt es Ihnen, Ihre Wünsche tief und dauerhaft Ihrem Unterbewußtsein einzuprägen. Diese Vorgangsweisen sind vielfach erprobt und höchst wirkungsvoll.

Das Verfahren, das Sie nun kennenlernen sollen, geht von einer völlig anderen Voraussetzung aus, ist aber ebenfalls so wirksam, daß wir es nicht außer acht lassen wollen. Statt wie bisher Ihr Bewußtsein zu *aktivieren* und durch gedankliche Konzentration wirken zu lassen, wollen wir nun versuchen, den umgekehrten Weg zu gehen: *Sie werden Ihren Intellekt, Ihr rein verstandesmäßiges Denken einschläfern, bis Sie sich in einem Zustand tiefer Entspannung und herabgesetzter Bewußtheit befinden.* So können Sie kritische Einwände Ihres Bewußtseins umgehen und Ihre Wünsche direkt dem Unterbewußtsein einpflanzen, das ja bekanntlich keinerlei Fragen stellt und sich in einem fortwährenden Stadium der Aufmerksamkeit befindet.

Sie erinnern sich sicher noch daran, daß Sie an anderer Stelle in diesem Buch gelesen haben, daß der Mensch aufgrund seines Bewußtseins vernunftbegabt ist. Das ist wichtig und äußerst notwendig. Sonst gäbe es keinen Verstand, keine denkenden Menschen.

Ihr Verstand hat jedoch die Tendenz, alles »vernünftig« und »logisch« betrachten und beurteilen zu wollen, er prüft alle Gedanken und trägt kritische Einwände in ihr Bewußtsein. Das aber kann die konzentrierte »Programmierung« Ihres Unterbewußtseins unterbrechen, verzögern und unter Umständen sogar verhindern, so daß eine wirkungsvolle Prägung Ihres aufnahmebereiten und keine Fragen stellenden Unterbewußtseins überhaupt nicht stattfindet.

Ihr rein verstandesmäßiges Denken könnte zum Beispiel Ihre Konzentrationsübung unterbrechen, indem es die Frage einwirft: »Warum sollte gerade ich reich werden?« Darüber nun ließe sich natürlich eine lange philosophische Debatte führen; aber Sie wollen es hier ja nicht mit Philosophie, sondern mit Psychologie zu tun haben. Es liegt Ihnen nicht daran, die Frage der Berechtigung eines bestehenden Wunsches zu überdenken, vielmehr ihn zu verwirklichen. Im Hinblick auf unser Beispiel geht es Ihnen darum, reich zu werden! Im Hinblick auf den Titel dieses Buches geht es Ihnen darum, wie Sie sich jeden Wunsch, den Sie haben, erfüllen können.

Sie wünschen sich Erfolg – keine philosophische Auseinandersetzung mit sich selbst. Es ist also sehr bedeutsam für Sie zu erfahren, wie Sie Ihr vernünftig denkendes, Fragen stellendes und argumentierfreudiges Bewußtsein so weit einschläfern können, daß es so gut wie ausgeschaltet ist und somit umgangen werden kann. *Im Zustand stark herabgesetzter Bewußtheit können Sie nun Ihren Wunsch direkt Ihrem empfangsbereiten und nicht räsonierenden Unterbewußtsein vermitteln.* Sie bedienen sich dazu der SELBSTHYPNOSE.

Lassen Sie sich von dem Begriff nicht abschrecken. Sogar eine selbstinduzierte Tiefhypnose ist vollkommen gefahrlos, aber soweit geht unsere Methode nicht einmal. Wir wollen nur eine leichte Hypnose erzielen, die gerade ausreicht, das Verstandesdenken zu übergehen und sich direkt an das Unterbewußtsein zu wenden.

Sie müssen sich zu diesem Zweck in eine tiefe Entspannung versetzen. Vollkommene Entspannung ist ein Zustand einer leichten und wie gesagt völlig harmlosen Selbsthypnose. Während Sie sich in einem Stadium tiefer Entspannung (fast schon im

Schlaf) befinden, können Sie die in Ihrem Slogan zusammengefaßte Wunschvorstellung direkt an Ihr Unterbewußtsein weiterleiten. Ihr Unterbewußtsein wird sie annehmen und entsprechend reagieren.

Auf folgende Art können Sie sich selbst in den Zustand einer leichten und dennoch äußerst wirksamen Selbsthypnose versetzen, um Ihre Wunschvorstellungen mit größtmöglicher Schnelligkeit Ihrem Unterbewußtsein einzuprägen:

- Ziehen Sie sich in einen Raum zurück, der so dunkel wie möglich ist. Schalten Sie jede Lärmquelle aus, soweit das in Ihrer Möglichkeit liegt, und sorgen Sie dafür, daß Sie eine Zeitlang ungestört bleiben.
- Setzen Sie sich in angenehm entspannter Position in einen bequemen Sessel, am besten in einen Polstersessel oder Lehnstuhl. Sie können sich auch flach hinlegen, aber die meisten Menschen neigen während einer Selbsthypnose zum Einschlafen, wenn sie liegen. Das müssen Sie ausprobieren und dann die für Sie ideale Position wählen.
- Schließen Sie nun Ihre Augen und sagen Sie sich leise: Ich bin völlig entspannt ... Jeder Teil meines Körpers ist vollkommen entspannt ... locker ... ganz locker ... Ich bin vollkommen locker und entspannt.
- Wenn Sie das Gefühl haben, so vollkommen entspannt zu sein, daß Sie fast schon einschlafen, sagen Sie leise zu sich selbst: Ich sinke nun in einen Zustand tiefer Entspannung ... tiefer ... noch tiefer ... immer tiefer ... Meine Beine werden schwer ... sehr schwer ... Meine Arme werden schwer ... immer schwerer und schwerer ... Meine Augenlider werden schwer ... ganz schwer ... sie schließen sich ... Ich bin entspannt ... vollkommen entspannt.

Es wird allerdings einiger Übung bedürfen, bis Sie eine so tiefe Entspannung herbeiführen können, ohne dabei einzuschlafen. Sie werden es vermutlich kaum beim ersten oder auch dritten Versuch schaffen. Aber mit etwas Training wird es Ihnen gelingen.

Dann können Sie die Übung weiter ausbauen:

- Sie wiederholen in dem Zustand vollkommener Entspannung Ihren persönlichen Wunschslogan etwa zehnmal. Der Unterschied zur Konzentrationsübung, wie Sie sie bisher kennengelernt haben, liegt darin, daß Sie jetzt locker und selbstsicher den Wortlaut Ihres Slogans wiederholen. Sie sollen ganz locker bleiben!

- Sie bleiben weiter in dem Zustand tiefer Entspannung. Nachdem Sie Ihren Slogan etwa zehnmal wiederholt haben, beginnen Sie sich die schon bekannten Vorstellungsbilder vor Ihr geistiges Auge zu rufen, wie wir es Ihnen anhand unseres Beispiels vorgeschlagen haben.
- Erleben Sie nun eine Weile die Bilderwelt Ihrer Phantasie und stellen Sie sich dabei Ihren Wunsch als bereits erfüllt vor. Erst wenn Sie merken, daß Ihr hypnotischer Entspannungszustand nachläßt, hören Sie auf.
- Sie sollten diese Entspannungsübung zweimal am Tag durchführen, auf jeden Fall abends vor dem Einschlafen. Wenn Sie spüren, daß Sie nun gleich einschlafen werden, wiederholen Sie als letzte hypnotische Suggestion: Ich werde mich meinen Vorstellungsbildern auch im Schlaf hingeben.

Mit ein bißchen Übung ist diese Methode leicht durchführbar. Sie ist einfach anzuwenden und bringt rasche, oft ans Wunderbare grenzende Ergebnisse.

Kapitel 52

Beweise für die Kraft tiefen Glaubens

Wie stark ist nun die Kraft tiefen Glaubens wirklich? Ihr Glaube vermag, ob Sie es nun glauben wollen oder nicht, Ihre persönlichen Kräfte zu vervielfachen!

Dazu zunächst ein paar Zahlen. Drei Männer wurden in einem berühmt gewordenen Versuch einem Test unterzogen. Es handelte sich dabei um einen Krafttest, bei dem mit Hilfe eines Meßgerätes die Stärke des Händedrucks gemessen wurde. Unter normalen Bedingungen erreichten die drei Versuchspersonen auf der Skala des Meßgerätes im Durchschnitt die Einundfünfzig-Pfund-Marke.

Die Versuchspersonen wurden nun hypnotisiert, und es wurde ihnen suggeriert, sie seien »schwach ... sehr schwach«. Bei neuerlicher Messung ihres Händedrucks erwies sich, daß sie durchschnittlich nur noch neunundzwanzig Pfund auf der Skala zu erreichen vermochten. Der Grund lag einfach darin, daß sie (in Hypnose) *glaubten*, wirklich sehr schwach zu sein: So verloren sie mehr als ein Drittel ihrer tatsächlichen physischen Kraft.

Unter weiterbestehender Hypnose wurde ihnen nun suggeriert, daß sie jetzt »stark ... sehr stark ... richtige Supermänner ... mit einem mächtigen Händedruck« seien. Das Meßgerät wies bei erneuter Prüfung einen Durchschnittswert von einhundertzweiundvierzig Pfund aus! *Der Glaube allein bewirkte eine Vervielfachung ihrer Kraft* beinahe auf das Dreifache des Normalwerts! Der Glaube, stark zu sein, verlieh ihnen fünfmal mehr Kraft, als sie aufbringen konnten, in dem Glauben, schwach zu sein.

Dies ist das erstaunliche Ergebnis eines physikalischen Tests und ein Beweis für die unfaßbare Kraft des Glaubens.

Wenn tiefer Glaube schon Ihre körperlichen Kräfte verfünffachen kann, wie sehr wird er erst die positiven Kräfte Ihrer Persönlichkeit verstärken. Es gibt leider kein Meßgerät, das mit mechanischen Mitteln diesen Zugewinn an persönlicher Kraft feststellen könnte. Der unwiderlegbare Beweis liegt aber einfach in der Tatsache, daß jeder Mensch, der je wirklich zutiefst von seinem Erfolg überzeugt war, tatsächlich Erfolg hatte – und daß der Grad seines Erfolges sich direkt proportional zur Kraft seines Glaubens an die Erreichung seiner Ziele verhält.

In mehreren Kapiteln haben wir Sie an die Lebensgeschichten berühmter Menschen erinnert, die durch ihr unerschütterliches Vertrauen in die Verwirklichung ihrer Pläne zu unglaublichen Erfolgen gelangten. Und das sind nur einige wenige Beispiele! Man könnte ganze Bibliotheken füllen mit Biographien über Männer und Frauen, deren Erfolg das unmittelbare Ergebnis ihres unwandelbaren Glaubens an sich selbst und an die Realisierung ihrer Wunschvorstellungen war.

Die SCHLUSSFOLGERUNG aus diesen Tatsachen und unseren Überlegungen ist klar: *Haben Sie Vertrauen zu sich selbst, halten Sie unbeirrbar fest an Ihrem tiefen Glauben an den Erfolg!*

Glauben Sie mit der Kraft jener Millionen von Bauern, die überall auf der Erde ihre letzten Getreidevorräte als Saatgut auf ihren Feldern »verstreuen«, bis von dem vielen guten Getreide nichts mehr übrig ist. Es bleibt ihnen nichts – bis auf das Wichtigste: der Glaube, daß die Körner Wurzel fassen und wachsen werden. Sie glauben zutiefst daran, daß die in die Erde gesenkten Samen Frucht tragen werden. Und wenn sie es nicht glaubten, würde die Menschheit verhungern!

Auch Sie müssen pflanzen, bevor Sie ernten können. In diesem Satz liegt eine tiefe Lebensweisheit verborgen; aber wir wollen im Augenblick noch nicht darauf eingehen, sondern uns mit einer anderen fundamentalen Wahrheit beschäftigen, die wir auch von den Bauern lernen können:

Jeder erntet genau das, was er gesät hat!

Dieses Prinzip stimmt nicht nur in bezug auf das Erntegut der Bauern. Es gilt auch für die Einstellungen unseres Denkens und

Glaubens, für all das, was wir unserem Unterbewußtsein »einpflanzen«. Wir haben dieses Thema in diesem Buch schon einmal berührt, aber wegen seiner Wichtigkeit möchten wir nochmals darauf zurückkommen.

Kein Bauer, der Weizen angebaut hat, wird erwarten, Rüben zu ernten. Er weiß, daß dem Naturgesetz zufolge nur das geerntet werden kann, was gesät wurde: Weizen! Wer daher seinem Unterbewußtsein ständig zerstörerische Denkinhalte einpflanzt – Gedanken des Zweifels, des Mißerfolgs, der Krankheit und körperlichen und geistigen Unglücks – und sich selbst geradezu noch als mögliches Opfer all des Unglücks sieht, der darf sich nicht wundern, wenn er im Leben tatsächlich kein Glück hat. Wer aber aufbauende Überzeugungen hegt, die Liebe, Gesundheit, Erfolg zum Inhalt haben, der darf erwarten zu ernten, was er gesät hat. *Aufgrund dieses Naturgesetzes, das sich nicht im geringsten beugen läßt, wird jeder Mensch genau das bekommen, was er tagtäglich denkt und kraft seines Denkens und Glaubens seinem Unterbewußtsein eingepflanzt hat.*

Woher sollen Sie aber wissen, daß Sie auch imstande sein werden, alles zu bekommen, woran Sie zutiefst glauben? Wir wollen wieder unseren Blick auf die Naturgesetze richten, auf die Gesetze, denen unser gesamtes Universum folgt. Der tiefe Glaube, daß Sie etwas erreichen können, ist die Sprache der Natur, die Ihnen auf diese Weise mitteilt, daß Sie alles haben oder bekommen werden, was Sie brauchen, um Ihren Wunsch zu verwirklichen. *Der Mensch kann alles verwirklichen, was er geistig zu erfassen und mit seinem Glauben auszufüllen vermag.*

Es gibt kein Hindernis, das sich nicht durch die Begeisterung und Ausdauer eines tiefüberzeugten Menschen beseitigen ließe. Der Autor glaubt ebensowenig wie Sie an Zauberei. Wir glauben an die Naturgesetze. Und doch liegt in der Kraft eines unerschütterlichen Glaubens etwas geradezu Magisches! Er verleiht einem Menschen außerordentliche Kräfte. Es ist, als ob vor einem solchen Menschen eine unsichtbare Hand Hürden und Widerstände beiseite räumte, die äußeren Umstände veränderte, den Weg ebnete und ihn geheimnisvoll, aber zuverlässig leitete, bis er erreicht hat, woran er zutiefst glaubt.

Wir glauben nicht an Magie, aber es läßt sich nicht leugnen, daß tiefes, gläubiges Vertrauen oft von seltsamen und außergewöhnlichen Geschehnissen begleitet ist. Dafür gibt es zahllose unanzweifelbare Beispiele und zu viele wissenschaftlich überprüfte Beweise, als daß man es abstreiten könnte. Hinzu kommen aber auch die persönlichen Erfahrungen des Autors, die er im Zusammenhang mit seinen eigenen tiefen Überzeugungen machen konnte.

Nein, es handelt sich dabei keineswegs um Magie. Die Gesetze des Denkens und Glaubens sind gültiger Teil der Naturgesetze. Vielleicht werden wir eines Tages auch eine Theorie des Phänomens Glauben finden. Für den Augenblick genügt es, wenn wir uns seiner Kraft bedienen, wie wir die Kraft der Elektrizität verwenden. Wir wissen nur wenig über die Elektrizität, aber wir wissen, wie man sie anwenden kann, und daher setzen wir sie auch tatsächlich ein, zu unserem eigenen Besten und zum Besten der gesamten Menschheit.

Wir wissen auch nicht genau, wie der tiefe Glaube auf dem Weg über unser Unterbewußtsein seine erstaunlichen Ergebnisse erzielt. Aber wie bei der Elektrizität wissen wir auch in diesem Fall, wie wir ihn einsetzen können. Wir wollen den Glauben daher genau so zum Wohle der Menschheit und zu unserem eigenen Wohle einsetzen wie die Elektrizität. Nehmen wir uns noch einen Augenblick Zeit und betrachten wir einige weitere Beispiele für die Kraft unbeirrbaren Glaubens.

In der Geschichte der Leichtathletik galt lange Zeit eine Traumgrenze. Seit es sportliche Zeitmessungen gab, hielt niemand es für möglich, daß ein Läufer die Meile in vier Minuten schaffen könnte, weil keiner das je fertiggebracht hatte, solange Aufzeichnungen existierten. Der Glaube an die Unmöglichkeit einer solchen Leistung war so tief verankert, daß tatsächlich niemand das schaffte. Zum großen Erstaunen der Sportwelt gelang aber eines Tages dieses »Wunder«. Ein Läufer hatte bewiesen, daß man die Meile in vier Minuten laufen konnte. Plötzlich *glaubten alle, daß es möglich sei* – und heute läuft jeder gute Langstreckenläufer diese Distanz in weniger als vier Minuten! Es handelt sich dabei wesentlich um eine Frage des Glaubens.

Das gilt in gewissem Sinne für alle sportlichen Rekorde. Manchmal »steht« ein Weltrekord für einige Jahre, und alle Welt glaubt, daß damit endgültig die Grenze menschlicher Leistungsfähigkeit erreicht ist. Und dann bricht auf einmal ein Sportler dennoch den angeblich ununterbietbaren Rekord! Nun glauben alle, daß es möglich ist, und der gute alte Rekord, der so lange für unschlagbar gehalten wurde, wird so oft gebrochen, daß die frühere Rekordleistung nichts besonderes mehr ist.

Dasselbe gilt für alle Bereiche menschlichen Schaffens und Wirkens. Denken Sie nur einmal an die Weltraumforschung und -eroberung von heute. Es ist noch nicht so lange her, daß man JULES VERNES *Reise zum Mond* als Ausgeburt der Phantasie belächelte. Es dauerte Jahrzehnte, bis man daran glaubte, daß man einen Satelliten in die Umlaufbahn um die Erde senden könnte. Eines Tages jedoch wurde die erstaunte Welt durch die Nachricht elektrisiert, daß die Russen ihren ersten »Sputnik« gestartet hatten und daß er korrekt und wie geplant die Erde umlief. Nun glaubte man es, auch in Amerika – und bald erfolgte die Landung auf dem Mond, und die Erforschung der ungeheuren Räume des Universums hatte begonnen.

Die neue Ära in der Geschichte der Menschheit wäre nicht eingeleitet worden *ohne den von Männern der Wissenschaft eines Tages ernst genommenen Glauben, daß die Erforschung des Weltraums möglich sei.* Der neue Glaube an Errungenschaften auf diesem Sektor der Wissenschaft und Technik machte Leistungen möglich, die noch kurz zuvor für eine Sache ferner Zukunft, wenn nicht überhaupt für unmöglich gehalten wurden.

Einen weiteren Beweis für die Kraft des Glaubens liefern die bisweilen dramatischen Geschehnisse an der Börse: Manchmal fallen oder steigen die Aktienkurse eines Unternehmens an einem Tag ins Uferlose. Der Wertverlust oder Wertgewinn für das gesamte Aktienkapital eines großen Konzerns kann so an einem einzigen Tag Millionen Dollar betragen. Und warum? Weil die Käufer auf dem Anlagemarkt *glauben, daß der Aktienwert dieser bestimmten Gesellschaft steigen oder fallen wird.*

Das ist meist eine reine Frage der Massenpsychologie und nicht einer realen Wertveränderung. Der tatsächliche Wert der betreffenden Aktien hat sich vermutlich an diesem einen Tag überhaupt nicht verändert, wenn man die maßgebenden Aktiven und Passiven betrachtet, das Anlagevermögen, die Außenstände, die offenen Verbindlichkeiten sowie den momentanen Umsatz und Auftragsstand und alle anderen Faktoren, die den Realwert einer Gesellschaft ausmachen. Und doch kann sich der Preis für die betreffenden Aktien innerhalb eines Tages um Millionen Dollar zum Positiven oder zum Negativen hin verändern, nur weil sich auf dem Anlagemarkt der Glaube breitmacht, daß diese Aktien fallen oder steigen werden! Es hat sich aber in Wahrheit seit gestern nichts geändert als eben dieser Glaube.

Ja, die Kraft des Glaubens ist so gewaltig, daß die Aktienwerte an einem einzigen Tag insgesamt gesehen um Milliarden steigen oder fallen können. Und doch mag sich dabei, obwohl man in solchen Fällen von Einschätzungen der Lage spricht, wirklich nur der Glaube der Finanzwelt gewandelt haben. Oft genug erholt sich ja der Aktienmarkt schon am nächsten Tag und macht die Verluste wieder wett – oder er verliert mehr, als alle Gewinne des Vortages ausmachten. Und noch immer hat sich real nichts geändert außer dem Glauben der Börsenmakler und Anleger.

Da der Glaube tatsächlich so mächtig ist, sollten wir mit ihm vorsichtig umgehen – wie wir im nächsten Kapitel näher erläutern wollen.

Kapitel 53

Vorsicht – Gefahr!

Sie sollten das, was Sie denken und glauben, in Zukunft sorgfältiger überwachen, vor allem was VORSTELLUNGSBILDER und deren Inhalte betrifft.

Vergessen Sie nie: *Was Sie sich genau und intensiv vorstellen, das wird sich auch verwirklichen.*

Vorstellungsbilder sind Direktiven an Ihr Unterbewußtsein, die dargestellten Bildinhalte in Ihrem Leben zu realisieren. Aber Ihr Unterbewußtsein »überlegt« nicht, welche Folgen aus seinem Wirken entstehen. Seine einzige Zielsetzung ist die Umsetzung Ihrer wie immer gearteten Vorstellungsbilder in Ihr wirkliches Leben, und es wird (im Bild wiederum unseres Vergleichs mit einer Fabrik), »gemanagt« von Ihrem Denken, in Ihrem Leben genau das »produzieren«, was ihm Ihr Denken und Glauben vorschreiben.

Das ist nun auch der Grund, warum Sie *genau prüfen müssen, was Sie denken und glauben, was Sie sich im Geiste vorstellen,* denn es ist die Grundlage dessen, was Sie im Leben erhalten. Der Inhalt Ihres Denkens und Glaubens nimmt Zukunft vorweg. Er gestaltet Ihr Leben.

Als BEISPIEL dient die Geschichte eines Mannes, der sich unkontrolliert in Vorstellungen der Angst hineinmanövrierte. Bevor diese Angst sein Denken zu vergiften begann, bestand für ihn überhaupt kein Grund zu ernster Besorgnis. Er arbeitete als gehobener Sachbearbeiter in einer bedeutenden und sehr fortschrittlichen Maschinenfabrik. Er war tüchtig, besaß Erfahrung, war ein guter Kollege und allseits beliebt und schien auf dem besten Wege zu sein, aufzurücken.

In Presse und Fernsehen wurde allerdings viel von Rezession und Wirtschaftskrise berichtet. Davon ließ er sich anstecken. Er bekam Angst. Was würde passieren, wenn er seinen Job verlieren sollte? Es gab vermutlich in der kleinen Stadt, in der er lebte, keinen anderen Arbeitsplatz, der seinen speziellen Qualifikationen entsprach – was also dann? Wie sollte er dann seine Familie, seine Frau und drei Kinder, erhalten? Die Kreditrückzahlungen für sein neues Einfamilienhaus würden vermutlich alle seine Ersparnisse in kürzester Zeit aufgefressen haben.

Der Mann war von Angstträumen verfolgt. Er sah, wie sein Chef ihn rufen ließ, um ihm mitzuteilen, seine Entlassung sei leider nicht zu vermeiden. Er sah schon die Bank sein Haus übernehmen, weil er die Raten seines Hypothekarkredits nicht mehr zahlen konnte, und er sah sich selbst auf dem Arbeitslosenamt seine Unterstützung abholen. Armut! Womöglich auch Krankheit! Seine Ängste vermehrten sich sprunghaft. Die Wirkung blieb nicht aus: seine Ängste prägten sich auf dem Weg über seine Vorstellungsbilder seinem Unterbewußtsein ein. Und der Mechanismus eines derart destruktiv geprägten Unterbewußtseins nahm seinen verhängnisvollen Lauf. Den Rest der Geschichte können Sie sich denken.

Der Unglückliche war von Sorgen geplagt, er begann unter Schlaflosigkeit zu leiden. Um seine »Spannungen loszuwerden«, fing er zu trinken an. An seinem Arbeitsplatz aber war er gereizt und kaum noch fähig, befriedigend mit seinen Kollegen zusammenzuarbeiten. Er wurde schwierig und daher bald auch unbeliebt. Kostspielige Fehler unterliefen ihm. Konzentration fiel ihm immer schwerer. Er spürte seinen Magen. Seine chronischen Verdauungsprobleme belasteten sein Herz, und er fühlte immer öfter ein Stechen in der Brust. Womöglich die Vorzeichen eines Herzinfarkts! Er sollte wohl öfter zu Hause bleiben und sich Ruhe gönnen! Er war ohnehin so durcheinander, daß er seinen Platz nicht mehr richtig ausfüllen konnte. Pech! Schicksal! Warum dagegen ankämpfen? Er war geschlagen! – zu Jahresende erhielt der Mann tatsächlich die Kündigung.

Und warum? Wegen seiner Angst – einer völlig unbegründeten, unvernünftigen Angst. Vorstellungsbilder mit Szenen des Versagens lösten dieses Versagen prompt im Leben aus. Alles wäre ganz anders verlaufen, hätte er rechtzeitig dieses Buch gelesen und die Erfolgsmethoden angewendet, die wir Ihnen nahelegen.

Angst verursacht vermutlich mehr Unglück und hinterläßt mehr verpfuschte Existenzen als irgendein anderer Grund. Angst zählt zu den Urerfahrungen des Menschen. Die Menschen der Frühzeit hatten viele Gründe zur Angst. Nicht wenige waren real: Wilde Tiere bedrohten sie, Feinde lauerten im Dickicht, die Lebensbedingungen waren gefährlich und unsicher. Aber auch sie kannten schon die eingebildeten Ängste, die ihnen um nichts weniger schrecklich erschienen: böse Geister in jedem Busch, in der Luft, in Menschen, abergläubische Schrecken aller Art im Dunkel der Nacht . . .

Von unseren primitiven Vorfahren haben wir die Anfälligkeit für Ängste jeder Art übernommen. Die Angsthaltung aber kann zum Lebensproblem werden, wenn wir uns Vorstellungsbildern überlassen, die – gerechtfertigte oder eingebildete – Angstsituationen beinhalten. Vor allem die Gefahr eingebildeter Ängste sollte man nie unterschätzen.

Wenn ein ganz intensives Angstgefühl sich tief in unserem Unterbewußtsein eingräbt, meiden wir instinktiv Situationen, die wir mit dieser Angst in Verbindung bringen, obwohl sich solche Situationen für unsere Umgebung völlig harmlos und normal ausnehmen.

Auch dafür eine Geschichte zur Illustration: Mitten in einem überfüllten Warenhaus hatte eine Dame, die dort ihre Einkäufe erledigen wollte, plötzlich das unangenehme Gefühl, ihr rechtes Bein sei auf einmal wie taub und völlig gefühllos. Sie fürchtete, es könnte sich um einen Schlaganfall handeln. Sie glaubte, der Schlaganfall sei bereits eingetreten. Sie sah sich im Geiste mitten in der Verkaufshalle bewußtlos auf dem Boden liegen, umgeben von aufgeregten und hilflosen Menschen. Irgend jemand rief um einen Arzt! Sie vermeinte die Schreie zu hören. Hilfe! Einen Doktor! Einen Krankenwagen! . . . Sie hörte sogar die Rettungssirene.

Natürlich hatte sie keinen Schlaganfall. Sie wurde nicht einmal ohnmächtig, obwohl sie nahe dran war, da ihre Angst sie fast erstickte. Aber keines der furchtbaren Bilder ihrer Phantasie war real begründet – im Augenblick. Bei einer späteren Untersuchung fand ihr behandelnder Arzt keinerlei beunruhigende Symptome. Sie war allerdings übernervös. Der Arzt meinte, daß möglicherweise ihr Strumpfgürtel an dem betreffenden Vormittag zu eng gewesen war und eine leichte Durchblutungsstörung in ihrem Bein ausgelöst hatte.

Aber das lebhafte und überdeutliche Vorstellungsbild ihres Schlaganfalles verfolgte die Frau weiterhin. Sie versuchte noch einige Male, in einem Warenhaus einzukaufen, aber sie wagte es immer seltener. Und obwohl das taube Gefühl in ihrem Bein nie wieder kam – sie hatte sich auch sofort einen weiteren Strumpfgürtel besorgt –, wurde sie doch die Angst nie mehr los, es würde gleich wieder auftreten. Menschenmengen machten ihr zunehmend Angst. Sie konnte nicht länger allein einkaufen gehen und gab es schließlich ganz auf. Zuerst ging sie nicht mehr an Orte mit vielen Menschen. Dann ging sie überhaupt kaum noch aus. Vollkommene Zurückgezogenheit war die Folge. Und in der Verlassenheit ihres Heimes erlitt sie dann eines Tages tatsächlich den Schlaganfall, den sie so sehr erwartet hatte. Die lähmende Angst aber hatte sie schon Jahre früher dem normalen Leben entzogen.

Ihr Unterbewußtsein ist *bestrebt, Ihre Vorstellungsbilder in die Wirklichkeit umzusetzen.* Wenn es sich bei diesen Bildern um Angstvorstellungen handelt, wird Ihr Unterbewußtsein Sie veranlassen, Situationen zu meiden, die Ihnen Angst machen. Wenn eine solche Lage einmal eingetreten ist, entwickeln sich ununterbrochen neue Ängste und Zwangsvorstellungen. Sie ziehen sich zwangsläufig aus immer mehr Alltagsaktivitäten zurück. So wirksam arbeitet Ihr Unterbewußtsein, – also »Vorsicht – Gefahr!«

Ihr Unterbewußtsein arbeitet nämlich nicht nur unablässig daran, Ihnen die guten Dinge, die Sie ihm durch Ihre Vorstellungsbilder eingeprägt haben, im Leben zu verschaffen. Mit der gleichen Intensität agiert es, um zerstörerische Inhalte, die ihm durch Vorstellungsbilder eingeprägt wurden, zu verwirklichen. Da Sie allein Ihre Vorstellungsbilder kontrollieren können, sind auch Sie allein dafür zuständig, welche Inhalte Ihres Denkens und Glaubens Sie an Ihr Unterbewußtsein weiterleiten wollen. Sie sind im wahrsten Sinne des Wortes *der Urheber Ihres Denkens und somit der Schöpfer Ihres Schicksals.*

Die Aktenschränke der Psychiater sind gefüllt mit Fallstudien, die auf eindrucksvolle Weise die Gefahren aufzeigen, die eine negative Prägung des Unterbewußtseins verursacht: Angstzustände, Versagen, Krankheit ... Es ist nicht unsere Aufgabe, Sie mit seelischen Erkrankungen zu ängstigen. Aber es ist unsere Pflicht, Sie darauf aufmerksam zu machen, daß seelisch-geistige Erkrankungen – bis hin zu den psychosomatischen Leiden – ihren Ursprung in destruktivem Denken nehmen.

Wir haben bereits besprochen, wie Sie die Macht Ihres Unterbewußtseins zu Ihrem Vorteil einsetzen können. Nun wollen wir Ihnen zeigen, *wie Sie sich vor negativen Auswirkungen schützen können.*

1. Vermeiden Sie es unter allen Umständen, Ihrem Unterbewußtsein Dinge einzuprägen, die Sie nicht wollen (Versagen, Krankheit, Armut), denn es verwirklicht genau jenes Vorstellungsbild, das Sie ständig vor Augen haben. Erinnern Sie sich bitte daran: Ihr Unterbewußtsein kann und will nicht entscheiden, was für Sie gut oder schlecht ist. Es handelt einzig und allein nach den Richtlinien, die sich aus Ihrem Denken und Glauben, insbesondere aufgrund Ihrer Vorstellungsbilder, ergeben. Wenn Sie sich Situationen der Angst, der Not, des Versagens und körperlicher oder seelischer Erkrankung vorstellen, dann werden sich diese unerfreulichen Umstände in reale Wirklichkeit verwandeln.
2. Prägen Sie Ihrem Unterbewußtsein auch keinerlei Bilder der Angst ein, denn es wird solche Szenen als Auftrag »mißverstehen« und Angst in Ihr Leben bringen. Wer Angst hat, vermeidet die ihn beängstigende Situation. Doch gerade auf diese Art wird sich die Angst wie ein Krebsgeschwür ausbreiten und den ganzen seelisch-geistigen Organismus, den Charakter und die Persönlichkeit des Überängstlichen zersetzen. Je mehr Angst Sie haben, desto scheuer werden Sie, und Sie werden sich dem normalen Leben immer weiter entfremden. Angst kann Sie zum körperlichen und geistigen Invaliden machen.

Weil wir die Ansicht vertreten, daß auf Angst beruhendes Zurückziehen aus dem normalen Leben ein größeres Problem darstellt, als allgemein angenommen wird, wollen wir im nächsten Kapitel besprechen, wie man die Angst besiegen kann.

Kapitel 54

Wie man die Angst überwindet

Es gibt einen sicheren und leichten Weg, um die Angst ein für allemal aus Ihrem Leben zu verbannen. Das ist die Ansicht der modernen Verhaltenstherapeuten, die mit Hilfe der sogenannten DESENSIBILISIERUNG die angstauslösenden Impulse abschwächen, statt die Patienten einer langen, mühevollen und noch dazu kostspieligen Psychoanalyse zu unterziehen, nur um die frühkindlichen Ursachen für diese Angst aufzuspüren (im allgemeinen irgendeine vage, widerwärtige Erfahrung aus den ersten Lebensjahren).

Die Verhaltenstherapie oder auch Desensibilisierungstherapie geht direkter vor: Der Patient stellt sich seiner Angst und tritt ihr entgegen, indem er *immer wieder genau das tut, was ihm Angst einflößt.* Auf diese Art erschöpft sich die Angstreaktion, der Desensibilisierungseffekt tritt ein. Nach einiger Zeit verliert sich die Angst fast oder ganz.

Man beginnt die Therapie am besten in der Phantasie – mit dem geringsten Reiz, der möglich ist. Im Fall einer krankhaften Schmutzphobie zum Beispiel wird der Patient von entsetzlicher Abscheu vor Schmutz gepeinigt, die ihn zu ständigem Reinigen und Putzen zwingt und ihm den Aufenthalt in fremden Räumen oder die Verwendung von Geschirr und Besteck in Gaststätten unmöglich macht. Ein solcher Mensch könnte eventuell damit beginnen, sich einen winzig kleinen Schmutzfleck auf dem Fußboden vorzustellen. Er wird zwar Angst empfinden, aber sie wird erträglich sein, weil der Fleck nur klein ist und das Bild nur in seiner Phantasie besteht. Wenn er sich einige Zeit später wieder diesen Schmutzfleck vorstellt, wird seine Angst schon schwächer sein. Er kann sich nun immer größere Schmutzflecken ausdenken und lernen, den Gedanken an Schmutz zu ertragen, wobei seine Angst sich stufenweise abschwächen sollte. Schließlich könnte er mit der nächsten Stufe der Therapie beginnen, indem er sich einen wirklichen Schmutzfleck ansieht, zunächst aus einiger Entfernung, dann aus geringerer Distanz – und die Angst und der Ekel schwächen sich laufend ab.

Schließlich sollte der Patient imstande sein, schmutziges Geschirr zu ertragen und gegen Schmutz nicht empfindlicher zu reagieren als »normale« Menschen. Von seiner Abscheu befreit, wird er problemlos mit Schmutz aller Art zu Rande kommen.

Aufgrund des wiederholten gedanklichen und erlebten Umgangs mit dem, was Angst einflößt, desensibilisiert man sich: man ist nicht mehr übersensibel, und die Angstreaktion verliert sich. Genaugenommen »leidet« die Angst infolge fortwährender Beanspruchung einfach an Erschöpfung – sie wird schwach und geht ein. Daher heißt diese Methode auch *verhaltenstherapeutische Angsterschöpfung.*

Gleichgültig also, wovor Sie Angst haben mögen: statt die Situationen zu meiden, die Ihnen Angst einflößen und Sie infolge Ihres Ausweichens in Ihrer Angst bestärken, sollten Sie genau das tun, was Sie ängstigt. So werden Sie Ihrer Angst sicher Herr.

Ich kann Ihnen das aus persönlicher Erfahrung bestätigen. Als Junge stotterte ich so fürchterlich, daß ich kaum sprechen konnte. Wenn ich aber einmal den Mund aufmachte, waren meine angstvollen Sprechversuche den Nachäffungen der anderen Kinder ausgesetzt, und die Erwachsenen beschämten mich mit ihrem unwillkommenen Mitleid. Ich hatte tödliche Angst vor jedem Aufgerufenwerden in der Schule. Im Grunde hatte ich vor jedem Wort, das ich sprechen sollte, eine gräßliche Angst, ganz gleich wo und wem gegenüber. Als ich die Oberstufe der Mittelschule beendete, wurde ich als einziger meiner Klasse von der in den USA aus diesem Anlaß üblichen Rede befreit, weil mein Stottern vermutlich zu einem Pfeifkonzert geführt hätte.

Zu diesem Zeitpunkt – meine Verzweiflung war an einem Höhepunkt angelangt – las ich über die Desensibilisierungstherapie: *Wer im wachsenden Ausmaß das tut, was er am meisten fürchtet, überwindet seine Angst!*

Stottern ist eine Folge extremer Scheu vor anderen Menschen und größter persönlicher Unsicherheit. Ich erkannte, daß ich bei jeder sich mir bietenden Gelegenheit sprechen mußte, wenn ich meine Angst überwinden wollte. Zuerst flüsterte ich, wenn ich ganz allein war. Dann begann ich, etwas lauter zu sprechen; schließlich schaffte ich es sogar, laut vor dem Spiegel zu mir selbst zu sprechen. Nun begann ich zaghaft, bewußt auch zu anderen Menschen zu sprechen, im engeren Kreis zuerst, aber dann schon zu ganzen Gruppen, die irgendwo beisammenstanden. Und schließlich war ich soweit, daß ich Vorträge und Reden halten konnte – später mühelos und vor zahllosen Zuhörern.

Anfangs hatte ich Höllenqualen ausgestanden, aber ich wußte, daß ich die Angst nur besiegen konnte, indem ich mich ihr ständig stellte. Je mehr ich sprach, desto weniger Angst hatte ich – bis die Angst ganz verschwunden war und damit auch das Stottern.

Ich sprach vor Bürgerversammlungen, Geschäftsleuten, Universitätspublikum und Kirchengemeinden. Ich leitete Verkaufsseminare für Führungskräfte größter Unternehmen und hiel Reden auf Versammlungen neben prominenten Regierungsm gliedern. Und ich sprach zu den Hörern der »Stimme Amerik deren Sendungen über die ganze Welt ausgestrahlt werd

Das soll Ihnen nur zeigen, daß diese Methode wirksam . Mit ihrer Hilfe läßt sich jede Angst überwinden. Das habe ich gelernt – und ich konnte dieses Wissen im Laufe meines Lebens noch oft gebrauchen.

Tun Sie darum bei jeder Gelegenheit genau das, was Sie fürchten – und Ihre Angst wird verschwinden.

Kapitel 55

Hüten Sie sich vor vergifteten Gedanken!

Man kann sein eigenes Gemüt vergiften. Es gibt wesentlich mehr Menschen mit krankem Geist und kranker Seele als solche mit einem kranken Körper. Viele leiden unter einem kranken Gemüt, weil sie geistig falsch ernährt sind.

Viele Menschen sind aber auch deswegen geistig oder seelisch krank, weil sie ihr Denken nie richtig fordern, nie stark beanspruchen. Sie fühlen sich nicht angeregt, sich geistig zu betätigen; es mangelt an geistigem Interesse und geistigem Training. Die meisten Gemüts- oder Geisteskranken leiden jedoch an einer Vergiftung infolge einer täglichen Überdosis an geistigem Gift, das sie in Form vergifteter Gedanken einnehmen.

Wie kommen solche vergiftete Gedanken überhaupt auf? Wie geraten sie in den Geist, in die Seele eines Menschen? Das geht rasch: Er braucht nur negativem Denken, das zwangsläufig auch zu destruktivem Fühlen führt, freie Bahn zu lassen. Das ist sehr einfach! Und es ist tödlich!

Vielleicht bringen die eigenen vergifteten Gedanken nicht jeden Menschen körperlich um (obwohl auch das vorkommt), und vielleicht töten sie auch Geist und Seele nicht völlig. Doch es ist *schlimm genug, wenn das geistige Gift destruktiven Denkens und Glaubens einen Menschen seines Anrechts auf Glück und Erfolg im Leben beraubt.*

Dieses geistige Gift macht zahlreiche Menschen krank, krank am Geiste, an der Seele, am Körper. Der so vergiftete Mensch ist wie ein Schiff, dessen Ruder gebrochen ist und das steuerlos von den Winden des Zufalls hierhin und dorthin getrieben wird; vom erbarmungslosen Wellenschlag hin- und hergeschüttelt zerschmettert es schließlich hilflos in einem der unvermeidlichen Stürme des Lebens an einem Felsenriff.

Das ist ein etwas farbiger, aber zutreffender Vergleich. *Die Tragödie der Unsicherheit und Richtungslosigkeit befällt täglich viele Menschen,* die Sie kennen, entweder persönlich oder von Fernsehsendungen, oder über die Sie in der Morgenzeitung lesen. Sie erkennen vielleicht nicht gleich, daß es sich dabei um Menschen handelt, deren Denken vergiftet ist. Die Diagnose wird Ihnen leichterfallen, wenn Sie sich die folgende Liste von Geistesgiften vergegenwärtigen.

1. GEWALT: Wir sehen uns heute mit einer weltweiten Epidemie der Gewalt konfrontiert. Es ist überflüssig, hierzu Details zu wiederholen, weil die Berichterstattung der Medien sich in ausführlicher Genauigkeit Tag für Tag damit beschäftigt. Wir haben uns hier mit der Psychologie der Gewalt zu befassen; nicht mit der physischen Gewalt als solcher, sondern mit ihren geistig-seelischen Auswirkungen auf die Menschen, die sie begehen, und auf jene, die unter ihr zu leiden haben.

Gewalt ist *die Ausdrucksform eines kranken Geistes,* letztes Mittel von Menschen, die nicht imstande sind, auf intelligente Weise mit persönlichen Problemen fertig zu werden. Gewalt bedeutet den totalen Zusammenbruch der Fähigkeit, vernünftig mit dem Leben ins reine zu kommen.

Es gibt so viele Arten der Gewalt, daß wir keinen Versuch machen wollen, sie zu beschreiben oder zu katalogisieren. Wir wollen uns hier statt dessen mit zwei speziellen Arten von Gewalt befassen, die ganz allgemein kaum als Geistesgifte erkannt werden und die daher für viele Menschen um so gefährlicher sind.

- *Die Androhung von Gewalt:* Man bekommt fast täglich Drohungen, offene oder versteckte, zu hören, und zwar oft schon in den banalsten Situationen des Alltags. Zuerst werden »Forderungen« erhoben. (Schon diese »Forderungen« enthalten eine versteckte Drohung.) Dem folgt die ultimative Herausforderung: »Hinsichtlich dieser Forderungen gibt es keinen Kompromiß.« Schließlich endet es mit der Androhung offener Feindseligkeit: »Wenn die gestellten Forderungen nicht sofort erfüllt werden, dann . . .«

Wie ungeheuer dumm! Es gibt keine unsinnigere Vorgangsweise. *Eine solche Gewaltandrohung verletzt jedes einzelne Prinzip der psychologisch wirksamen Menschenbeeinflussung.* Sogar wenn einer Gewaltandrohung dieser Art widerwillig entsprochen wird, handelt es sich bei einer so erzwungenen Konzession lediglich um Hinhaltetaktik: man will Zeit gewinnen. Denn kein Mensch – keine Gruppe, keine Nation – kann andere Menschen bedrohen, ohne seitens der Betroffenen eine zumindest schwelende Feindseligkeit auszulösen, die bei der ersten sich bietenden Gelegenheit die Beleidigung und Verletzung, welche die Bedrohung für ihr Selbstverständnis bedeutete, rächen werden. Das menschliche Ichgefühl ist sehr sensibel und verletzlich, so daß psychologisch keine andere Reaktion möglich ist. Es besteht kein Zweifel daran, daß es zu feindseligen Vergeltungsmaßnahmen kommen muß. Die Frage ist einzig und allein, wann und in welcher Art dies der Fall sein wird.

In der Zwischenzeit hat aber das Gift der Gewalt bereits die Gemüter *aller Beteiligten* vergiftet, genauer gesagt: stufenweise in immer stärkerem Maße vergiftet. Nur ein Mensch, der nicht mehr im Vollbesitz seiner gesunden Geisteskraft ist, kann Drohungen als ein Mittel zur Problemlösung einsetzen. Drohungen sind das Zeichen für die vollständige Kapitulation der Intelligenz, das Eingeständnis eines kranken Gemüts.

- *Gedankliche Gewalttätigkeit:* Dies ist eine Form der Reaktion auf eine Provokation oder auf eine feindselige Situation. Viele Menschen geben sich »zur Vergeltung« gewalttätigen Phantasievorstellungen hin, ohne zu bemerken, daß sie dadurch ihren eigenen Geist, ihr eigenes Gemüt vergiften. Sie wurden gereizt, irritiert, beleidigt, geängstigt und sind nun zornig, und sie hoffen, daß dem Urheber ihres Ärgers irgend etwas Schreckliches zustoßen wird. Sie beziehen in ihrer unglücklichen Lage »wenigstens«, wie sie meinen, eine gewisse Befriedigung aus diesem gewalttätigen Denken.

Es handelt sich dabei um eine »ganz normale« menschliche Reaktion, die dem Gegner wenigstens kein tatsächliches Leid zufügt, und daher könnte man dazu neigen, dieses Denken für harmlos zu halten. Doch der Schein trügt. Jedes gewalttätige Denken prägt das Unterbewußtsein durch die Vorstellung grausamer Szenen, und obwohl es dabei zu keinen realen Gewalttaten kommt, *prägen sich doch im Unterbewußtsein des Betroffenen aggressive Brutalitäten unauslöschbar ein.* Jedes Vorstellungsbild, das Grausamkeit beinhaltet, stellt eine neuerliche Dosis Geistesgift dar. Fortgesetzte Phantasien dieser Art können zu einer tödlichen Überdosierung führen und verhängnisvolle Folgen für die geistigen Leiteinrichtungen und den seelisch-geistigen Steuerungsmechanismus eines Menschen haben.

2. Hass: Ebenso mörderisch wie Gewalt und Angst ist das Geistesgift des Hasses. Es verwandelt ursprünglich liebenswerte Menschen in wahre Teufel, die besessen sind, das Opfer ihres Hasses zu vernichten. Mit ihren kranken Hirnen ersinnen sie immer neue Wege und Mittel, um dieses Ziel zu erreichen. Wir kennen das verzehrende Feuer des Hasses, das bis zum Muttermord führen kann, die verheerende Wirksamkeit von Haßslogans und Haßpropaganda, die an der Wurzel aller Verbrechen, Komplotte, Verschwörungen stehen und ganze Völker in Kriege stürzen. Heutzutage werden auch die Mittel des Streiks und des Boykotts als Instrumente aggressiven Hasses eingesetzt, und zwar weltweit immer mehr.

Es ist bedauerlich, daß die psychologisch wirksame Menschenbeeinflussung nicht allein für positive Zielsetzungen, nicht allein zum Guten angewendet werden kann. Leider verfehlt sie ihre Wirkung auch dann nicht, wenn es darum geht, von Natur aus gute Menschen in bösartige Kreaturen zu verwandeln. Diese Tatsache macht es den professionellen Unruhestiftern nur allzu leicht, Konflikte zu schüren und mit Unterstützung jener besonders Unzufriedenen, die sie dann »militante Aktivisten« nennen, *ihren Haß in organisierten Revolten, in Aufruhr und Haßorgien aller Schattierungen abzureagieren.* Der Haß etabliert sich im Unterbewußtsein der Mitglieder und ihrer Mitläufer, und von diesem Zeitpunkt an sind sie nur noch die Marionetten der psychologischen Manipulation in der Hand ihrer durch flammende Haßreden immer neuen Haß schürenden Lehrmeister. Gerade die aktuelle Zeitgeschichte bietet dafür leider genug Anschauungsmaterial.

Ich hoffe, die Kenntnis der in diesem Schlüsselwerk beschriebenen Erfolgsmethoden wird Sie davor bewahren, je selbst zum passiven Spielball der Verantwortlichen solchen Haßgangstertums zu werden.

Aber nicht alle Formen von Haß präsentieren sich organisiert. In unserer Welt ist leider auch individueller, persönlicher Haß nichts Seltenes. Dafür gibt es eine Menge Gründe; aber es gibt glücklicherweise auch psychologisch wirksame Methoden, mit deren Hilfe Sie verhindern können, ein geistiges, emotionelles oder physisches Opfer des Hasses zu werden – jenes Hasses ihrer Gegner wie auch eventueller eigener Haßgefühle.

Meist nehmen Geistesgifte wie Haß, Gewalttätigkeit, Angst ihren *Ursprung in menschlichen Problemen, mit denen die Menschen nicht zurechtkommen.* Die Darlegung der Ursachen, Vorbeugungsmaßnahmen und Heilmethoden würde ein ganzes Buch füllen, das sich ausschließlich mit der Behandlung von menschlichen Problemen und problematischen Menschen befaßt. Tatsächlich gibt es auch bereits ein solches Buch. Es ist im Rahmen des »Schlüsselwerks bewährter Erfolgsmethoden« unter dem Titel *»Persönlichkeitsbildung«* (ebenfalls im Ariston Verlag) erschienen. Zwei der Probleme, die in jenem Buch besprochen werden, sind das Ressentiment und die Verbitterung. Weil es sich dabei um besonders gefährliche Geistesgifte handelt, wollen wir sie unter anderem im folgenden Kapitel behandeln.

Kapitel 56

Weitere Geistesgifte, die Sie meiden sollten

Wer sein Ziel im Leben erreichen, wer alles bekommen möchte, was er will, der kann dabei nur einen Weg gehen: Er muß seinem Unterbewußtsein seine Wünsche einprägen und auf diese Art die kybernetischen Mechanismen des Unterbewußtseins in Gang bringen.

Wenn Sie aber Ihr Unterbewußtsein durch häufige Gaben von Geistesgiften verstören oder, besser gesagt, mit destruktiven Inhalten prägen, wird der kybernetische Apparat, der sie zu Ihrem positiven Lebensziel leiten könnte, folgerichtig reagieren, und im Endergebnis wird Ihr Leben vergiftet sein. Das kann nicht oft genug betont werden.

Wir haben im vorangegangenen Kapitel die Probleme von Haß und Gewalt besprochen. Es sind dies für alle Menschen verhältnismäßig leicht erkennbare Verirrungen, weil sie deutlich die Aufschrift »Geistesgift« tragen. Es gibt jedoch andere, *stark im Gefühl verankerte Geisteshaltungen, deren Gefährlichkeit man nicht so leicht erkennen kann,* weil sie, erstens, sehr weit verbreitet und fast schon alltäglich sind und weil sie, zweitens, so langsam wirken, daß man ihrer Wirkung erst gewahr wird, wenn sie ihr Zerstörungswerk schon vollendet haben.

1. Ressentiments und Verbitterung: Beide Haltungen entstehen als Reaktion auf eine Beleidigung unseres Selbstgefühls oder unseres Selbstwertgefühls, auf einen gegen uns persönlich, unsere Familie oder unser Eigentum geführten Angriff.

Ressentiments betten sich in unserem Unterbewußtsein ein, wo sie, wie ein Krebsgeschwür im Körper, entweder langsam alles erfassen und zersetzen oder sich räuberisch schnell und unaufhaltsam des ganzen Systems bemächtigen. Verbitterung ist zutiefst *selbstzerstörerisch.* Sie richtet sich langsam und schrittweise gegen das eigene Ich. *Sie zeigt sich in ständiger Selbstbemitleidung und sehr oft auch im Rückzug von allen gesellschaftlichen oder überhaupt zwischenmenschlichen Beziehungen.* Der Verbitterte versucht so wirklichen oder eingebildeten Verletzungen seines Gefühls aus dem Wege zu gehen und seine gefährdete Persönlichkeit zu schützen.

Verbitterung kann sich jedoch auch zu einem geistig-seelischen Flächenbrand ausweiten, der unkontrollierbar und unaufhaltsam vom Beleidigtsein zu Ärger, Haß, Gewalt, ja manchmal sogar bis zu Mord und Totschlag eskaliert. Viele Morde haben ihre Wurzel in einem alten Ressentiment, das langsam unter der Asche weitergloste, bis irgend jemand Öl in die Glut goß und diese zu Haß und Gewalt aufloderte.

2. Flucht vor der Wirklichkeit: Nur wenige Menschen begreifen, daß es sich bei dieser von den Psychologen »Eskapismus« genannten Verhaltensweise ebenfalls um ein Geistesgift handelt. *Es ist der Hang oder der unterbewußte Wunsch, sich der unerfreulichen Wirklichkeit und den realen Anforderungen des Lebens zu entziehen.* Die kybernetischen Mechanismen des Unterbewußtseins reagieren so, daß schließlich das Entkommen, der »Ausweg« selbst, das Ziel wird.

Es handelt sich dabei um die grundlegende *Ursache vieler psychosomatischer Erkrankungen.* (Diese wurden an anderer Stelle dieses Buches bereits erwähnt, müssen aber hier nochmals erörtert werden, weil sie zu den wichtigsten Folgen des Eskapismus zählen. Es hat sich langsam herumgesprochen, daß weit mehr als die Hälfte aller in den Wartesälen der Ärzte und in den Spitälern versammelten Patienten an psychosomatischen Störungen leidet – an körperlichen Krankheiten, die seelische Ursachen haben. Die seelischen Ursachen aber liegen sehr oft in dem unbewußten Wunsch des Patienten, einer als unerträglich empfundenen Situation zu entkommen.

Ein Patient mit einem gebrochenen Arm ist natürlich der Ansicht, daß es sich bei seinem Unfall um ein physisches Geschehen handelte – und das stimmt letzten Endes auch. Aber hinter dem physischen Unfallgeschehen mag unter Umständen das unbewußte Wunschziel gestanden sein, sich einer Verantwortung zu entziehen, etwas Unerfreuliches, Peinliches und Gefährliches nicht auf sich nehmen zu müssen – das Unterbewußtsein stellt mit dem gebrochenen Arm den willkommenen Ausweg zur Verfügung: Jetzt kann jeder sehen, daß es mir nicht möglich ist, der mir gestellten Anforderung nachzukommen!

Der gebrochene Arm ist ein harmloses Beispiel. Es gibt Menschen, die erblinden, die ganz oder teilweise gelähmt werden, die diese oder jene ausgefallene Krankheit bekommen (obwohl es Krankheiten gibt, die sich für solche Fluchtreaktionen ganz besonders anzubieten scheinen) – nur um einer widerwärtigen Lage zu entkommen oder um eine glaubhafte Entschuldigung zu haben, sich einer unerwünschten Anforderung entziehen zu können. Manchmal dienen solche Erkrankungen sogar der unbewußten Selbstbestrafung für ein verdrängtes oder unterdrücktes Schuldgefühl.

Die meisten Patienten, die unter psychosomatischen Störungen leiden, erkennen nicht, daß ihre Leiden oder Unfälle in erster Linie auf eine seelische Ursache zurückzuführen sind. Sie würden es vermutlich auch dann nicht zugeben, wenn sie wüßten, daß dem so ist! Dennoch bleibt die Tatsache bestehen, daß nach der divergierenden Einschätzung der Ärzte zwischen fünfzig und neunzig Prozent aller Erkrankungen und Unfälle zumindest teilweise im Seelischen begründet sind.

Das allein sollte schon genügen, den Leser vor dem Geistesgift destruktiven Denkens und Fühlens zu warnen. Die Flucht vor der Wirklichkeit hat aber heute noch einen anderen, einen besonderen Aspekt.

3. Das Aussteigen aus der sozialen Gruppe: Dabei handelt es sich um das sogenannte Drop-out-Syndrom, das leider in unserer westlichen Gesellschaft ungeheuer um sich greift. Es ist wichtig, dieses Geistesgift kennenzulernen, das einen alarmierenden Prozentsatz der Bevölkerung, vor allem der Jugend, behindert. Der Wunsch, ein gestecktes Ziel zu erreichen, läßt nach, verschwindet schließlich ganz, und dann schwindet auch das Ziel. Der einzige Wunsch, der bleibt, nämlich aussteigen zu wollen, ist rasch und leicht verwirklicht. Aber danach gibt es meist nichts mehr, was man anstreben will, nichts, worum man sich bemühen

will ... kein Ziel, kein Antrieb, keine Motivation; kein Schwung, kein Enthusiasmus; keine Anstrengung, kein Interesse! Aus diesen negativen Komponenten setzt sich das *Drop-out-Syndrom* zusammen. Mit diesem Wort hat sich der Begriff des Aussteigens auch im Deutschen schon eingebürgert. Das beweist die Häufigkeit des Phänomens. Doch hinter den meisten Einzelerfahrungen steht *ein verschwendetes, vergeudetes Leben, eine Folge einer ungesunden Massenpsychose.*

Tatsächlich können wir das Aussteigersyndrom heute immer öfter feststellen: Schulaussteiger, Familienaussteiger, Aussteiger aus der organisierten Gruppe, der ganzen Gesellschaftsordnung, die die Grundlage unserer Kultur und Zivilisation ist, ja Aussteiger aus dem Leben selbst, gehüllt in einen Kokon der Leere. Man müßte sich seitenlang auslassen, um alle Arten möglicher Dropouts anzuführen. Weitere Seiten würde es benötigen, die Gründe für das Aussteigersyndrom zu erörtern. Das liegt aber nicht in unserer Absicht.

Es ist nämlich nicht nötig! Menschen, die ihre Zeit und ihr Interesse den Erfolgsmethoden dieses Buches widmen, sind höchstwahrscheinlich zu sehr damit beschäftigt, alles zu erarbeiten, was sie sich im Leben wünschen, als daß sie Zeit hätten, ihrem Unterbewußtsein auch nur tropfenweise jenes Geistesgift einzuflößen, das zur Flucht vor der Wirklichkeit führt.

Als Symbol für den Schutz vor solchen Geistesgiften möchten wir Ihnen aber ein Zeichen mit auf den Erfolgsweg geben, das Sie stets vor vergiftetem Denken warnen und Sie an Ihren tiefen Glauben erinnern soll, daß Sie alles bekommen können, was Sie wollen. Sie werden dieses *Symbol für positive Kraft* im nächsten Kapitel kennenlernen.

Kapitel 57

Das Symbol für die Vervielfachung Ihrer positiven Kraft

Ein Symbol ist *ein Wahrzeichen für Macht oder Kraft.* Die großen Weltreligionen haben ihre Symbole, das Christentum das Kreuz, der Islam den Halbmond usw. Alle Nationen führen eine Fahne und andere symbolische Zeichen, Städte, Familien, Vereine ihr Wappen.

Auch auf dem wirtschaftlichen Sektor bedienen sich die meisten Firmen eines Firmensignets und größere Unternehmen ihres Markenzeichens als Sinnbild für Qualität. Für derartige Warenzeichen werden jährlich Vermögen ausgegeben, um sie bekannt zu machen. Die Warenzeichen sind geschützt und erlangen mit der Zeit eine solche Geltung, daß sie selbst bereits Millionen wert sind (denken Sie an das Coca-Cola-Emblem, die Zeichen der großen Fluglinien usw.) oder einen außerordentlichen ideellen Wert haben (beispielsweise das Symbol des Roten Kreuzes).

Warum sollten Sie sich also nicht auch eines Symbols bedienen? Müßte nicht jeder Leser dieses Buches, vor die Wahl gestellt, das Symbol einer Persönlichkeit, die positive Kraft ausstrahlt, wählen? Oder, noch besser, ein Symbol für die Vervielfachung seiner positiven Kraft, wodurch man tatsächlich alles bekommen kann, was man sich wünscht! Das Symbol drängt sich fast auf. Vervielfachen, das bedeutet doch schlüssig das Malzeichen × = multiplizieren. Und für positive Kraft steht schlüssig das Pluszeichen + = positiv. Zusammengesetzt sieht das Symbol dann so aus: ×+ = *Vervielfachen Sie Ihre positive Kraft!*

Das Symbol ×+ ist das Kennzeichen einer Persönlichkeit voll positiver Kraft. Es soll Sie immer daran *erinnern, daß es in Ihrer Macht steht, die Kraft positiven Denkens gezielt einzusetzen,* um *alles zu bekommen, was Sie sich wünschen.* Das mag Reichtum sein, der es Ihnen möglich macht, auch anderen Menschen zu helfen; das kann aber ebensogut Erfolg in einer wichtigen Angelegenheit sein, auf einem Gebiet zum Beispiel, das dem Wohl der Menschheit dient. Es kann sich aber auch um Liebe handeln, die Liebe gegenüber dem Partner wie auch brüderliche Liebe gegenüber allen Menschen und eine Einstellung freundlichen Wohlwollens gegenüber jedem einzelnen Individuum. Vielleicht wünschen Sie sich auch Glück – das Glück, ein frohes, erfülltes Leben zu führen. Viele Menschen fühlen den tiefen Wunsch nach Macht und Einfluß in sich, um große Pläne zu verwirklichen; andere wieder streben Ansehen und Ruhm an, in denen sie eine Würdigung ihrer aufopfernden Tätigkeit im Dienste der Gemeinschaft sehen. Bei all diesen noch so unterschiedlichen Zielsetzungen wird das Symbol ×+ Sie daran erinnern, daß Sie Ihre positiven Kräfte vervielfachen können.

Schreiben Sie das Zeichen ×+ auf kleine Papierstreifen und hinterlegen Sie sie an allen möglichen auffälligen Stellen, wo sie Ihnen immer wieder vor Augen kommen werden, damit Sie sich stets an die bewährten Erfolgsmethoden dieses Buches erinnern.

Natürlich kann es kaum ausbleiben, daß gelegentlich auch andere Menschen Ihr Erfolgssymbol bemerken und Sie danach fragen werden. *Erklären Sie niemandem, was Ihr Symbol × + bedeutet.* Vermeiden Sie ganz einfach, darüber zu sprechen, wie sehr man Sie deshalb auch bedrängen mag. Wenn ein anderer Leser des Schlüsselwerks das Symbol bei Ihnen entdeckt, wird er ja erkennen, worum es sich handelt, und Sie daraufhin ansprechen. Wer aber das Buch nicht gelesen hat, braucht auch nicht zu wissen, was hinter dem Symbol steckt. Sie sollten in diesem Fall nur sagen, das sei Ihr persönliches Geheimnis und Sie möchten mit niemandem darüber sprechen.

Seien Sie ruhig ein bißchen rätselhaft, das ist ein vergnügliches Spiel; und sollte es Ihnen eine mysteriöse Aura verleihen, um so besser für Sie! Es kann Sie nur interessanter machen.

Ihnen selbst aber dient die Geheimhaltung als Beweis dafür, daß Sie wirklich eine Persönlichkeit sind, die nötigenfalls auch etwas für sich behalten kann, wenn sie sich einmal dazu entschlossen hat.

Wenn es Ihnen Vergnügen macht, können Sie das Symbol × + bei so manchen Gelegenheiten verwenden, zum Beispiel auf Ihrem Briefpapier, Ihren Visitenkarten, auf dem Kalender, auf Ihrem Schreibtisch oder an Ihrem Arbeitsplatz oder auf den Lesezeichen, die Sie in Ihre Bücher einzulegen pflegen. Wenn Sie das tun, müssen Sie natürlich damit rechnen, daß viele Leute Sie nach der Bedeutung des Zeichens fragen werden. Das ist neben dem Wert der Erinnerung für Sie selbst ein durchaus wünschenswerter Effekt, denn es gehört zu den charakteristischen Merkmalen einer Persönlichkeit mit positiver Kraft, daß sie die Aufmerksamkeit anderer auf sich zieht. Wenn Sie sodann Ihr Geheimnis wahren, wirkt beides als ein psychologisch äußerst wirksames Mittel, das geradezu Zauberkraft entfaltet.

Sie könnten auch als persönlichen Slogan den Satz verwenden:
Ich bin eine Persönlichkeit ×+!
Ich bin eine Persönlichkeit ×+!
Ich bin eine Persönlichkeit ×+!
Mit Hilfe des so formulierten Slogans ließe sich Ihrem Unterbewußtsein dieses Ziel leicht einprägen.

Sie wissen bereits, wie man die kybernetischen Kräfte des eigenen Unterbewußtseins zur Erreichung seiner Ziele mobilisiert. Die nachstehenden Kapitel werden Ihnen zeigen, wie man das *Unterbewußtsein anderer Menschen* zu motivieren vermag, sich mit den eigenen positiven Kräften zu vereinen und sie so zu vervielfachen.

×+

Kapitel 58

Die persönliche Welt Ihrer Ausstrahlung

Sie sind in *einer ganz persönlichen Welt* heimisch. Es handelt sich dabei nicht um einen geographischen Begriff, nicht um ein räumlich abgegrenztes Gebiet. Ihre ganz persönliche Welt, wie wir sie hier verstehen, besteht vor allem aus Menschen beziehungsweise, genauer gesagt, aus allen jenen *Menschen, die sich innerhalb der Reichweite Ihrer persönlichen positiven Kraft befinden,* sei es nun unmittelbar oder mittelbar (für Sie durch Telephon, brieflich oder durch jede andere Kommunikationsmöglichkeit erreichbar). Dazu zählen auch Menschen, die Sie mittels Gedankenübertragung ansprechen können. Dabei handelt es sich um ein reales Kommunikationsmittel, das in Kapitel 70 dieses Buches noch näher erörtert werden wird.

Es liegt uns sehr daran, daß Sie nun mit uns gemeinsam die Vorstellung übernehmen, daß Ihre persönliche Welt aus all den Menschen besteht, die Sie beeinflussen können. Mit ihrer Hilfe *können Sie Ihre eigene positive Kraft vervielfachen.* Um das zu bewerkstelligen ist es aber notwendig, daß Sie Ihre persönliche positive Kraft (es ist nicht zu vermeiden, daß der Begriff »positive Kraft« nun häufig wiederholt werden muß, aber das kann schließlich für Sie nur von Vorteil sein; er prägt sich so Ihrem Unterbewußtsein leichter ein) gleichermaßen und ohne Unterschied gegenüber allen Menschen innerhalb »Ihrer Welt« einsetzen müssen.

Das bedeutet: Sie dürfen keinesfalls versuchen, sie nur für jene Menschen zu reservieren, von denen Sie sich persönlich Vorteile erhoffen und die also sozusagen bevorzugt behandelt werden sollen.

Entweder Sie haben sich entschlossen, eine PERSÖNLICHKEIT POSITIVER KRAFTAUSSTRAHLUNG zu werden – oder nicht. Es gibt kein Mittelding! Niemand kann im »Halbtagsjob« eine Persönlichkeit mit positiver Ausstrahlung sein. Es handelt sich dabei vielmehr um einen *Zustand, der Ihr ganzes Wesen erfassen muß, der mit Ihrem Charakter untrennbar verbunden sein muß;* nur dann ist die Wirkung verbürgt. Positive Kraft läßt sich nicht an- und abdrehen wie ein Wasserhahn.

Ihre Ausstrahlung positiver Kraft, Ihr persönlicher Magnetismus, muß vielmehr ununterbrochen, ohne Unterschied und in möglichst gleichbleibender Intensität gegenüber allen Menschen Ihrer Umgebung zur Geltung kommen, wie etwa die Schwerkraft, der sich natürlich niemand zu entziehen vermag. Ihre Ausstrahlung wird so lange positiv sein, als sie alle Leute in Ihrem Umkreis gleichermaßen erreicht, ohne Unterlaß und ohne Ansehung der Person des Gegenübers.

In dem Augenblick aber, in dem Sie versuchen sollten, Ihre Fähigkeiten selektiv-opportunistisch auf jene Menschen zu beschränken, von denen Sie sich Vorteile erwarten, wird Ihre positive Kraft nachlassen, ja sie könnte Ihnen sogar bald Nachteile einbringen: Wer es nur darauf anlegt, Herr Mächtig oder Frau Zauberhaft zu werden, wer bloß seine eigenen selbstsüchtigen Ziele verfolgen und dafür andere Leute einspannen will, der wird bald merken, daß er einen gravierenden Fehler macht. Denn den Menschen entgeht nicht, was um sie herum vorgeht! Sie alle haben ihr unterbewußtes Warnsystem und werden intuitiv wissen, wenn jemand nur egoistische Interessen verfolgt. Ein rücksichtsloser Erfolgsjäger aber wird bald geschäftlich und gesellschaftlich in Verruf geraten und in verdiente Isolierung gedrängt werden.

Das vorliegende *»Schlüsselwerk bewährter Erfolgsmethoden«* ist kein Sack voll Tricks, die Sie mit ein bißchen Hokuspokus dazu verwenden können, andere Leute zu manipulieren, auszunützen und zu beherrschen. Es bietet Ihnen vielmehr auf dem Boden der Erkenntnisse der Motivationspsychologie, kombiniert mit den Erfordernissen psychologisch fundierter Persönlichkeitsentwicklung und psychologisch wirksamer Menschenbeeinflussung, die Mittel und Methoden, mit deren Hilfe Sie eine Persönlichkeit werden können, die positive Kraft ausstrahlt und nicht zuletzt gerade auch deshalb ihre Wünsche zu verwirklichen vermag.

Ihre persönliche positive Ausstrahlung, die sich ständig und unveränderlich allen Menschen Ihrer Umgebung mitteilt, geht in einem völlig unsentimentalen Einklang auf die Bedürfnisse und Nöte Ihrer Mitmenschen ein, wie Sie in den folgenden Lektionen noch sehen werden, und das bewirkt für Sie selbst geradezu Wunderbares. Ihr Eingehen auf die heimlichen Erwartungen Ihrer Mitmenschen wird deren Unterbewußtsein unmittelbar ansprechen und zu positiven Reaktionen veranlassen, *wodurch Sie Ihre eigene persönliche Kraft mit der fremden verbinden und immens steigern.* Daran ist nichts Absonderliches: Auch auf dem Gebiet der Atomenergie werden bei der Kern*fusion* ungeheure Kräfte freigesetzt, deren Gewalt unsere Vorstellungskraft fast übersteigt. Warum sollten psychische Vorgänge nicht ähnlichen Gesetzen gehorchen?

Im nächsten Kapitel erfahren Sie das Grundprinzip solchen Eingehens auf die Mitmenschen, die anschließenden neun Kapitel aber werden Ihnen zeigen, was Sie tun können, um auf verschiedenen Wegen Ihre persönliche positive Kraft zu vervielfachen!

×+

Kapitel 59

Wie Sie auf unbewußte Bedürfnisse anderer Menschen eingehen können

Es gibt – unbeschadet des herkömmlichen Schulwissens – zwei verschiedene Arten menschlichen Sehvermögens:

- *Sehen aufgrund sinnlicher Wahrnehmung:* Sie nehmen mit den Augen Bildeindrücke auf und leiten sie ins Gehirn weiter. Mit den Augen können Sie die Erscheinungswelt sehen, die körperlichen Erscheinungsformen des Lebens wahrnehmen.
- *Sehen aufgrund geistig-seelischer Wahrnehmung:* Mittels Ihrer inneren oder unterbewußten Wahrnehmung gewinnen Sie Einsichten, die Ihnen eine völlig neue Dimension des Lebens zu vermitteln vermögen. Die unterbewußte Wahrnehmung eröffnet Ihnen grenzenlose neue Möglichkeiten, die Sie bisher kaum genutzt haben dürften. Sie ist Teil dessen, was die Parapsychologen die außersinnliche Wahrnehmung (ASW) nennen.

Dieses Kapitel befaßt sich nur mit dem, was Sie in Form geistig-seelischer Einsichten aufgrund Ihrer UNTERBEWUSSTEN WAHRNEHMUNG erfahren können. Es ist nicht beabsichtigt, im Rahmen dieses Buches das ganze Wissensgebiet der außersinnlichen Wahrnehmung und deren Reichweite zu erörtern. Wir möchten uns darauf beschränken, Ihnen zu *zeigen, wie Sie das Unterbewußtsein anderer Menschen anzapfen und aufgrund Ihrer unterbewußten Wahrnehmung in ihm »lesen« können – und was Sie darin lesen.*

Es geht dabei um die unbewußten Bedürfnisse und unerfüllten Wünsche der Menschen und um deren jeweilige Einstellung zu ihren Problemen. Diese Bedürfnisse und Wünsche, die tief in jedem Menschen schlummern, motivieren ihn, veranlassen ihn,

Zielführendes oder auch Abwegiges zu tun, nur um seine heimlichen Sehnsüchte – echt oder ersatzweise – zu befriedigen.

Wenn es Ihnen gelingt, einem solchen tiefverwurzelten unbewußten Bedürfnis eines Menschen auf die Spur zu kommen, und Sie ihm die Erfüllung seines Wunsches in Aussicht stellen können, so erreichen Sie damit die Vervielfachung Ihrer persönlichen positiven Kraft, von der wir gesprochen haben. Es gibt tatsächlich Sehnsüchte oder Bedürfnisse, die Sie einem anderen Menschen leicht erfüllen können. Sie werden in den folgenden Kapiteln erfahren, wie Sie dabei vorgehen sollen.

Wir alle wissen natürlich, daß es mehr an jedem einzelnen Menschen zu entdecken gibt, als man im ersten Moment wahrnimmt, mehr als unsere Schulweisheit sich träumen läßt. Unsere sinnliche Wahrnehmung erschöpft sich schließlich immer in Äußerlichkeiten unseres Gegenübers. *Hingegen befähigt Sie Ihr geistig-seelisches Wahrnehmungsvermögen, den inneren Menschen zu sehen, die wirkliche Person, mit der Sie es zu tun haben.* Sie werden dabei auch der tiefen unerfüllten Sehnsüchte dieses Menschen gewahr, die nach Befriedigung verlangen, und erst dieses Wissen ermöglicht Ihnen, die positive Kraft Ihrer Persönlichkeit ins Spiel zu bringen und solche Wünsche tatsächlich erfüllen zu können.

Wer einem anderen Menschen hilft, ein grundlegendes unbefriedigtes Bedürfnis zu stillen, kann seiner unterbewußten Zusammenarbeit sicher sein. Wenn man weiß, wie das möglich ist, geht alles ganz leicht.

Bitte gehen Sie deshalb mit uns zusammen solche Bedürfnisse oder Wünsche durch, mit deren Erfüllung Sie jeden Menschen innerhalb Ihrer persönlichen Welt dazu veranlassen können, *die positiven Kräfte seines Inneren mit Ihrer positiven Kraft zu vereinen – um Sie in die Lage zu versetzen, alles zu bekommen, was Sie sich wünschen.*

Kapitel 60

Der Wunsch nach Anerkennung

Im vorhergehenden Kapitel haben Sie sich vergegenwärtigt, daß alle Menschen tief in ihrem Unterbewußtsein festverwurzelte Bedürfnisse und Wünsche hegen, unter deren Nichterfüllung sie bewußt oder unbewußt leiden. In dem Ausmaß, in dem Sie ihnen bei der Erfüllung ihrer Wünsche helfen, werden Sie die positive Kraft Ihrer eigenen Persönlichkeit vergrößern.

Es kommt auf diese Weise zu einer Art geistig-seelischer »Kernverschmelzung«, ein Bild, das den Vorgang der Nuklearfusion zur Gewinnung von Atomenergie in die Innenwelt der Menschen überträgt. Eine solche im Unterbewußtsein der Menschen stattfindende Fusion oder Verschmelzung stellt im Bereich des Geistig-Seelischen eine ebenso machtvolle Energiequelle dar wie ein Kernkraftwerk!

Verbunden mit den bewährten Erfolgsmethoden, die Sie schon kennen, eröffnet sich Ihnen nun in der Möglichkeit der Steigerung der positiven Kraft Ihrer Persönlichkeit eine völlig neue Chance, Ihre Ziele zu erreichen – mit Hilfe der Menschen Ihrer Umgebung, denen Sie selbst dabei helfen, sich ihre unbewußten Wünsche zu erfüllen. Sie können natürlich nicht im entferntesten daran denken, alle Wünsche zu erfüllen, die die Menschen Ihrer Umgebung hegen; es genügt, wenn Ihnen das hinsichtlich einiger grundlegender Sehnsüchte gelingt.

Ein tiefverwurzeltes Bedürfnis aller Menschen ist die Sehnsucht nach Anerkennung. Anderen zu helfen, sich diesen Wunsch zu erfüllen, ist nicht besonders schwierig.

Jeder Mensch hat das geradezu zwanghafte Verlangen, geliebt, geschätzt, anerkannt zu werden. Wenn einem Einzelindividuum, einer Gruppe, einem Volk oder einer Rasse diese Anerkennung verweigert wird, fühlen sich die betroffenen Menschen zurückgestoßen, diskriminiert, und reagieren mit verletztem Stolz, mit Zorn, Feindseligkeit und oft auch mit Gewalttätigkeit. Beispiele für derartige feindselige Verbitterungen und deren Auswirkungen findet man täglich in den Zeitungen, in Rundfunk und Fernsehen.

Wenngleich eine solche »harte« Reaktion nur allzu menschlich und vollkommen verständlich ist, so ist sie doch in keiner Weise dazu angetan, die vorenthaltene Anerkennung zu erzwingen. *Es läßt sich durch Drohungen, Aggression und Gewalt nichts Dauerhaftes erzwingen.* Von oben her läßt sich durch Druck ebenfalls nichts erzwingen, jedenfalls nicht gesetzlich verordnete Anerkennung. Ein solcher Zustand wird kaum je zu echten und auf gegenseitiger Wertschätzung beruhenden menschlichen Beziehungen führen, sondern wuchert statt dessen meist in offene Feindschaft aus. In den USA, aber auch in anderen Ländern handeln Bürgerrechtskämpfer, gesetzgebende Körperschaften oder ehrgeizige Politiker allerdings oft so, als ob Anerkennung gesetzlich zu verordnen sei – ein schwerwiegender Irrtum!

Auf gesetzlicher Grundlage aufgenötigte Nähe in einem von den Betroffenen unerwünschten »Zusammenleben« oder die von oben her erzwungene Integration einander ablehnend gegenüberstehender einzelner oder Gruppen kann vielleicht zu einer physischen Zwangsgemeinschaft führen, aber das wird keine Atmosphäre menschlicher Anerkennung zur Folge haben. *Anerkennung ist leider nicht nur eine Frage der Gesetzgebung, sondern auch ein geistiges und emotionelles Problem.* Die Versuche zu einer zwangsweisen Rassenintegration in den USA und zum Teil auch zur Lösung der Gastarbeiterfrage in den nord- und zentraleuropäischen Staaten haben das erst in jüngster Zeit wieder ganz deutlich aufgezeigt.

Echte Anerkennung muß verdient werden und ist nur auf dem Boden gegenseitiger Wertschätzung möglich. Nie kann jemand Anerkennung erringen, indem er Verbitterung, Ressentiments, Feindseligkeit, Gewalttätigkeit predigt oder an den Tag legt. Sie heizen den Widerstand an und vergrößern die Gegensätze, anstatt sie aufzuheben; sie machen sogar die vielleicht vorhandene

Bereitschaft zur Anerkennung völlig zunichte. Es ist betrüblich zu sehen, daß mit solchen zerstörerischen Taktiken immer wieder gearbeitet wird und daß sie noch dazu soviel publizistische Aufmerksamkeit auf sich zu ziehen vermögen. Genauso verhindern oft einige wenige militante Radikale die verdiente Anerkennung einer ganzen Gruppe. So geht es manchen Minderheiten in vielen Staaten. In Europa stehen die Jugendlichen als Gruppe vor einem ähnlichen Problem. Der Radikalismus einiger weniger Krawallmacher – im Verhältnis zur Gesamtjugend eine unbedeutende Minderheit – verhindert die ungeteilte Anerkennung der Jugend durch die ältere Generation.

Es ist sehr traurig, daß es Rassisten, engstirnige und zelotische Spießbürger, gesellschaftliche wie auch intellektuelle Snobs und gewissenlose Eiferer gibt. Aber das ist leider nicht zu ändern und wird wohl auch immer so bleiben. Sie verkörpern glücklicherweise nicht die Mehrheit der Menschen, die generell viel lieber mit gutem Willen reagieren.

Was ist also zu tun? *Was kann getan werden?*

Wer Anerkennung sucht, sei es nun ein einzelner Mensch oder eine Gruppe, kann sich diese Anerkennung verdienen und wird sie erhalten, indem er die bewährten Erfolgsmethoden dieses Buches anwendet.

Persönlichkeiten mit der Ausstrahlung positiver Kraft, die diese Erfolgsmethoden bereits beherrschen, können dabei außerordentlich hilfreich sein:

- Sie können die Initiative ergreifen und ein für allemal sicherstellen (wenn es sein muß, durch beherzte offene Worte), daß die betroffene Person oder Gruppe der Anerkennung wert ist und voll akzeptiert wird. Eine herzliche Aufnahme verstärkt den Eindruck einer solchen Aktion. Oft genügt schon eine einzige Geste einer Persönlichkeit positiver Ausstrahlung, um das Eis zu brechen. Die erstarrten Mienen der Feindseligkeit entspannen sich, Tauwetter setzt ein – gegenseitiges Akzeptieren und schließlich Anerkennung sind nur noch eine Frage der Zeit!
- Sie können durch Gesten und Feststellungen Ihrer Wertschätzung und Bewunderung Ausdruck verleihen und die anerkennenswerten Eigenschaften und Vorzüge des oder der Betroffe-

nen herausstreichen. Man beginnt in einem solchen Fall mit der am leichtesten zu lobenden Eigenschaft und baut die Anerkennung stufenweise aus, indem man eine positive Eigenschaft nach der anderen anerkennend erwähnt.

- Sie können einzelnen Menschen oder auch Vertretern von Gruppen, die Wertschätzung und Anerkennung verdienen, eine offene und herzliche Einladung übermitteln und mit ihnen die anstehenden Probleme im engeren Kreis erörtern, wobei Sie klar Ihre Überzeugungen vertreten.
- Sie können sowohl öffentlich wie privat Ihren Gefühlen des guten Willens und wohlwollender Freundlichkeit spontan und überzeugend Ausdruck verleihen. Eine schlüssige Form der Anerkennung sehen die Betroffenen darin, wenn Sie ihnen das Gefühl zu geben vermögen, daß sie erwünscht sind und gebraucht werden.

Das Problem der Anerkennung ist eine äußerst wichtige Frage, mit der fast alle Menschen Schwierigkeiten haben, zu Rande zu kommen. Indem Sie Ihren Einfluß geltend machen, dieses Bedürfnis zu befriedigen, gewinnen Sie die betreffenden Menschen für wohlwollende, ehrliche Zusammenarbeit, und auf dem Wege über die eingangs beschriebene unterbewußte Fusion der positiven Kräfte wird die positive Kraft Ihrer eigenen Persönlichkeit vervielfacht. Das wird Ihnen erlauben, magnetisch an sich zu ziehen, was Sie zur Erfüllung Ihrer eigenen Wünsche benötigen.

Der Schlüssel zu dieser Vermehrung Ihrer eigenen Kräfte liegt in der Hilfe für andere! Die Methode beruht auf der Erfüllung unbewußter menschlicher Bedürfnisse.

Im nachstehenden Kapitel werden Sie ein weiteres Bedürfnis des Menschen erkennen, das Sie leicht erfüllen können.

×+

Kapitel 61

Was Sie für Aussteiger tun können

Jeder Mensch sehnt sich nach Anerkennung. Es ist dies ein unbewußtes und geradezu zwanghaftes Verlangen. Bleibt dieses Bedürfnis längere Zeit hindurch ungestillt, so entsteht *ein geistig-seelisches Vakuum tiefgehenden Unbehagens, das über kurz oder lang Zweifeln an sich selbst und der Angst vor Versagen und Nichtgenügen weicht.*

Wenn die Angehörigen, der Lebenspartner, die Eltern, die Kinder, überhaupt die unmittelbare Umgebung eines Menschen ihm nicht das Gefühl persönlicher Sicherheit vermitteln, das wesentlich auf dem Empfinden beruht, daß er geliebt, gebraucht und anerkannt wird, so verliert der Betreffende bald jede MOTIVIERUNG und reagiert mit einer der beiden folgenden Verhaltensweisen:

1. Entweder es kommt zu einer übertriebenen Reaktion, die ganz einfach besagen soll: Euch werde ich es schon zeigen! Es handelt sich dabei oft um ein völlig unreifes Verhalten radikaler oder feindseliger Art, das meist auch äußerst schädliche Auswirkungen für den Betroffenen selbst hat. (Doch übersehen Sie dabei die Tatsache nicht, daß geistig-seelische Unreife keineswegs auf die unerfahrene Jugend beschränkt ist. Sehr häufig haftet Unreife dem Verhalten Erwachsener noch stärker an als jenem der Jugendlichen, die sie so gerne deswegen kritisieren.)
2. Oder es kommt zum völligen Verlust jeder positiven, das heißt konstruktiven Motivation, was zu einer fortschreitenden Flucht vor der Wirklichkeit und den Anforderungen des

Alltagslebens führt, zur Zuflucht zu den verschiedenen Formen des Eskapismus.

Sie lesen es in der Zeitung, sehen es im Fernsehen, wenn die Leute bekannt sind: Ein Aussteiger! Und noch ein Aussteiger! Aber von den meisten Aussteigern erfährt die Öffentlichkeit nicht. Es sind heutzutage viele. Und warum steigen sie aus?

Vermutlich einzig und allein deshalb, *weil niemand diesen Aussteigern ein Gefühl der Zugehörigkeit und der Anerkennung vermittelte!* Das gilt für Schul- und auch Berufsaussteiger, für all die Drop-outs bis hin zu jenen Unglücklichsten von allen, den Lebensaussteigern, die ihre Zuflucht im Tod suchten.

Seltsamerweise aber sind »die anderen« – jene, die sich nicht die Mühe nahmen, den Betroffenen das Gefühl zu geben, akzeptiert zu sein – dann verwundert über die unvernünftigen, die ausgeflippten Jungen, die unreif gebliebenen Blindgänger und Antriebsgehemmten aller Altersstufen. Der Grund für deren Verhalten aber ist simpel genug. Wer sich nie geschätzt fühlt, wer nie eine Spur von Anerkennung erhielt, der zieht sich in sich selbst zurück und geht zunächst in die Defensive und dann zum Angriff gegen jene über, die ihn dauernd mit Mißbilligung straften. Sie machen dann für ihr Debakel das »Establishment« oder die wie immer orientierte »rechte« oder »linke« Regierung verantwortlich, womöglich im Namen des Volkes – und ab da wird's schlimm.

Es ist dies eine gefährliche Entwicklung, die, wäre sie nicht auf Minderheiten beschränkt, in den Untergang führte. Je mehr Mißbilligung indessen die »Antis« erregen, ein desto aufsässigeres Verhalten zeigen sie gerade gegenüber jenen Menschen, deren Zustimmung und Anerkennung sie so dringend benötigen würden, um ein sinnvolles und anspruchsvolles Lebensziel zu finden.

Dessenungeachtet kann eine Persönlichkeit positiver Ausstrahlung selbst in solchen aussichtslos erscheinenden Fällen *Lösungen herbeiführen und aktiv zur Heilung dieser psychosozialen Krankheit beitragen.*

Falls die Rebellionspsychose nicht bereits in einem Stadium ist, das sich jedem Heilungsversuch entzieht, kann sie meist rückgängig gemacht werden, indem man dem Betroffenen jene Anerkennung zukommen läßt, die er von Anfang an gebraucht hätte. Das kann sich als schwierig erweisen, denn es läßt sich oft kaum noch etwas Positives finden, das Anerkennung verdient. Aber wenn nur irgend etwas übriggeblieben ist, das gelobt und anerkannt werden kann, dann sollten Sie das hervorheben. Doch selbst wenn Sie am Verhalten des Unglücklichen nichts finden, was Ihnen anerkennenswert erscheint, so sind doch die hinter seinem Verhalten stehenden Motive oft durchaus anständig und lassen sich, bei Licht besehen, auch anerkennend besprechen. Die meisten Rebellen gingen im allgemeinen einmal von einem ehrenwerten Motiv aus.

Wenn Sie dieses positive Grundmotiv anerkennen, ohne dabei gleichzeitig die spätere Fehlentwicklung zu kritisieren, können Sie einen Übereinstimmungspunkt erzielen, der sich ausbauen läßt. Mit einer von echtem Wohlwollen Ihrerseits getragenen Einstellung könnte und sollte es Ihnen möglich sein, weitere anerkennenswerte Züge zu entdecken, die Interessen Ihres Gesprächspartners in neue Kanäle zu lenken und so günstige Resultate zu erzielen. Je tiefer die Rebellionspsychose sitzt, desto mehr Ressentiments, Verbitterung oder Apathie werden Sie zu Beginn antreffen. Aber halten Sie durch! Das unbewußte Bedürfnis nach Anerkennung ist so ausgeprägt und verlangt so sehr nach Erfüllung, daß die von Ihnen bezogene Haltung, anzuerkennen, was Anerkennung verdient, beinahe unwiderstehlich wirkt.

Wenn Sie Ihre Sensibilität gegenüber den unbewußten Bedürfnissen Ihrer Mitmenschen weiter schärfen, werden Sie entdecken, daß diese ihre Vorzüge oft geradezu zur Schau stellen in der Hoffnung, durch Sie Anerkennung zu finden. *Sofern Ihnen eine Zustimmung möglich ist, sollten Sie Ihre Anerkennung in warmen Worten und Gesten beweisen.* Solange es sich um ehrliche Zustimmung handelt, ist ein Übertreiben fast nicht möglich.

Sie sollten aber auf keinen Fall Kritik oder Mißbilligung nachsetzen. Das ist natürlich eine große Versuchung für jedermann; aber Sie sollten sich trotzdem jeder kritischen Bemerkung, jeder spitzen Andeutung oder mißbilligenden Geste enthalten, wenn Sie die Anerkennungstherapie einsetzen.

Die Anerkennungstherapie muß vollkommen positiv ausgerichtet sein. Es handelt sich darum, immer weitere Eigenschaften oder Vorzüge ausfindig zu machen, die einer Anerkennung würdig sind. Nur so werden Zustimmung und Lob zu einer Belohnung in Form der Anerkennung, deren Versagung einst Ressentiments, Verbitterung und Rebellion ausgelöst hat. Bleiben wir uns im klaren: Solche Fehlhaltungen – Jugendlicher wie auch Erwachsener – stellen sich ausschließlich infolge eines nicht befriedigten Bedürfnisses nach Anerkennung ein. Heute sind solche Haltungen des Rückzuges oder des aggressiven Trotzes bei Jugendlichen überall anzutreffen und bedrücken Eltern, Lehrer, Erzieher, die gesetzgebenden und die exekutiven Instanzen des Staates sowie die ziemlich ratlose Öffentlichkeit gleichermaßen. Gerade gegenüber Jugendlichen aber haben sich die vorstehend empfohlenen Methoden von größtem Wert erwiesen.

Und auch dies muß klar sein: *Das Bedürfnis nach Anerkennung ist kein Krankheitssymptom der Aussteiger. Es ist ein vitales Verlangen, das tief in jedem von uns schlummert.* Jeder Mensch, dem wir begegnen, verfügt über eine ganze Reihe von Eigenschaften und Vorzügen, die er – bewußt oder unbewußt – geschätzt und gelobt wissen möchte. Diese müssen Sie aufgrund Ihrer positiven Einstellung und Ihrer wachgerufenen Sensibilität aufspüren und den Wunsch nach Anerkennung bei Ihren Mitmenschen erfühlen. Sie sollten dabei Ihre innere Wahrnehmung auf die unterschiedlichen Bedürfnisse der Leute einstellen, mit denen Sie gerade Kontakt haben.

Sie können sich zu diesem Zweck folgender bewährter VORGANGSWEISE bedienen:

- Beginnen Sie damit, offen Ihre Anerkennung jeder Eigenschaft oder jeder Leistung auszudrücken, die ehrliches Lob verdient. Sie werden natürlich keine Aufzählung derselben von A bis Z veranstalten, Sie streuen vielmehr Ihre zustimmenden Bemerkungen immer wieder ein, hier einmal und dort einmal, bei jeder halbwegs passenden Gelegenheit.
- Als Persönlichkeit positiver Einstellung und Ausstrahlung werden Sie aufgrund Ihrer höheren Sensibilität für die Gefühle anderer in der Lage sein, jene Eigenschaften oder Leistungen an einem Mitmenschen zu entdecken, an deren Anerkennung ihm am meisten liegt.
- Nachdem Sie einmal wissen, wofür Ihr Gegenüber besonders empfänglich ist, können Sie darauf im besonderen eingehen.

Doch übersehen Sie dabei nicht gute Gelegenheiten, auch andere Möglichkeiten zu zustimmenden Bemerkungen zu ergreifen.

- Je mehr positive Eigenschaften, Vorzüge oder Leistungen Ihrer Umwelt Sie mit gutem Gewissen herausstellen und mit Beifall bedenken können, desto mehr wird sich dadurch auch die positive Kraft Ihrer eigenen Persönlichkeit steigern.

Aber erinnern Sie sich bitte immer daran, daß Sie Ihre Komplimente und anerkennenden Worte unparteiisch und selbstlos verteilen müssen. Sie dürfen sich *nicht von opportunistischen Erwägungen leiten lassen* und Ihre Anerkennung auf jene Leute beschränken, von denen Sie sich etwas erhoffen und die Sie aus egoistischen Interessen für sich einzunehmen wünschen. Sie bleiben nur so lange eine Persönlichkeit, die ihre positive Kraft vervielfacht ×+, als Sie diese zur Erfüllung der unterbewußten Bedürfnisse aller Menschen innerhalb Ihrer persönlichen Welt einsetzen.

Als Persönlichkeit ×+ aber ziehen Sie magnetisch an sich, was Sie sich wünschen, *indem Sie selbstlos anderen Menschen helfen und aus dieser Quelle zugleich Ihre persönliche positive Kraft vervielfachen.*

×+

Kapitel 62

Ein bißchen Glanz

Dieses Kapitel hat eine weitere stille Sehnsucht zum Gegenstand, von der alle Menschen erfüllt sind. *Es handelt sich um den Wunsch, bewundert zu werden.* Sie können fast mühelos Ihren Mitmenschen »ein bißchen Glanz« schenken.

Von frühester Kindheit an wollten wir alle für unsere guten und liebenswerten Züge bewundert werden. Wenn die vorteilhaften Eigenschaften eines Menschen zur Erfüllung seines Wunsches nach Bewunderung führen, dann fühlt er sich dadurch motiviert, alles zu tun, was ihm noch mehr Bewunderung einbringen könnte; *er ist motiviert, all seine vorteilhaften Eigenschaften zu entwickeln.*

Wird dieses Bedürfnis jedoch nicht entsprechend erfüllt, erhält er keine Streicheleinheiten in Form bewundernder Worte, die seinen guten und anerkennenswerten Charaktereigenschaften, seinen Aktivitäten für lobenswerte Ziele oder seinen Leistungen gewidmet sind, so läßt sich ein solcher Mensch nur zu leicht durch die Pseudobewunderung von Leuten anlocken, die auf der Suche nach Anhängern für ihre fragwürdigen Ideen und Zwecke sind. Indem sie sich solcher vom Leben enttäuschter Personen annehmen, die niemand je lobte oder bewunderte, und ihnen wenigstens dafür Lob und Beifall spenden, daß sie ihre Ideen vertreten, gelingt es solchen Volksverführern, diese Enttäuschten für ihre Ziele und Zwecke einzuspannen und auszubeuten.

Der Wunsch nach Bewunderung und Wertschätzung *kann sich als eine lebensentscheidende Kraft zum Guten oder zum Bösen erweisen,* entsprechend der positiven oder negativen Qualität der Eigenschaften und Leistungen, denen Bewunderung entgegengebracht wird. Als Persönlichkeit ×+ werden Sie Ihre Zustimmung und Ihren Beifall dafür einsetzen, die Menschen innerhalb Ihrer Einflußsphäre zu wünschenswertem Handeln zu ermuntern und sie nur für solche Aktivitäten zu bewundern, die für sie selbst oder für die Gemeinschaft nützlich und förderlich sind. Sie erreichen dieses Ziel, indem Sie Ihre ehrliche Bewunderung für alles äußern, was in diese Richtung weist, und zwar so oft wie möglich, bei jedem Ihrer Gespräche, bei jedem Brief, den Sie schreiben. Es zeugt von falscher Scheu oder Arroganz, wenn Sie Ihre Bewunderung bloß tröpfchenweise verteilen. *Sie soll sich vielmehr wie ein warmer Regen über alle nach Anerkennung und Bewunderung durstigen Menschen Ihrer persönlichen Welt ergießen.*

Wie gesagt sollen Sie sich nicht in Aufzählungen ergehen und breit und lang alles erwähnen, was Ihre bewundernde Zustimmung erfährt; aber es findet sich immer eine Gelegenheit, einen einzelnen solchen Punkt aufzugreifen und herauszustellen. Sie sollten niemals ein Gespräch beenden, ohne eine freundliche Bemerkung zu machen oder ein Kompliment zu äußern; Sie sollten auch nie einen Brief abschließen, ohne wenigstens ein paar Worte der Bewunderung für etwas anzuschließen, das Ihnen positiv aufgefallen ist.

Es ist leicht, das zu lernen und sich bei jeder passenden Gelegenheit daran zu erinnern. Zu diesem Zweck hat sich der Autor ein »Spiel der Bewunderungstechnik« ausgedacht, das Sie ein paar Seiten später noch kennenlernen werden.

Zunächst wollen wir uns aber noch mit der Frage beschäftigen, *wie man seine ehrliche Bewunderung am besten ausdrückt:*

○ Drücken Sie Ihre Bewunderung *schlüssig durch Gesten und Gehaben* aus. Man kann schon allein durch sichtbare Bewunderung seine freudige Zustimmung äußern. Niemand muß einer charmanten Frau sagen, daß die Männerwelt sie bewundert. Sie merkt das selbst am Verhalten der Männer, die sie umschwärmen. Die sichtbare Bekundung der Bewunderung beschränkt sich jedoch keineswegs auf schöne Frauen oder attraktive Männer oder auf die geistreichen und geradezu magnetisch wirkenden Vertreter beiderlei Geschlechts, die wir alle kennen. Sichtbare Bewunderung kann ebensogut *gegen-*

über Dingen ausgedrückt werden, die man aufmerksam, genau und liebevoll betrachtet.
Die meisten Menschen sind stolz auf alles, was ihnen gehört und was sie interessant, ungewöhnlich oder schön finden. Sie bemerken es sofort – und sind geschmeichelt und dankbar –, wenn jemand ihre Schätze oder Kleinode sichtlich bewundert. Sie können Ihrer Bewunderung am besten durch die Technik des Hingehens und Ansehens Ausdruck verleihen. Bleiben Sie nicht wie angeklebt sitzen oder stehen: gehen Sie näher und mustern Sie den erwähnten Kunstgegenstand (oder worum es sich immer handeln mag) mit offensichtlicher Freude und beifälligem Staunen.

○ Drücken Sie Ihre *Bewunderung durch Wort und Schrift* aus. Es ist nicht schwer, jemandem etwa ein Kompliment zu machen wie folgt: »Ich bewundere Ihr . . .« oder »Das ist eine glänzende Idee!« oder »Das haben Sie hervorragend gemacht!« oder auch »Um Ihr Talent muß man Sie beneiden!«. Sie brauchen keine langen und gewundenen Reden zu halten. Im Gegenteil: einige wenige aufrichtige Worte der Bewunderung sind wesentlich wirkungsvoller, sowohl gesellschaftlich als auch psychologisch gesehen.
Ihre schriftliche Bewunderung kann jedoch viel mehr ins Detail gehen. Ein solches Schreiben wird vermutlich wie ein Schatz gehütet und von dem Empfänger, dem das Kompliment galt, des öfteren gelesen werden, um sich immer wieder an Ihren Worten zu erfreuen.

○ Wenn Sie Ihr Talent, anderen Menschen »ein bißchen Glanz« zu verleihen, noch ausbauen wollen, brauchen Sie nur *wenigstens einen bemerkenswerten Umstand* ausfindig zu machen, der sich bewundern läßt; besser aber ist es, an jedem Menschen so viele bewundernswerte Dinge zu entdecken wie nur möglich. Ferner sollten Sie immer daran denken, Ihre aufrichtige und bisweilen auch enthusiastische Bewunderung auszudrükken, wenn sich Ihnen ein Anlaß dafür bietet.

Es gibt bei jedem Menschen etwas Bewundernswertes zu entdekken; an Ihnen liegt es herauszufinden, was das sein könnte. Natürlich lassen sich bei manchen mehr vorteilhafte Züge finden als bei anderen; aber es gibt kaum jemanden, über den sich nicht wenigstens etwas Gutes sagen ließe.

Eine Schwierigkeit gibt es aber doch; Sie könnten leicht vergessen, bei jeder Gelegenheit Ihre ehrliche Bewunderung auszudrücken. Dies zu verhindern, ist das SPIEL DER BEWUNDERUNGSTECHNIK geeignet. *Die Spielregeln sind einfach:*

1. Sie verpflichten sich, an jedem Menschen, den Sie treffen, zumindest etwas Bewundernswertes ausfindig zu machen.
2. Sie sprechen dem oder der Betroffenen ein Kompliment darüber aus, was Ihnen ganz besonders an ihm oder ihr gefällt. Falls Sie einander mehrmals am Tag begegnen, beschränken Sie sich auf ein Kompliment pro Tag.
3. Falls Sie es versäumt haben, jedem Menschen, den Sie tagsüber getroffen haben, ein Kompliment auszusprechen, obwohl Sie mindestens ein paar Minuten dazu Gelegenheit gehabt hätten, sind Sie verpflichtet, eine bestimmte Geldsumme, etwa zwischen einer und fünf Mark, einem Sparschweinchen oder einer Sonderkasse einzuverleiben und das Geld von Zeit zu Zeit auf ein Sondersparkonto einzuzahlen. Zu Beginn wird dieses Sparguthaben rasch ansteigen. Sie gewinnen doppelt: Sie lernen und sparen zugleich!

Darüber hinaus eignen Sie sich eine der wichtigsten Lektionen an, die das Leben erteilt: *Es gibt an jedem Menschen etwas zu bewundern!*

Die Leute werden sich freuen, Sie zu sehen – privat oder geschäftlich, denn jeder Mensch genießt dieses »bißchen Glanz«, das Sie zu schenken verstehen. Damit erfüllen Sie nicht nur einen allen Menschen innewohnenden Wunsch nach anerkennender Bewunderung, Sie erhöhen zugleich auch Ihre eigene Popularität und steigern so die positive Kraft Ihrer eigenen Persönlichkeit.

×+

Kapitel 63

Falls Sie selbst Anerkennung brauchen ...

Falls Sie überall ein spontanes und freundliches Entgegenkommen finden möchten, müssen Sie Ihrerseits bestimmte Voraussetzungen erfüllen. Wer anerkannt werden will, muß zuerst andere anerkennen.

Die ganze Reichweite der Möglichkeiten ergibt sich, wenn man einmal den Begriff »Anerkennen« zu definieren versucht.

Anerkennen bedeutet:

- Sich des Wertes und der Bedeutung einer Sache oder einer Person voll bewußt zu sein;
- jemanden oder etwas hochschätzen;
- ein Gespür für die anerkennenswerten Eigenschaften eines anderen Menschen zu haben;
- seine Dankbarkeit auszudrücken;
- den Wert von Menschen und Dingen zu steigern;
- ein positives Urteil über jemanden oder etwas abzugeben.

Sie können leicht feststellen, wie Sie mit Hilfe der vorstehenden Definitionen Ihre positiven Kräfte steigern können, indem Sie auf die Sehnsucht anderer Menschen nach zustimmender Bewunderung, nach Dankbarkeit und Wertschätzung eingehen. Die Möglichkeiten aber sind so vielfältig und zahlreich, daß Sie, um sie voll auszunützen, zu einem Hilfsmittel greifen sollten: Ihrem Adreßbuch ×+. Es wird Ihre Popularität auf erstaunliche Weise steigern und so die positive Kraft Ihrer Persönlichkeit unerwartet rasch vervielfachen.

Und so könnte Ihr Adressbuch ×+ aussehen:

- Besorgen Sie sich ein Notizbuch, kein teures; jedes Büchlein genügt. Der unschätzbare Wert liegt allein im Inhalt.

- Schreiben Sie auf jede Seite Ihres Adreßbuches den Namen eines Menschen aus Ihrer Umwelt; beginnen Sie zuerst mit Ihrer Familie. Eine Gedankenstütze ist Ihr Telephonverzeichnis.
- Dann führen Sie Ihre Freunde, Geschäftspartner, Kollegen, Bekannten usw. an, immer einen Namen pro Seite.
- Anhand der vorstehend definierten Nuancen des Wortes »anerkennen« können Sie nun jedem Namen in Ihrem Adreßbuch die Kriterien und die Gründe beifügen, inwiefern bzw. warum Sie den betreffenden Menschen bewundern.
- Dann verwenden Sie diese Listen. Bevor Sie mit einem der Vermerkten zusammentreffen, sollten Sie Ihre Eintragungen überfliegen und einzelne Punkte zur Sprache bringen, nicht alle auf einmal, aber einen nach dem anderen. Vergessen Sie dabei nicht: Eine nicht ausgesprochene Bewunderung ist wie ein Geschenk, das man nie überreicht hat.
- Drücken Sie Ihre Anerkennung zumindest einmal pro Treffen aus, aber vergessen Sie deshalb nicht alle anderen Möglichkeiten. Schreiben Sie einen Brief oder ein Kärtchen, rufen Sie unter einem Vorwand an und sprechen Sie Ihre Anerkennung aus. Verhalten Sie sich dabei so natürlich und unaffektiert wie möglich. Es handelt sich ja – das ist Voraussetzung – um Ihre aufrichtige Meinung.

Wichtig: Solange Ihr Ausdruck der Bewunderung ehrlich gemeint und ohne falsche Schmeichelei ist, können Sie gar nicht zuviel des Guten tun. Die Sehnsucht der Menschen nach bewundernder Anerkennung ist groß; Sie brauchen also nicht zu befürchten, daß Sie übertreiben könnten – *nur ehrlich müssen Sie sein!* Ein falscher Ton der Unaufrichtigkeit, und Sie haben alles verdorben. Aber abgesehen davon: Haben Sie je einen Menschen über zuviel Anerkennung, Bewunderung oder Lob klagen gehört? Ich nicht.

×+

Kapitel 64

Die stärkste Motivation

Wir wollen uns nun der wichtigsten, der stärksten Motivation zuwenden, die das Handeln der Menschen steuert. Sie hat die Geschichte der Menschheit geprägt. Sie ist der Antrieb all dessen, was die Menschen an Gutem und Bösem verwirklichen. Sie ist nicht das ausschließliche Agens hinter den Handlungen der Menschen, aber das mächtigste, und sie stellt die treibende Kraft hinter allen Äußerungen der Selbstbestätigung dar. Bisweilen bleibt sie so sehr im Hintergrund, daß sie leicht übersehen werden könnte; aber sie ist immer vorhanden, *immer!*

Manchmal schlummert sie so tief im Unterbewußtsein, daß der Mensch von ihr bewußt nichts weiß, daß nicht einmal er selbst sie bemerken oder gar zugeben wird, von ihr gesteuert zu sein. Dennoch ist sie vorhanden! Es ist die SEHNSUCHT NACH BEDEUTUNG, der Wunsch, sich wichtig fühlen zu können.

Es ist dies der triftigste Beweggrund der Menschen – im Guten wie im Schlechten. Die Motivation an sich ist jedoch wertfrei; sie tendiert weder zum einen noch zum anderen. Die Motivation – eben der Wunsch nach Bedeutung, nach Wichtigkeit – stellt nur die Triebkraft des Handelns dar; aber sie wirkt wie ein Zwang, irgend etwas – und manchmal sogar wie der Zwang, einfach alles – zu tun, um den Hunger des nach Bedeutung gierenden Selbstgefühls zu stillen.

Das Gute wie das Böse und alle Zwischenstufen sind *ein Ergebnis der Richtung, der Kanalisierung und des Ziels,* welche sich das betreffende Individuum vorgenommen hat, um sein zwingendes Bedürfnis nach Bedeutung zu befriedigen. Als Lehrer, Eltern oder Ratgeber, als Freunde, Vorgesetzte oder Kollegen können wir jedoch dazu *beitragen, die Richtung mitzubestimmen, die ein Mensch einschlägt, um seine Sehnsucht nach Geltung zu stillen.* Wir können aber natürlich auch alles dem Zufall überlassen!

Dieser Fall tritt leider allzu oft ein. Häufig bleibt der Weg, den ein völlig unberatener oder sogar fehlgeleiteter Jugendlicher wählt, um sein Geltungsbedürfnis zu befriedigen, völlig dem Zufall überlassen. Das Schicksalsrad dreht sich und bleibt irgendwo stehen ... zum Beispiel bei »Feuer«. Es ist wirklich kein besonderes Kunststück, einen Brand zu legen, der ein Haus in Asche legt. Aber der arme, irregeleitete Heranwachsende hatte wohl gedacht, sich durch seinen Verzweiflungsakt ein Gefühl der Bedeutung verschaffen zu können, den Eindruck, er sei jemand. Und nun, in der Kälte der Zelle des Jugendgefängnisses, vermag er nicht einmal mehr die Hitze der Flammen zu spüren.

Suspendieren wir einmal die Frage, was der Unglückliche selbst hätte anders machen müssen. Stellen wir einmal fest, was uns alle stark betrifft: Niemand war interessiert am Problem, wie er sein Geltungsbedürfnis abreagieren sollte; niemand machte sich die Mühe, ihm ein lebenswertes Ziel vor Augen zu halten; niemand reichte ihm die helfende Hand oder zeigte ihm, wie er aus seinem Elend herausfinden könnte ... niemand!

Ist es nicht einfach unfaßbar, daß die meisten Menschen die Richtung, die ihr Leben nimmt, weitgehend dem Zufall überlassen? Und ist es nicht noch unfaßbarer, daß wir selbst da nicht eingreifen, nichts tun, um das zu ändern?

Wie kommt es zu all den dummen, manchmal auch beängstigenden Demonstrationen? Woher stammt das dumpfe Grollen verbitterter Drohungen und unverhüllter Feindseligkeit? Wie kommt es zu all den Unruhen, zur selbstzerstörerischen Boykottierung gutgemeinter Einrichtungen? Woher kommen die tausendundein Akte aggressiver Kriminalität und sinnlosen Vandalismus, die eine geistige Umweltverschmutzung durch Haß und Gewalt zur Folge haben? Warum gibt die Welt Milliarden dafür aus, *die äußere, die physische Umwelt* sauberzuhalten, wogegen *die seelisch-geistige Landschaft* der Menschheit der nicht weniger gefährlichen Bedrohung durch die tödlichen Gifte Haß, Verbitterung und Gewalt ausgesetzt bleibt?

Allerdings: Es genügt nicht, Fragen zu stellen. Beginnen wir doch damit, die verschmutzte Seelenlandschaft zu reinigen, in der wir uns aufhalten müssen und die uns alle krank macht. *Was wir brauchen, ist eine Lösung des Problems der Haßverschmutzung!* Wie können wir Verständnislosigkeit, Verbitterung und Haß loswerden, von denen wir umgeben sind?

Es ist klar wie: Indem wir das Übel an der Wurzel packen, bei der stärksten Motivation, die es gibt, bei dem grenzenlosen menschlichen Bedürfnis nach Geltung. Ohne Richtungs- und Lebenshilfe kann das Geltungsbedürfnis die Menschen in Abgründe reißen; fehlgeleitet kann es sie über Haß und Gewalt der Anarchie zutreiben.

Umgekehrt führt das gleiche Geltungsbedürfnis, auf sinnvolle, lebensbejahende Ziele ausgerichtet, zu höchsten persönlichen Leistungen, die dem einzelnen Ehre und Befriedigung und der ganzen Gemeinschaft Nutzen bringen. Wir sollten uns also um diese wichtigste Triebkraft menschlichen Handelns kümmern, im eigenen und im Interesse einer Allgemeinheit die es sich nicht leisten kann, eine solche Kraft falsch einzuschätzen.

Soviel nur zu den allgemeinen Aspekten der menschlichen Sehnsucht nach Bedeutung. Doch legen wir die Weitwinkellinse beiseite und rücken wir Ihre Person ins Blickfeld. *Sie können die mächtige Motivation, die der Wunsch nach Bedeutung darstellt, für Ihre Ziele nutzen und einsetzen,* indem Sie anderen Menschen das Gefühl geben, wichtig zu sein. Sie können ihnen auch zeigen, wie sie ihre Bedeutung vervielfachen können, indem sie ebenfalls Persönlichkeiten ×+ werden. Jedenfalls sollte es zu einem Ihrer hervorstechendsten Charaktermerkmale werden, anderen Menschen ein Gefühl der Wichtigkeit vermitteln zu können. Jeder, der mit Ihnen in Kontakt kommt, und sei es nur für kurze Zeit, muß ein Gefühl für die eigene Bedeutung bekommen – weil Sie ihn in Worten und Gesten als einen besonderen Menschen behandeln, der zählt, den man nicht übergehen oder übersehen kann.

Das ist nicht so schwer, wie es aussehen mag. Das Schwierigste daran ist vermutlich, *bei jedem Menschen an diese Verhaltensregel zu denken, mit dem man im Laufe eines Tages in Berührung kommt.* Jeder – sei er nun eine bereits sehr bekannte Persönlichkeit oder sei er ein scheinbarer Niemand – erwartet insgeheim eine Bestätigung seiner Bedeutung. Indem Sie nun eben in Ihren Gesten und Reden den Eindruck erwecken, Ihr Gegenüber sei wichtig, einmalig, bemerkenswert (und ist das nicht jeder Mensch, wenn man sich nur die Mühe macht, ihn näher kennenzulernen?), dann geben Sie ihm die Bestätigung, die ihn zutiefst befriedigt und freut.

Sie fragen vielleicht, warum Sie sich die Mühe machen sollten, allen Mitmenschen, mit denen Sie in Kontakt kommen, ein Gefühl der Bedeutung zu vermitteln. Schließlich kann keineswegs jeder von ihnen etwas für Sie tun und Ihnen dabei helfen zu bekommen, was Sie sich wünschen. Warum sollten Sie sich also mit Menschen abmühen, die Ihnen bei der Erlangung Ihres Lebenszieles überhaupt nicht behilflich sein können?

Der Grund ist einfach: Sie können aus den vielen Tausenden von Menschen, denen Sie im Laufe Ihres Lebens begegnen, unmöglich sofort jene zehn oder hundert herausfinden, die für Sie einmal von Bedeutung werden könnten.

Wenn ich mein eigenes Leben betrachte, so finde ich, daß mir fast alle Hilfestellungen, die ich je von außen erhielt, von Menschen kamen, die ich damals noch gar nicht kannte. Jeder große Sprung vorwärts auf dem Weg zum Erfolg kam überraschend und der Schub aus einer unvorhergesehenen Richtung. Beinahe täglich erhalte ich auch jetzt Unterstützung aus Quellen, die mir nicht bekannt sind, und seitens Menschen, die ich nicht kenne, auf eine Weise, die ich nicht voraussehen konnte.

Das Unterbewußtsein, dem Sie Ihre Wunschvorstellungen eingeprägt haben, arbeitet gleichsam *selbsttätig an deren Verwirklichung und, da es Zugang zum unendlichen Bewußtsein hat, auf unerforschlichen Wegen höherer Weisheit.* Es bringt zielsicher die Menschen und die Umstände mit Ihnen in Beziehung, die Ihnen helfen werden zu bekommen, was Sie sich wünschen. Aber Sie müssen Ihr Unterbewußtsein arbeiten lassen!

Sogar wenn Sie imstande wären (und ich versichere Ihnen nochmals, daß das unmöglich ist), jene Menschen herauszufinden, die sich in Verbindung mit zukünftigen Entwicklungen, die Sie ebenfalls nicht vorhersehen können, für Sie einsetzen werden, um Ihnen bei der Erreichung Ihrer Lebensziele behilflich zu sein, es würde Ihnen nur schaden. Erinnern Sie sich: Es würde stören, wenn Sie opportunistischerweise versuchen sollten, nur jene, die Sie für wichtig erachten, mit Ihren Erfolgsmethoden zu beeindrucken. Wenn Sie bloß auf die unterbewußten Bedürfnisse derjenigen eingingen, von denen Sie selbst sich einmal Hilfe und Unterstützung erwarten, so würden Sie sich sehr rasch zu einer durch und durch negativen Persönlichkeit entwickeln, die raffgierig und egoistisch nur ihr eigenes Wohl im Auge hat. Unter solchen Umständen wären sämtliche Erfolgsmethoden dieses Buches wertlos, der Mißerfolg wäre Ihnen sicher!

Wir wollen Ihnen statt dessen *die bewährten Erfolgsmethoden der psychologisch wirksamen Menschenbeeinflussung an die Hand geben, die Sie im persönlichen Umgang mit allen Menschen verwenden sollen,* selbstlos und unterschiedslos, wie wir nicht oft genug betonen können.

Nur eine echte und uneingeschränkt engagierte Persönlichkeit ×+ ist in der Lage, wie ein Magnet alles an sich zu ziehen, was sie sich wünscht. Dazu gehört aber auch das uneingeschränkte Engagement für die Befriedigung der unbewußten Bedürfnisse aller Menschen, mit denen Sie in Berührung kommen.

Um nun jedem Mann, jeder Frau, jedem einzelnen, mit dem Sie sprechen, das Gefühl zu geben, er oder sie sei äußerst wichtig, eine VIP, eine *very important person,* bedienen Sie sich am besten der erfolgreichen ALS-OB-METHODE. *Behandeln Sie Ihren Gesprächspartner so, als sei er bereits erwiesenermaßen wichtig und bedeutend* – ganz gleich, wie unwichtig, unbedeutend und machtlos er in Wirklichkeit ist oder scheinen mag. Treten Sie ihm mit aufrichtigem Respekt, mit vollendeter Höflichkeit gegenüber und lassen Sie ihn die Achtung spüren, die Sie empfinden.

Wer seine Als-ob-Technik durch ständige Anwendung perfektioniert und ausfeilt, wird darüber hinaus bemerken, daß sich seine Beobachtungsgabe und auch sein inneres Wahrnehmungsvermögen verfeinern und verbessern, so daß er schließlich imstande ist, an jedem Menschen jene Seiten zu entdecken, die ihn tatsächlich wichtig und bedeutend machen. Bis dahin jedoch müssen Sie einfach alle Leute als bedeutende Persönlichkeiten behandeln, auch wenn Sie weit und breit nichts Bedeutendes feststellen können. Am einfachsten geht das, indem Sie *zwei Regeln* beachten:

1. Seien Sie gegenüber jedermann ausgesucht höflich und, ohne kriecherisch zu sein, betont respektvoll und
2. vermitteln Sie jedem Mitmenschen das Gefühl, für Sie wichtig zu sein, entweder indem Sie es ihn spüren oder indem Sie es ihn mit Worten wissen lassen. Wichtig ist allein, daß der andere merkt, daß Sie ihn für bedeutend und wichtig halten.

Im allgemeinen können wir aus Platzgründen nicht jede Methode anhand von Beispielen illustrieren. Das hindert nicht, daß Sie sich selber Beispiele ausdenken, wie ja auch Sie selbst die Methoden in die Praxis umsetzen müssen. Hier nun möchten wir gleichwohl einige Beispiele folgen lassen, um etwa noch vorhandene Zweifel Ihrerseits zu beseitigen, wie man jemandem ein Gefühl der Bedeutung geben kann, die er dem Augenschein nach nicht hat.

Sie fahren zum Beispiel mit dem Auto durch eine fremde Stadt und suchen die Blankstraße. Nun könnten Sie unter Umständen nach dem Weg fragen, indem Sie einem Zeitungsjungen zurufen: »He, du, weißt du, wo die Blankstraße ist?« (Das wäre für Ihre Zielsetzung völlig ausreichend. Erstens erregen Sie durch Ihr Rufen Aufmerksamkeit, zweitens fragen Sie so kurz und prägnant wie möglich um Auskunft.) Sie können aber auch anders vorgehen und Ihre Frage so formulieren: »Entschuldigen Sie bitte, junger Mann! Ich bin fremd hier und habe mich verfahren. Könnten Sie mir vielleicht helfen und mir sagen, wie ich in die Blankstraße komme?«

Sie sprechen ihn mit »junger Mann« an und nicht einfach mit »he, du«; Sie sind ein Fremder und bitten um seine Hilfe. Sie sind höflich genug, »bitte« zu sagen. Das alles hat nur einige Sekunden länger gedauert, aber Sie haben damit dem Zeitungsausträger ein Gefühl der Bedeutung gegeben – und sich die bestmögliche Auskunft gesichert.

Ein weiteres Beispiel: Sie suchen in einem großen Bürogebäude das Büro einer neu eingezogenen Firma. Der Firmenname steht noch nicht auf der Tafel am Eingang. Sie könnten sich nun an den Fahrstuhlführer wenden und ihn anfahren: »Wo ist das Büro von Berger und Co.? Sie sind heute Morgen eingezogen, aber der Name steht noch nicht auf der Tafel. Wie lange dauert das denn hier, bis jemand bemerkt, daß neue Leute eingezogen sind?« (Jetzt haben Sie es ihm aber gegeben! Natürlich ist es nicht seine Aufgabe, die Namen der neuen Firmen auf das Brett zu setzen, aber schließlich ist er der einzige, an dem Sie sich abreagieren können.) Doch der Fahrstuhlführer könnte Ihnen kurz angebunden antworten: »Ich bin nur für die Aufzüge zuständig; da müssen Sie sich schon an die Hausverwaltung wenden!«

Sie können Zeit und Nerven sparen, wenn Sie ihn höflich folgendermaßen ansprechen: »Ich sehe, daß Sie hier die Aufsicht haben. Ich habe ein Problem, bei dem Sie mir sicher helfen können. Sie haben einen neuen Mieter, aber da er erst heute früh eingezogen ist, dürfte noch keine Zeit gewesen sein, seinen Namen auf die Tafel zu setzen. Könnten Sie mir vielleicht sagen, wo ich die Firma Berger und Co. finden kann?«

Sie haben den Mann als Aufsichtsorgan angesprochen, Sie haben ihn um seine Hilfe gebeten. Sie haben Ihr Verständnis, warum der Name der neuen Firma noch fehlt, zu verstehen gegeben. Und Sie haben ihn höflich um Auskunft gebeten – die er prompt mit Hilfe eines Notizbuches erteilt, das er in der Tasche hat. So einfach geht das!

Schließlich ein Beispiel aus einem anderen Bereich: Sie besuchen den stellvertretenden Generaldirektor eines Riesenkonzerns. Er ist bereits ein bedeutender Mann. Nach einer informellen und herzlichen Begrüßung bemerken Sie beiläufig: »Man sagte mir, daß Sie ganz allgemein als *der* Manager gelten, der die Dinge ins Rollen bringt. Also, ich habe hier eine Sache, die wirklich in Gang gebracht werden müßte; daher bin ich direkt zu Ihnen gekommen.«

So kann sich auch ein bereits bedeutender Konzernzweiter noch ein bißchen bedeutender fühlen: Er, nicht der Generaldirektor, bringt die Dinge ins Rollen! Weil Bedeutung zumindestens teilweise von der Meinung anderer abgeleitet wird, brauchen nun auch maßgebliche Leute von Zeit zu Zeit die Versicherung anderer, wichtig zu sein.

Die genannten Beispiele dienen nur der Unterstreichung dessen, was Sie gelernt haben. Es wäre für Sie der Mühe wert, das ganze Kapitel nochmals durchzulesen, am besten jetzt gleich. Es gibt Ihnen die stärkste Triebkraft der Welt an die Hand: den

Wunsch der Menschen nach Geltung und Bedeutung. Durch Ihr selbstloses und uneingeschränktes Eingehen auf dieses Bedürfnis aller Menschen steigern Sie die positive Kraft Ihrer eigenen Persönlichkeit und können unter Anwendung der bewährten Erfolgsmethoden dieses Schlüsselwerks *alles erlangen, was Sie sich im Leben wünschen.*

×+

Kapitel 65

Die Kunst, sympathisch zu sein

Das Wort »sympathisch« kommt aus dem Griechischen und bedeutet wörtlich »mitfühlend«. Ein sympathischer Mensch ist demgemäß einer, der mit anderen *fühlt, der ihnen zuhört und, vor allem, ihnen zustimmt!*

Das ist im Grunde ganz einfach. So einfach, daß fast niemand mehr darauf achtet.

Statt dessen fühlen sich die meisten Menschen bemüßigt zu widersprechen, wo es nur geht. Ja, wir widersprechen sogar dann, wenn es uns überhaupt nichts bringt, einfach *aus purem Widerspruchsgeist* – die deutsche Sprache hat ein sehr treffendes Wort dafür. Für viele Menschen grenzt eine beliebige Feststellung eines anderen geradezu an eine verbale Kriegserklärung, die sie um keinen Preis ignorieren können. Sie legen es zwar nicht gerade darauf an, unsympathisch zu wirken; das ergibt sich aber gleichsam als ungewollter Nebeneffekt. Ursprünglich liegt ihnen einzig und allein daran zu widersprechen. Die Folgen sind aber ziemlich die gleichen.

Warum also sind wir so leidenschaftlich bemüht, unsere Mißbilligung zu äußern, wann immer es geht? *Warum nehmen wir dafür in Kauf, anderen unsympathisch zu werden?* Es scheint sich dabei um eine Art von Gymnastikübungen unseres Selbstwertgefühls zu handeln, um einen Beweis dafür, was wir uns alles zutrauen und was wir uns leisten können. Wir erhoffen, durch den Widerspruch die Aufmerksamkeit der Umwelt zu erregen, wenigstens minutenlang alle Scheinwerfer auf uns gerichtet zu fühlen – ein ziemlich hilfloser Versuch, das allgemeine Interesse zu gewinnen.

Und was bringt uns ein eklatanter, offener Widerspruch ein? Nichts weiter, als daß man in den üblen Ruf kommt, streitsüchtig und unverträglich zu sein. Das ist nicht die empfehlenswerte Methode, wie man Freunde gewinnt und Menschen für sich einnimmt!

Sympathische Persönlichkeiten hingegen können die Sympathie anderer und somit ihre positive Kraft leicht steigern, indem sie, wann immer möglich, anderen Menschen zustimmen. Wenn es einem aber wirklich einmal schwerfällt, beifällig zu antworten, so sollte man sich wenigstens eines offenen Widerspruchs enthalten. Das ist zwar nicht ganz so wirkungsvoll wie Zustimmung; aber es ist immer noch besser, als sich den Ruf eines prinzipiellen Neinsagers und Besserwissers einzuhandeln.

Es ist völlig überflüssig, alle Feststellungen unserer Mitmenschen umgehend kritisch unter die Lupe zu nehmen und zu kommentieren – es sei denn, der Kommentar sei positiv. In diesem Fall ist er sogar angebracht, denn herzliche Zustimmung nimmt die Menschen für uns ein – sozusagen mühelos. Versäumen Sie niemals eine Gelegenheit, Ihren Beifall auszusprechen. Sogar wenn Sie gar nicht persönlich gefragt sein sollten, ist es angebracht, eine etwaige Zustimmung zu äußern.

Nur höchst selten rechtfertigt eine Situation eine Mißfallensäußerung Ihrerseits. Mit ein bißchen Glück könnten Sie Ihr ganzes Leben lang ohne Widerspruch auskommen. Das ist weniger schwierig und vor allem weniger bedauerlich, als Sie jetzt denken; es ist vielmehr eine erstrebenswerte Leistung, um die Sie ständig bemüht sein sollten.

Das besagt nun aber keineswegs, daß Sie ab sofort lügen oder bedingungslos mit den Meinungen anderer Menschen übereinstimmen und beispielsweise alle ihre Bitten prompt erfüllen sollen. *Es bedeutet einzig und allein, daß Sie nicht sofort, nicht unverzüglich widersprechen sollen.*

Meistens ist es nämlich überhaupt nicht nötig, Ihren W[illegible]spruch oder Ihre Mißbilligung zu äußern. Wer sich nicht in [illegible] ohnehin unergiebige und unerquickliche Diskussion, die meist mit Streit endet, hineinziehen läßt, wird wahrscheinlich gar nicht in die Lage kommen, sein Mißfallen aussprechen zu müssen. Dazu kommt noch, daß nur die wenigsten Leute offenen Widerspruch vertragen. Sie können Ihre Meinung, wenn ein Streitgespräch losbricht, getrost bei sich behalten, ohne deshalb weiter aufzufallen. Sie geben sich als interessierter, aber stiller Beobachter der Szene, und damit basta.

Es gibt aber auch – wie gesagt seltene – Gelegenheiten, in denen es unbedingt nötig ist, Einwände anzumelden. Doch nicht einmal in einem solchen Fall sollten Sie sofort in den Ring klettern oder den Fehdehandschuh werfen. Zögern Sie so lange, als es die Höflichkeit gestattet. Überdenken Sie im stillen nochmals alle Argumente pro und kontra, vor allem das, was gegen Ihre Meinung sprechen könnte. Wenn Sie aber dann immer noch das Gefühl haben, Ihre Einwände geltend machen zu müssen, dann sollten Sie es tun, allerdings *nicht in Form einer Beteiligung am Streitgespräch oder in Form offenen Widerspruchs, sondern einfach als ruhig geäußerte, überlegte Feststellung.*

Das richtige Verhalten in einem solchen Fall grenzt an hohe Kunst. Grundsätzlich sollten Sie immer versuchen, eine oder mehrere der folgenden BEWÄHRTEN METHODEN anzuwenden:

1. *Die Methode der ablenkenden Einleitung:* Widersprechen Sie nicht selbst. Bemerken Sie statt dessen nachdenklich zum Beispiel, Sie könnten sich vorstellen, daß »andere Leute hier widersprechen, weil ...« (dann bringen Sie Ihr eigenes Gegenargument). Auf diese Weise entziehen Sie sich der Rolle eines entschiedenen Gegners und vermeiden, sich in eine oppositionelle Haltung hineinzumanövrieren.
2. *Die Frage-Methode:* Widersprechen Sie nicht direkt. Formulieren Sie Ihre Zweifel oder Ihre Einwände in Frageform, so als ob Sie helfen wollten, im voraus Antworten auf mögliche Gegenargumente zu finden: »Nehmen wir einmal an, daß jemand mit dem Problem auftaucht ...« (hier folgt wieder Ihr eigener Standpunkt). Wiederum vermeiden Sie so, persönlich in die Rolle eines Gegenspielers zu geraten.
3. *Die Disassoziationsmethode:* Wenn Sie schon Einspruch erheben müssen, so schieben Sie ihn auf, überlegen Sie sich gut, was Sie sagen wollen. Und denken Sie immer daran, daß jeder Widerspruch den Stolz dessen, dem widersprochen wird, angreift und sein Selbstwertgefühl verletzt. Seien Sie deshalb vorsichtig und lassen Sie sich Zeit. Kommen Sie mit Ihren

Einwänden erst viel später, nachdem die Auseinandersetzung längst weitergegangen ist, auf früher geäußerte Argumente zurück, so vermeiden Sie, daß Ihre Einwände mit dem Argument Ihres »Gegners« assoziiert werden.

4. *Die Sandwich-Methode:* Geben Sie zuerst Ihre offene und herzliche Zustimmung zu allem, was sich auch nur im entferntesten mit Ihren Ansichten vereinbaren läßt. Wenn es geht, führen Sie selbst noch einige positive Punkte an, die bisher noch niemand erwähnt hat. Das ist die untere Schnitte des Sandwiches. Nun kommt der Sandwichbelag – das ist Ihr Einwand; Sie erwähnen ganz beläufig einige weitere Punkte (mit denen Sie nicht übereinstimmen können), die man noch »in Betracht ziehen sollte«. Dabei argumentieren Sie aber nicht streitsüchtig und betonen diesen Einwand auch nicht besonders. Erwähnen Sie auch, daß schließlich jedes Ding zwei Seiten hat, und daß man sich bemühen sollte, beide Seiten so fair wie möglich zu beurteilen.
   Nun folgt die obere Schnitte Ihres Sandwiches: eine Wiederholung Ihrer zustimmenden Bemerkungen vom Anfang. Schließen Sie den Vorschlag an, alle behandelten Punkte noch einmal zu überdenken. Damit versichern Sie sich, daß Ihr Einwand nicht vergessen wird. Er bleibt in der Diskussion, ohne daß man ihn sofort mit Ihrer Person in Verbindung bringt.
   Mit Hilfe der Sandwich-Methode können Sie Ihre Bedenken unaufdringlich vorbringen und dabei liebenswürdig bleiben. Mit dieser Vorgangsweise können Sie Ihre Einwände äußern, ohne damit Ihre Gesprächspartner zu verärgern.

5. Die Substitutionsmethode: Dies ist die beste Methode für Fälle, in denen Sie jemandem einen Wunsch abschlagen müssen. In dieser Situation sollten Sie versuchen, einen Ersatz »zum Trost« anzubieten. Zum Beispiel hat Ihr Sohn Sie gebeten, ihm für den nächsten Tag den Wagen zu borgen, Sie haben aber ebenfalls Pläne für diesen Abend und brauchen den Wagen selbst. Sie äußern nun keinen Widerspruch gegenüber dem Vorhaben Ihres Sohnes und verkneifen sich, mit einem glatten Nein Ihre Autorität zu beweisen.

Statt dessen stellen Sie ruhig und sachlich die Tatsachen fest. Sie haben vor mehr als einer Woche die Einladung angenommen, zu der Sie mit dem Auto fahren müssen, weil es keine andere Transportmöglichkeit gibt. Das ist natürlich einleuchtend, wird aber Ihren Filius nicht besonders befriedigen. Sie machen ihm daher ersatzweise ein anderes Angebot: Sie hatten zwar auch schon geplant, das Auto am Samstagabend zu verwenden, aber da können Sie noch umdisponieren; Ihr Sohn kann also am Samstag mit dem Auto zum Tennismatch fahren. Natürlich lassen sich nicht immer so praktische Alternativvorschläge finden, aber Sie sollten den bestmöglichen Ersatz anbieten, statt einfach nur willkürlich ein Nein zur Antwort zu geben.

Liebenswürdigkeit ist Kunst der Anpassung. Die einfachste Vorgangsweise ist natürlich immer die Zustimmung; wo sie aber nicht möglich ist, müssen Sie versuchen, Ihren Standpunkt dem Ihres Gegners so weit wie möglich anzugleichen, und zwar in der freundlichsten, entgegenkommendsten Art, die Sie sich ausdenken können. Jeder Mensch trägt in sich das Bedürfnis, im Recht zu sein – *Unrecht zu haben läuft immer auf einen Prestigeverlust hinaus.*

Recht zu haben hingegen verleiht jedem von uns ein angenehmes Gefühl der Befriedigung, es stärkt das Selbstvertrauen und steigert die Selbstachtung. Durch Gegenargumente, Widerspruch und Einwände stellen Sie diese Gefühle in Frage und unterminieren den Stolz und das Selbstbewußtsein Ihres Gesprächspartners. Er begnügt sich vermutlich, mit heimlichen Ressentiments zu reagieren; aber es ist auch möglich, daß Sie auf offene Gegnerschaft und Ablehnung stoßen. *Nur wenige Meinungsverschiedenheiten sind das wirklich wert!*

Natürlich verschwindet das Bewußtsein der erlittenen Verletzung und somit auch das Revanchedenken mit der Zeit, aber unbewußt bleibt auf jeden Fall eine Schädigung des Selbstbewußtseins, eine Wunde tief im Herzen des anderen zurück – und *das ist keine Meinungsverschiedenheit je wert.*

Die Vermeidung von Mißfallenskundgebungen allein macht aber noch keinen als sympathisch empfundenen Menschen aus Ihnen. Das erreichen Sie nur durch beipflichtende Äußerungen, durch Lob und Anerkennung. Machen Sie sich es also zur Gewohnheit, stets Ihre Zustimmung auszudrücken, soweit sich das mit Ihren Ansichten verträgt. Bisweilen wirkt die aufrichtige, in ein Gespräch eingeflochtene Feststellung: »Ich bin ganz Ihrer Meinung!« geradezu »Wunder«. Selbstverständlich müssen Sie unaufrichtige Schmeicheleien vermeiden, damit Sie nicht für unehrlich gehalten werden. Vermeiden Sie auch beiläufige Bemerkungen wie etwa »Gewiß, gewiß!«, was meist eher Ihre gegenteilige Ansicht und vor allem Gelangweiltheit Ihrerseits verrät – und den Eindruck von Arroganz erweckt.

Noch einmal: Liebenswert und sympathisch ist jener Mensch, der seinen Mitmenschen bei jeder passenden Gelegenheit ehrlich seine offene, warmherzige Zustimmung und Anerkennung ausspricht. Liebenswürdigkeit ist aber auch ein ausgesprochen angenehmer Weg, die positive Kraft Ihrer Persönlichkeit zu steigern.

×+

Kapitel 66

Das Bedürfnis nach Beachtung

Fragen Sie einmal den Anführer einer Massendemonstration, was mit dem Marschieren, den skandierten und den hingeschmierten Parolen erreicht werden soll. Er wird Ihnen sagen – oder vielmehr er wird nach einem Mikrophon oder einem Sprachrohr greifen und allen in Reichweite Befindlichen mitteilen, daß die Demonstration »die Aufmerksamkeit auf unsere Nöte, Sorgen und Forderungen« lenken soll. Das Schlüsselwort ist AUFMERKSAMKEIT.

Die Menschen sind *bereit, beinahe alles zu tun, um die Aufmerksamkeit auf sich zu ziehen.* Dabei muß es sich keineswegs um ganze Gruppen handeln wie bei Aufständen oder Demonstrationen. Der einzelne bildet da keine Ausnahme. Man kann darüber täglich genug in Zeitungen und Fernsehen erfahren. Verzweifelte stehen stundenlang auf den schmalen Dachsimsen von Wolkenkratzern, schließlich redet ihnen ein Geistlicher gut zu. Im allgemeinen lassen sie sich dann überreden und geben ihr Vorhaben auf – und lesen am nächsten Tag ihre Geschichte in der Zeitung. (Hätten sie tatsächlich die Absicht gehabt, Selbstmord zu begehen, wären sie wohl gleich in den Tod gesprungen.) Angeschlagen in ihrem Selbstgefühl fordern die Unglücklichen so Aufmerksamkeit und Zuwendung heraus – mit untauglichen Methoden, die ihnen die Verzweiflung eingibt.

Andere Menschen suchen ihr Bedürfnis nach Beachtung dadurch zu befriedigen, daß sie sich an jedem nur erdenklichen Unfug beteiligen, der im Niemandsland zwischen Lächerlichkeit und Gefährlichkeit angesiedelt ist.

Und es gibt auch Einzelmenschen und Gruppen, deren Vorgehen zur Befriedigung dieses Dranges eine dauernde Quelle von

Ärgernis und Unruhe für die Allgemeinheit darstellt. Es handelt sich dabei um jene radikalen Aktivisten und militanten Unruhestifter, denen man jeden Tag in den Medien begegnet. Wir schulden ihnen unser Mitgefühl und wirksame Hilfe, wenn sie Opfer der Armut und des Elends oder rassischer, religiöser oder nationaler Diskriminierung sind. Das verdienen insbesondere jene unter ihnen, die nie eine ordentliche Ausbildung hatten oder die arbeitslos sind. Sie verdienen es, solange die staatlich organisierte Unterstützung sich als unfähig erweist, ihnen effizient unter die Arme zu greifen. Wenn sie aber darauf beharren, ihr verletztes Selbstwertgefühl durch die Erregung von Aufmerksamkeit in Form von Aufruhr und Revolten zu kompensieren, um die Bewunderung Gleichgesinnter zu erlangen, müssen wir das entschieden ablehnen – was die Bereitschaft unsererseits nicht ausschließt, ihnen, wenn sie das wollen, zu helfen, wertvollere Zielsetzungen zu finden.

Sie fragen nun wahrscheinlich, was Massendemonstrationen, Aufruhr und Revolten damit zu tun haben, daß *Sie* alles im Leben bekommen sollen, was Sie sich wünschen? Eine ganze Menge! All das beweist uns nämlich die ungeheure Bedeutung, die dem menschlichen Bedürfnis nach Aufmerksamkeit zukommt, und zeigt uns, daß die meisten Menschen, wenn sie die Möglichkeit haben, alles tun, um sich selbst oder der Sache, die sie vertreten, Beachtung zu verschaffen. Daran können Sie *erkennen, daß Sie es mit einer der mächtigsten psychischen Triebkräfte des Menschen zu tun haben, die Sie für Ihre eigenen konstruktiven Zwecke nutzen können.*

Wie alle seelischen Antriebskräfte kann auch diese Gutes oder Schlechtes bewirken – das hängt nur davon ab, welchen Gebrauch man von ihr macht. Deshalb muß – wie das vorstehend geschah – auch auf den falschen Einsatz einer Triebkraft hingewiesen werden. Man kann in einem Sachbuch über Elektrizität nicht treuherzig mitteilen, daß Sie mit Hilfe der Elektrizität Ihre Wohnung erleuchten und erwärmen können (und vieles andere mehr), dabei aber verheimlichen, daß der falsche Gebrauch der Elektrizität Sie ebensogut töten kann!

Im Zusammenhang mit unserem gegenwärtigen Thema müssen wir auch nochmals die Frage der psychosomatischen Krankheiten anschneiden. Viele Menschen entwickeln *ein psychosomatisches Leiden aus dem unbewußten Bedürfnis heraus, beachtet und bemitleidet zu werden.* Sie fühlen sich vom Partner, von der Familie und von ihren Freunden vernachlässigt und versuchen, das Mitleid und die Zuwendung, die sie so dringend brauchen, durch verschiedene Krankheiten zu erzwingen. Das Schlimme ist, daß die dabei auftretenden Symptome nicht etwa eingebildet, sondern echt vorhanden sind. Der Kranke produziert tatsächlich ein Magengeschwür, erleidet eine Herzattacke usw. Manche psychosomatische Leiden können eine überaus ernste Entwicklung nehmen und sogar, wenn sie unbehandelt bleiben, zum Tod führen.

Psychologisch müssen solche seelisch bedingte Krankheiten damit erklärt werden, *daß das Unterbewußtsein einen tiefen Wunsch des Betreffenden, den nämlich nach Zuwendung, Mitleid und Mitgefühl zu erfüllen sucht* – der Patient merkt aber nur die Krankheit und erkennt nicht das ihr zugrunde liegende Bedürfnis nach Beachtung.

Sie wissen bereits: Das Unterbewußtsein erfüllt alles, was ein Mensch sich intensiv wünscht und worauf er sein ganzes Denken konzentriert. Es arbeitet aber wertfrei und kann nicht entscheiden, ob etwas für Sie gut oder schlecht ist. Es funktioniert kybernetisch, das heißt zielorientiert, *um alles zu verwirklichen, was Sie intensiv wünschen.* Wenn Sie also den starken Wunsch haben, beachtet zu werden, und wenn dieser Wunsch nicht erfüllt wird, dann wird sich Ihr Unterbewußtsein gedrängt fühlen, Ihren Wunsch gleichwohl – wie immer – zu erfüllen. Das entspricht aber dann oft nicht einer Wahl, die Sie bewußt getroffen hätten. Wer von uns dächte schon daran, sich freiwillig ein psychosomatisches Herzleiden oder sonst eine Krankheit zuzulegen!

Daher ist es so eminent *wichtig für Sie, Ihrem Unterbewußtsein Ihre positiven Denkinhalte einzuprägen* und es ununterbrochen mit Vorstellungsbildern zu speisen, die ihm Ihre zu verwirklichenden positiven Lebensziele einprägen. Vermitteln Sie Ihrem Unterbewußtsein ständig bejahende, aufbauende Vorstellungsbilder, dann haben negative, zerstörerische Inhalte keinen Platz und können in Ihrem Leben keinen Schaden anrichten. Nur so können Sie Angst, Mißerfolg und Krankheit aus Ihrem Leben verbannen.

Ihr Unterbewußtsein kann auch nicht gleichzeitig einander widersprechende Inhalte verwirklichen. Es verwirklicht das, was in Ihrem Denken und Glauben dominiert. Das allein schon ist eine Garantie dafür, daß Anwandlungen destruktiver Gedanken und Gefühle in einem von grundsätzlich optimistischem Denken geprägten Unterbewußtsein gar nicht erst Wurzeln schlagen können.

Sie erkennen also, daß das fehlgeleitete Bedürfnis nach Beachtung zu Verhaltensweisen führt, die viele Zeitprobleme erklären, vom Demonstrationsgeist bis hin zu den psychosomatischen Krankheiten. Durch positives, aufbauendes Denken können Sie dazu beitragen, negativen, zerstörerischen Zielsetzungen von Menschen, die unter allen Umständen die Aufmerksamkeit aller auf sich ziehen wollen, entgegenzuwirken. *Sie können aber auch aufgrund Ihrer positiven Kraft auf dieses Bedürfnis Ihrer Mitmenschen nach Beachtung auf viele Arten eingehen.* Wichtig ist dabei vor allem, die richtige Beachtung zu gewähren, genau jene nämlich, die der Betreffende braucht und verdient.

Kommen wir in diesem neuen Zusammenhang nochmals auf jene zurück, die mit Vorliebe Demonstrationen veranstalten. Meist sind es ehrgeizige Leute, die in erster Linie auf sich selbst aufmerksam machen wollen. Sie greifen die jeweils gerade aktuellsten Anliegen auf und marschieren dann mit einer rasch angeworbenen Schar von Naiven und Gutgläubigen für »ihre Sache«, sie selbst als selbsternannte Führer der Demonstration. Solange sie keine Schäden an Gesundheit und Gut anrichten, ist es am besten, solche Leute zu ignorieren. Im Fall öffentlichen Aufruhrs gehören die Anführer gesetzlich bestraft und die irregeleiteten Mitläufer milde behandelt, indem versucht wird, sie aufzuklären.

Es gibt aber selbstverständlich *auch Demonstrationen, durch die ein echtes Anliegen vertreten, die Aufmerksamkeit der Öffentlichkeit auf bestimmte unbefriedigende Zustände gelenkt wird.* In diesem Fall sind es die Zielsetzungen, die die Demonstration rechtfertigen, und nicht die seelischen Nöte ihrer Anführer. *Solche Demonstrationen sind der öffentliche Ausdruck eines Not-*

standes, der bisher ungerechtfertigterweise ignoriert wurde. Den Demonstrierenden und dem von ihnen vorgetragenen Anliegen sollte daher die gebührende Aufmerksamkeit geschenkt werden.

Niemand wird annehmen, daß jedes Verlangen einer jeden noch so verständlichen Demonstration erfüllt werden kann. Doch die verlangte Aufmerksamkeit sollte aufgebracht und *das Problem behandelt werden, bis eine zufriedenstellende Lösung gefunden ist.*

Liegt es jedoch nicht in der Hauptabsicht einer Demonstration, das allgemeine Augenmerk auf ein bestimmtes Anliegen zu ziehen, sondern vielmehr Gewalttätigkeit und Vandalismus auszuleben, dann ist das energische Durchgreifen der Ordnungsmächte in einer Gemeinschaft gerechtfertigt.

Wir alle sind geneigt, das Anliegen, dem durch eine (wie klargestellt) gerechtfertigte Demonstration Beachtung verschafft wurde, ernst zu nehmen. Wie steht es mit dem Anliegen des einzelnen? Mit dem Bedürfnis nach Beachtung und Aufmerksamkeit, das jeder Mensch hat? Als Persönlichkeit ×+ können und sollen Sie auf dieses Verlangen Ihrer Mitmenschen in Ihrer ganz privaten Welt eingehen. *Sie sollen Ihre Aufmerksamkeit und Zuwendung selbstlos und ungeteilt jedem Menschen schenken, der sich an Sie wendet.* Man kann der menschlichen Seele einen schweren Schaden zufügen, wenn man eine echte Erwartungshaltung mit leerer Gleichgültigkeit abspeist.

Infolgedessen ist es *wichtig, daß Sie nicht nur den Eindruck erwecken, Ihrem Gegenüber Beachtung zu schenken, sondern daß Sie wirklich aufmerksam sind* und das durch eine entsprechende Handlungsweise erkennen lassen. Folgenloses Zuhören mit nur beiläufigem Interesse Ihrerseits ist eine träge, unzureichende Form der Beachtung. Antworten Sie, indem Sie auf die Äußerungen Ihres Gesprächspartners eingehen. Äußern Sie Ihren Enthusiasmus, wenn Ihnen etwas besonders zusagt. Vor allem sollten Sie *keine an Sie gerichtete Beschwerde je gleichgültig behandeln.* Es ist besonders wichtig, daß Sie in einem solchen Fall Ihr ungeteiltes Interesse und Ihre Betroffenheit ausdrücken und mit mitfühlender Zuwendung alle Klagen anhören. Unterbrechen Sie nicht! Argumentieren Sie nicht! Lassen Sie den Beteiligten oder Leidenden *reden, bis er sich vollkommen ausgesprochen hat.*

Schauen Sie nicht gelangweilt oder gleichgültig zum Fenster hinaus. Seien Sie ganz Ohr und schauen Sie den Menschen an, der Ihnen seine Schmerzen mitteilt.

»Sich auszusprechen« ist nämlich ebenfalls ein zwingendes seelisches Bedürfnis. Es kann die Katharsis, die Befreiung von seelischen Konflikten und die Wendung einer seelischen Erkrankung, bedeuten. In jeder seelisch-geistigen Therapie läßt man die Patienten sich aussprechen. Wenn Sie einen aufgeregten Menschen mitfühlend dazu ermuntern, sich einmal gründlich alles von der Seele zu reden, was ihn bedrückt, so bieten Sie ihm damit eine *Hilfe, die zu den wirkungsvollsten Behandlungsweisen seelischer Erkrankungen zählt.*

Es ist dies übrigens auch eine bewährte Methode, Beschwerden zu entschärfen, ihnen die Spitze zu nehmen, Demonstrationen zu verhindern, ja sogar Streiks oder Rebellion abzufangen. Eine Aussprache, bei welcher der Beschwerdeführer ordentlich Dampf ablassen kann, läßt den emotionellen Überdruck rasch sinken.

Sie werden in der Praxis den Wert der hier geschilderten Methoden (und anderer, die sich leicht ableiten lassen) und deren Wirksamkeit kennenlernen, die dem Eingehen auf die Bedürfnisse unserer Mitmenschen zukommt. Es ist dies eine wunderbare Möglichkeit, die positive Kraft Ihrer eigenen Persönlichkeit zu steigern. Und Sie wissen ja: Nur als Persönlichkeit ×+ werden Sie *mit Sicherheit alles erreichen, was Sie sich im Leben wünschen.*

×+

Kapitel 67

Das schöne Gefühl, gebraucht zu werden

Vielleicht ist die schmerzlichste Erfahrung des ALTERNS die, daß man nicht länger gebraucht wird oder zumindest das Gefühl hat, nicht mehr gebraucht zu werden. Wer aber in unserer Welt nicht benötigt wird, wird oft auch nicht mehr geliebt und geschätzt. Das gesetzlich festgesetzte Rentenalter ist eine äußerst logische Sache – zugleich aber auch eine äußerst unlogische! Eine Gesetzesregelung jedenfalls, die viel Leid, selbstverursachtes Leid, mit sich bringt.

Die Versetzung in den Ruhestand bedeutet aber keineswegs, daß man sich nun mit einem Leben im Schaukelstuhl oder hinter dem Ofen begnügen muß. Der Ruhestand nach dem (ersten) Beruf kann ebensogut *als die Gelegenheit und die Möglichkeit für eine zweite Karriere genutzt werden.* Es ist dies jene Zeit, in der ein Mensch endlich tun kann, wozu er Lust hat, und zwar ohne Stechuhr, Leistungsnorm und erfolgsorientierten Druck und ohne die Reglementierungen des Betriebslebens.

In einer zweiten Laufbahn, wie sie in zunehmendem Maße populär wird, liegen viele Vorteile für Leute im Ruhestand. Nun ist es möglich, einer Beschäftigung entsprechend seiner persönlichen finanziellen und leistungsmäßigen Möglichkeiten nachzugehen.

Unter Anwendung der hier empfohlenen bewährten Erfolgsmethoden können Rentner in dem ihnen zusagenden Schrittmaß den Weg zum Erfolg einschlagen, der ihnen wünschenswert erscheint – ohne weiter in der anstrengenden Tretmühle mitzulaufen, die das typische Kennzeichen eines jeden ersten Berufsweges zu sein scheint.

Sollten Sie selbst schon kurz vor Ihrem Ruhestand stehen oder bereits Rentner sein, so wird Ihnen dieses Buch viel erleichtern. Es zeigt Ihnen Möglichkeiten und Methoden; Tempo und Ausmaß des Erfolges bestimmen Sie. Übrigens: Einem Menschen, der in den Ruhestand tritt oder sich nur noch einige Jahre vor dem Übertritt befindet, dieses Buch zu schenken, ist eine positive Art und Weise, ihm zu sagen: Es gibt noch viel, was du tun kannst und womit du Erfolg haben kannst. *Du wirst noch gebraucht!*

Menschen, die aus dem Arbeitsprozeß ausscheiden, befinden sich am einen Ende der Skala jener, die das Gefühl haben, nutzlos zu sein. Am anderen Ende aber stehen die JUGENDLICHEN, die unter dem gleichen Gefühl leiden, vor allem wenn es sich um junge Menschen handelt, die noch keine Arbeit gefunden haben oder noch zu jung sind, um in die Arbeitswelt einzutreten. Alle die bekannten Witzeleien der Jugendlichen über die »sturen Erwachsenen« machen einem Personalchef einer Firma wenig Eindruck. Er hat nun einmal mehr Interesse daran, wie viele Jahre Berufserfahrung ein Bewerber aufzuweisen hat, als daran, ob er sich als Anführer protestierender Studenten hervorgetan und bei der Besetzung der Universität sowie beim Wegwerfen der dort gelagerten Akten bewährt hat.

In der fremden neuen Arbeitswelt sieht der Jugendliche plötzlich, wie alle diese »sturen« Erwachsenen komplizierte geschäftliche Operationen abwickeln mit einem auf jahrelanger Erfahrung beruhenden Selbstvertrauen – und der junge Mensch spürt völlig unvorbereitet das üble Gefühl in der Magengrube, er sei überflüssig. Aber das ist Unsinn! *Natürlich wird er gebraucht!*

In der Wirtschaft wurden seit den primitivsten Anfangstagen immer Jugendliche angestellt, ausgebildet, trainiert, ermutigt, gefördert. Und sie kann ohne die Jugend nicht existieren. Und fortwährend wird nach jungen Arbeitskräften gesucht. Die Industrie, der Handel, das Handwerk, die Dienstleistungsbetriebe, die ganze hochorganisierte Welt der Erwachsenen braucht die ganz besonderen Eigenschaften der Jugend, und die nachrückenden *Jungen bedeuten jene Bluttransfusion, ohne die die Arbeitswelt nicht existieren könnte.* Arbeitgeber suchen natürlich in jedem jugendlichen Stellenbewerber die Eigenschaften und Qualitäten, die den Arbeitgeber erfolgreicher machen werden. Deshalb hat die größte Chance immer der Jugendliche, der bereits weiß, worauf es ankommt: nämlich wie man Erfolg hat! *Wenn in einer Firma die Arbeitnehmer wie auch die Chefs bewährte Erfolgsmethoden kennen und anwenden, so macht das selbstverständlich das ganze Unternehmen stärker und erfolgreicher.*

So ist denn dieses Buch ein ideales Geschenk nicht nur für angehende Rentner, sondern auch für Jugendliche und Arbeitslose. Erfahrungsgemäß schenken aber auch vorausblickende Führungskräfte ihren Mitarbeitern gern dieses Buch, denn sie wissen nur zu gut, daß ein Unternehmen um so besser gedeiht, je stärker motiviert die Mitarbeiter sind, je konstruktiver sie denken und je erfolgreicher sie bewährte Erfolgsmethoden anwenden. In der Wirtschaft geht es allein um den Erfolg. Und darum geht es auch in diesem Buch: um den Erfolg, um Ihren Erfolg – und einiges mehr!

Zu den grundlegenden seelischen Bedürfnissen des Menschen gehört das Gefühl, gebraucht zu werden. Wenn jemand sich nicht mehr nützlich fühlt, beginnt sein Selbstgefühl zu verkümmern; ihm kommt die Existenzberechtigung abhanden; sein Leben verliert seinen Sinn. Es ist dies eine herzzerreißende Tragödie, die Menschen aller Altersstufen wiederfährt und aus so verschiedenartigen Anlässen, daß sie aufzuführen kein Ende ergäbe. Klären wir lieber die Ursachen. Zunächst ist klar: Das dumpfe Gefühl, nutzlos zu sein, tritt auf, *wenn jemand, der gewohnt war, gebraucht zu werden, plötzlich merkt, daß sich das geändert hat.*

Dazu ein alltägliches BEISPIEL: Die Kinder einer verwitweten Mutter wachsen heran, heiraten und ziehen in eine andere Stadt. Sie bleibt zurück, allein und einsam. Es ist plötzlich niemand mehr da, für den sie sorgen kann, auf den sie aufpassen, ja nicht einmal jemand, den sie auch nur besuchen kann. Die Routinearbeit im Haushalt für sich allein bedeutet ihr nichts. Das ganze Leben bedeutet ihr auf einmal nichts mehr! Sie meint, nicht länger gebraucht zu werden.

In ähnlicher Lage ist der überlebende Partner eines Ehepaares, das ein Leben lang in Zuneigung und Liebe zusammengehalten hat. Nun bleibt einer allein zurück, verlassen und einsam: nicht länger gebraucht! Oder auch der Jugendliche, der ohne ersichtlichen Grund durchgedreht und aufgegeben hat. Er ist ein Drop-out. Eine Zeitlang probiert er noch ein bißchen herum, es gibt ein paar schäbige Höhepunkte und wesentlich mehr schäbige Tiefpunkte, dann rutscht er ab – ein Verlorener, der allenfalls noch anderen Verlorenen zu folgen versucht, es führt zu nichts. Es bleibt das leere Gefühl, von niemandem gebraucht zu werden!

Der alte Arbeiter, der Tag für Tag, Jahr um Jahr seine Arbeit getan hat. Es war keine besondere Arbeit, aber schließlich muß jede Arbeit getan werden, insofern ist jede Arbeit wichtig. Nicht aber er, der sein Leben lang geschuftet hat und nun alt geworden ist, er ist nicht wichtig – ein anderer macht seinen Job – er sitzt zu Hause ... Nicht länger gebraucht!

Jeder Fall ist eine kleine Tragödie: Das Gefühl, nutzlos zu sein, bricht einem einsamen Menschen das Herz.

Es gibt jedoch ein HEILMITTEL. Es gibt ein wunderbares und phantastisches Heilmittel!

Wir können leider die Vergangenheit nicht ändern. Wir können sie nur akzeptieren. Sie kann nicht neu gelebt werden. Aber wir können die Gegenwart und die Zukunft ändern. Wir beginnen mit der Feststellung in der Gegenwart, *daß jeder gebraucht wird, dringend gebraucht sogar, und zwar in jedem Augenblick.* Es ist soviel zu tun in unserer Welt, daß noch genug zu tun bliebe, wenn jeder von uns von nun an bis zum Ende seines Lebens vierundzwanzig Stunden pro Tag arbeitete. Das ist es also nicht. Was ist es dann? Was ist – und da kommen wir der Sache näher – die Ursache für das Gefühl, nicht mehr gebraucht zu werden? Es sei vorweggenommen: In der Ursache liegt auch schon das Heilmittel!

Das Gefühl, plötzlich nutzlos zu sein, tritt auf, *wenn ein Mensch sich nur einen Grund vorstellen kann, warum man ihn braucht, nämlich so, wie er es bisher gewohnt war.* Wenn dieser Grund nun weggefallen ist, dann ... Es gibt Millionen von Menschen, die auf verschiedene Weise Hilfe und Unterstützung nötig haben. Unter all diesen Hilfsbedürftigen findet jeder – jeder ganz gleich welchen Alters, welcher Ausbildung, welcher Fähigkeiten und Mittel – einen oder mehrere Menschen, denen er helfen kann. *Und anderen helfen, bedeutet gebraucht werden!*

Wenn das Schicksal vor uns eine Tür zuschlägt, öffnet es gleichzeitig eine andere. Durch diese Tür, von der die Rede ist, gelangen wir auf den unendlich befriedigenden und aufregend schönen Weg, für andere da zu sein.

Das ist die BOTSCHAFT, die wir einem Menschen vermitteln müssen, der meint, niemandem mehr nützlich sein zu können. Sie müssen einem solchen Menschen helfen, eine Möglichkeit zu finden, wie er anderen helfen kann. Dann wird sich sehr rasch wieder das Bewußtsein einstellen, daß er genauso nützlich und wichtig ist wie alle anderen Menschen.

Sie müssen ihm den Weg zu den vielen Hilfebedürftigen ebnen, die seine Unterstützung und seine Zuwendung benötigen, auf welche Art auch immer. Sie können ihm dabei helfen, in eine neue Welt vorzustoßen und zu einem erfüllten Dasein zu finden. *Es ist dies eine der vornehmsten Pflichten, die Ihnen die Kenntnis der Gesetze des Denkens und Glaubens auferlegt,* die Sie sich mit diesem Buch erarbeitet haben. Sie werden dabei auch Ihre eigenen Kräfte vervielfachen und sich erneut als Persönlichkeit ×+ bestätigen, deren Mitgefühl ebenso groß ist wie ihre Kraft – das ist ein besonders schöner Erfolg, finden Sie nicht auch?

×+

Kapitel 68

Werden Sie zur »meistgesuchten Person«

Das FBI, das amerikanische Bundeskriminalamt, veröffentlicht regelmäßig eine Liste der »meistgesuchten Kriminellen« der USA. Nun, es ist sicher nicht wünschenswert, auf dieser Liste zu landen, das würde nämlich ein noch schnelleres Ende Ihrer Karriere bedeuten als die üble Gewohnheit, andere zu kritisieren.

Die Menschen Ihrer ganz persönlichen Welt besitzen eine ähnliche, wenn auch ungeschriebene Liste der meistgesuchten Personen. Es handelt sich dabei um jene Leute, an die sie sich in einer plötzlichen Notsituation, mit der sie nicht allein fertig werden, wenden könnten. *Sie sollten unbedingt unter diesen Meistgesuchten sein!*

Damit sind wir bei einem weiteren menschlichen Bedürfnis angelangt, auf das Sie mit Leichtigkeit eingehen können – ein sicheres Mittel zur Steigerung Ihrer positiven Kraft. Natürlich gibt es neben diesem und den bereits erörterten noch viele andere menschliche Sehnsüchte; wenn Sie jedoch auf die grundlegenden Bedürfnisse Ihrer Mitmenschen eingehen, genügt das, um eine Persönlichkeit mit positiver Kraft zu werden und alles bekommen zu können, was Sie sich wünschen. Ein solches grundlegendes Bedürfnis ist nun auch der unbewußte WUNSCH NACH FREMDER HILFE, der sich im Fall der Nichterfüllung bis zu echter Verzweiflung steigern kann.

Es handelt sich bei diesem Bedürfnis nicht allein um eine seelische Grundhaltung, sondern oft genug um einen Wunsch, der einer konkreten psychischen oder physischen Notlage erwächst. Es gibt nun einmal Konfliktsituationen im menschlichen Leben, mit denen der einzelne nicht fertig zu werden vermag. Angesichts überwältigender persönlicher Probleme kann sich jeder von uns gelegentlich außerstande fühlen, allein durchzukommen.

Es gibt ein altes englisches Sprichwort, das besagt: »Streiten sich Wind und Meer, zahlt der Schiffer den Preis!« Wie dieser sprichwörtliche Schiffer können auch wir mitunter in Zwangslagen geraten, die außerhalb unserer Kontrolle liegen und die wir nicht angestrebt haben. Dann haben wir das tiefe seelische und manchmal sogar körperliche Verlangen nach Hilfe.

Diese Hilfe kann für den, der bei Gott Zuflucht sucht, von Gott kommen. Für den Autor sind die religiösen Einstellungen und Gottesvorstellungen des einzelnen Lesers heilig; er würde sich darum nie erlauben, in diesen sakrosankten Bereich der Religion einzudringen. Aber es liegt auch kein Grund vor, die Hilfe Gottes auszuschließen, zumal der Glaube an Gott universell und von Menschen aller Länder, Kulturen und Zeiten hochgehalten wird. Da Gott in seiner unendlichen Allmacht allgegenwärtig ist, innen wie außen, ist Gott oder das Göttliche sowohl um uns als auch in uns. Seine unbegrenzte Hilfe steht uns aus diesem Grunde auch jederzeit zur Verfügung – jedem von uns. »Bittet – und es wird euch gegeben werden!«

Die Hilfe kann von Mitmenschen kommen, die auf die Bedürfnisse und Nöte anderer eingehen. Wer diesem Schlüsselwerk bis hierher gefolgt ist, kennt mittlerweile genug bewährter Erfolgsmethoden der Motivationspsychologie, der psychologisch angelegten Persönlichkeitsentwicklung und der psychologisch wirksamen Menschenbeeinflussung, die die Grundlage einer Persönlichkeit mit positiver Kraft bilden. Als Persönlichkeit ×+ verfügen Sie über fast unbegrenzte Möglichkeiten, anderen zu helfen. Sie haben aufgrund Ihrer persönlichen positiven Kraft die Fähigkeit, Ihr Wissen, Ihre Erfahrung und Ihr Verständnis für Menschen in Not einzusetzen, die Ihrer Hilfe bedürfen.

Und hier schließt sich der Kreis. Denn die Hilfe, die Sie anderen Menschen gewähren, wird zugleich zur Quelle Ihrer eigenen Kraft. Je mehr Unterstützung Sie anderen geben, desto stärker werden Sie selbst; es ist dies ein wunderbares Paradoxon. Ihre Kraft wächst, solange sie auch für andere eingesetzt wird, und diese Kraft wird Sie in die Lage versetzen, sich auch Ihre eigenen Wünsche zu erfüllen.

Sie wissen, daß der Gebrauch dieser positiven Kraft nur für egoistische, eigennützige Zwecke nicht möglich ist: sie verlöre ihre Wirksamkeit, würde zu einem negativen Faktor; statt anzuziehen, was zur Erfüllung Ihrer Wünsche nötig ist, würden Sie den Erfolg und die Mitmenschen abstoßen. *Deshalb ist der Dienst an den Mitmenschen ein Schlüssel zum Erfolg.*

Da es zahllose Möglichkeiten gibt, anderen Menschen zu helfen, erübrigen sich Beispiele. Jeder Mensch kennt solche Fälle, hat im Leben aktiv und passiv, als Gebender und Nehmender, entsprechende Erfahrungen gemacht. Beschränken wir uns daher auf die eher technische Seite der zweckmäßigen Vorgangsweise.

Sie vermögen schon allein dadurch Ihre positive Kraft unglaublich zu steigern, daß Sie den Menschen innerhalb Ihrer persönlichen Einflußsphäre, im Sinn eines Versprechens versichern: *Wenn Sie jemals Probleme haben, wenn Sie Unterstützung brauchen – kommen Sie zu mir!* Dieses einfache und aufrichtig gemeinte Angebot Ihrer Hilfsbereitschaft für den Fall einer plötzlich auftretenden Notlage wird Ihrer Position als anerkannte Persönlichkeit ×+ enorm zugute kommen. Die Menschen Ihrer Umgebung werden Ihre Kraft spüren und sich Ihrem Einfluß gerne unterordnen. Sie werden freudig Ihren Wünschen nachkommen. Sie selbst aber können die Mechanismen der seelischen Kräfte erkennen, die alle zwischenmenschlichen Beziehungen beherrschen.

Wenn Sie anderen versichern, daß sie sich im Fall einer Notlage jederzeit an Sie wenden können, *dann setzen Sie psychologische Mechanismen in Gang:*

- Sie bedienen sich der Ihnen schon bekannten »Als-ob-Methode«. Sie wirken, handeln und sprechen, als ob Sie eine Quelle positiver Kraft für Ihre gesamte Umwelt wären – und Sie werden es tatsächlich.
- Sie setzen die Kraft des unendlichen Glaubens an Ihre eigene Fähigkeit zu helfen ein – und Sie besitzen diese Fähigkeit, wenn sie gebraucht wird.
- Sie befreien einen Mitmenschen von seinen Ängsten – und befestigen dadurch Ihre persönliche seelische Stärke.

Diese Liste könnte noch seitenlang fortgesetzt werden. Doch Sie kennen ja die Wirksamkeit dieser und der übrigen psychologisch fundierten Erfolgsmethoden aus dem Gesamtzusammenhang dieses Buches; wir brauchen sie daher nicht zu wiederholen. *Wenden Sie diese bewährten Methoden an, um auf die Bedürfnisse Ihrer Mitmenschen einzugehen, und Sie werden sich als Quelle positiver Kraft für Ihre gesamte Umwelt erweisen.* Sie werden die überzeugende Selbstsicherheit einer Persönlichkeit positiver Kraft auszustrahlen beginnen, und aus diesem Grunde werden andere Menschen Sie als Partner auswählen, sie werden Ihre Führungsqualitäten erkennen und sich Ihren Ansichten anschließen – Sie werden auf der Ehrenliste der »meistgesuchten Personen« Ihrer ganz persönlichen Welt stehen.

Dies nun war das letzte von neun Kapiteln, die grundlegende psychische Bedürfnisse zum Gegenstand hatten, die Sie anderen Menschen leicht zu erfüllen vermögen. Sooft Sie das tun, machen Sie Ihren Mitmenschen ein geradezu unbezahlbares Geschenk, das kostbarste, das man verschenken kann. Und die Größe Ihrer Gabe bestimmt auch die Dankbarkeit, die man Ihnen dafür entgegenbringen wird. *Alle Menschen sind bedürftig, Sie und ich, wir alle!* Um Ihnen das noch einmal ganz besonders einzuprägen, haben wir im nächsten Kapitel für Sie eine persönliche Geschenkliste zusammengestellt.

×+

Kapitel 69

Ihre höchst persönliche Erinnerungsliste

Die vorangegangenen neun Kapitel dieses Buches handelten jeweils von einem seelischen Bedürfnis, das jeder Mensch mit sich herumträgt und dessen Erfüllung er – bewußt oder unbewußt – ständig anstrebt. Es gibt, wie schon erwähnt, darüber hinaus noch eine ganze Reihe anderer, ebenso grundlegender Sehnsüchte und Wünsche, die wir alle hegen. Die besprochenen neun Bedürfnisse wurden aus guten Gründen ausgewählt:

1. Alle Menschen, mit denen Sie im Laufe Ihres Lebens in Berührung kommen, sei es nun schriftlich oder mündlich, hoffen unentwegt auf die Erfüllung dieser Wünsche. Es ergeben sich für Sie daher fast unbegrenzte Möglichkeiten, Ihren Mitmenschen auf diesem Gebiet entgegenzukommen. Sie sollten niemals eine Unterredung oder einen Brief beenden, ohne zumindest auf eines dieser verborgenen und doch so dringend der Erfüllung harrenden Bedürfnisse einzugehen.
2. Die meisten anderen menschlichen Hoffnungen und Erwartungen ähnlicher Art sind komplizierterer Natur und meist in ein Netzwerk verflochten, das durch neurotische Verdrängungen, Komplexe und Zwänge, durch Sublimierungen und Fixierungen und andere Charakteristiken seelischer Konflikte gekennzeichnet ist. Die Erfüllung der darin verhafteten Wünsche ist schwierig, wenn nicht, zumindest für Laien, unmöglich. Sie erfordern eine psychoanalytische oder eine andere psychotherapeutische Behandlung und gehören daher nicht in den Rahmen dieses Buches.

Dieses Buch gibt Ihnen unkomplizierte, aber wirkungsvolle psychologische Methoden an die Hand, die Sie problemlos und ohne weitere Vertiefung in die Materie in Ihrem täglichen Umgang mit anderen Menschen anwenden können. Es ist an ihnen nichts weiter Problematisches oder Geheimnisvolles; wir alle verstehen sie, da wir sie in unserem eigenen Leben schon kennengelernt haben.

Indem Sie auf die tiefverwurzelten Bedürfnisse Ihrer Mitmenschen eingehen, machen Sie ihnen ein kostbares Geschenk! Die Dankbarkeit, die Ihnen die Beschenkten dafür entgegenbringen werden, ist von entscheidender Bedeutung für Sie. Zeigen Sie darum jedem Menschen, mit dem Sie zusammentreffen, daß Sie ihn verstehen, ihn schätzen und auf ihn eingehen. Um Sie an die Geschenke, die Sie anderen geben können zu erinnern, haben wir ihre Möglichkeiten in einer ERINNERUNGSLISTE nochmals zusammengefaßt.

○ *Erstes Geschenk:* Geben Sie anderen das Gefühl, anerkannt zu werden.

Wird dieses Bedürfnis ständig mißachtet und nie befriedigt, so fühlt sich der durch diese innere Notlage in Bedrängnis geratene Mensch diskriminiert und entwickelt eine feindselige Haltung. Die meisten Rassenprobleme entstehen aus diesem Grund und ebenso die meisten religiösen, nationalen und sozialen Konflikte: Der andere wird nicht akzeptiert, weil er anders ist. *Das Schlüsselwort ist »anders« – andersartig, andersdenkend!* Und »anders« heißt im Klartext für viele Menschen leider immer noch minderwertig.

Wenn es Ihnen gelingt beizutragen, daß die Barrieren solcher Diskriminierung durchbrochen werden können und schließlich fallen, so sind wir einen Riesenschritt dem Ziel nähergekommen, alle Menschen zu vereinen, die guten Willens sind, und Frieden auf Erden zu erreichen. Ihr Beitrag besteht in den Geschenken, die Sie anderen täglich machen, indem Sie sie anerkennen.

○ *Zweites Geschenk:* Geben Sie anderen das Gefühl Ihrer Zustimmung.

Dieses Bedürfnis ist so beherrschend, daß ein seelisches Vakuum entsteht, wenn es unbefriedigt bleibt. Ein Leerraum hat aber – das gilt in der Physik wie in der Psychologie – stets die Tendenz, sich aufzufüllen: er füllt sich auf mit Zweifeln des Betroffenen an sich selbst und seinen Fähigkeiten; er kommt sich als Versager vor, der nichts zu leisten imstande ist.

Da Unreife leider kein »Privileg« der Jugend ist, stellt verweigerte Zustimmung für emotionell unreife Menschen aller Altersstufen eine Zurückweisung dar, die sich zerstörerisch auf ihren Charakter auswirkt. Sie entwickeln entweder ein radikales, aggressives Verhalten oder verlieren jeden Antrieb und ziehen sich auf sich selbst zurück – der Fall des Drop-out!

Ihr Geschenk an Menschen, auf deren Bedürfnis nach Zustimmung Sie eingehen, kann wahre emotionelle Katastrophen verhindern.

○ *Drittes Geschenk:* Geben Sie anderen das Gefühl, bewundert zu werden.

Dabei handelt es sich um eine echte Kunst und um die Bewährung Ihres Feingefühls. Es ist eine Fertigkeit, die man lernen muß und leicht lernen kann. Wie stark der menschliche Drang nach Bewunderung ist, erweist sich augenfällig in den Milliardensummen, die jährlich in der Kosmetikbranche, in der Modeindustrie, in der Schmuckerzeugung, von Friseuren und Schönheitssalons umgesetzt werden.

Geben Sie daher bei jeder passenden Gelegenheit Ihrer Bewunderung Ausdruck. Es ist ein kostbares Geschenk für den Mitmenschen, das Sie keinen Pfennig kostet.

○ *Viertes Geschenk:* Geben Sie anderen das Gefühl, geschätzt zu werden.

Zu den charakteristischen Merkmalen einer Persönlichkeit mit positiver Ausstrahlung gehört die Fähigkeit, anderen Menschen stets ein Gefühl der Wertschätzung zu vermitteln, entweder was sie selbst oder was ihre Besitztümer oder ihre Verhaltensweisen betrifft. Es findet sich immer ein Anlaß, und dann können Sie kaum übertreiben.

Selbstverständlich bedarf jeder von uns anerkennender Zuwendung seitens der Mitmenschen. Wir alle hungern förmlich danach – Sie, ich und alle anderen. Äußern Sie darum bei jeder sich bietenden Gelegenheit in Worten und Gesten Ihre Wertschätzung. Ihr Geschenk öffnet verschlossene Türen.

○ *Fünftes Geschenk:* Geben Sie anderen das Gefühl, wichtig zu sein.

Das Geltungsbedürfnis ist eine der stärksten seelischen Triebkräfte des Menschen. Als Persönlichkeit mit positiver Ausstrahlung werden Sie anderen Menschen das Gefühl ihrer Bedeutung nicht nehmen, sondern bestätigen. Das bedarf einigen Geschicks; nur wenige Menschen haben es. Von Ihnen muß es heißen, daß ein Gespräch mit Ihnen, sei es geschäftlicher, sei es privater Natur, das Selbstwertgefühl eines jeden Menschen zu steigern vermag, weil Sie die wunderbare Fähigkeit haben, dem Gesprächspartner zu verstehen zu geben, daß Sie ihn als Menschen nehmen, der zählt, der etwas gilt. Und da diese Fähigkeit selten ist, wird Ihr Geschenk um so kostbarer. Mit seiner Hilfe können Sie viele Menschen an sich ziehen.

○ *Sechstes Geschenk:* Geben Sie anderen das Gefühl, daß sie im Recht sind.

Alle Menschen lieben es, wenn man ihnen beipflichtet, und vertragen nur schlecht, wenn man ihnen widerspricht. Deshalb werden Sie offenen Widerspruch vermeiden und allfällige Einwände Ihrerseits geschickter anbringen. Das gehört wesentlich zur Kunst, sympathisch zu sein und dies auch im Fall anderer Ansichten zu bleiben.

Die Zustimmung anderer verleiht jedem Menschen Selbstvertrauen und gibt ihm das beruhigende Gefühl der Sicherheit. Herausfordernder Widerspruch bedroht dieses Sicherheitsgefühl und das Selbstwertgefühl. Mit Hilfe der empfohlenen Techniken wird es sich weitgehend vermeiden lassen, daß Sie überhaupt je offen und somit in verletzender Art widersprechen müssen. Natürlich hat kein Mensch immer Recht, und selbstverständlich gibt es auch Situationen, in denen man gegen jemanden oder gegen etwas auftreten muß. In einem solchen Fall sollen Sie das auch tun – aber nur in einem solchen Fall!

Ihr Geschenk echter Toleranz und rücksichtsvoller Vertretung Ihrer Ansichten hat noch größeren Seltenheitswert als alles bisher Gesagte und wird die positive Kraft Ihrer Persönlichkeit vervielfachen.

○ *Siebentes Geschenk:* Geben Sie anderen das Gefühl, beachtet zu werden.

Das Verlangen nach Beachtung wird, wenn es nicht befriedigt wird, häufig auf sehr nachteilige Weise ausgelebt. Es treibt manche Menschen in aggressives Handeln, andere in den Selbstmord; wieder andere suchen unbewußt Zuflucht bei Krankheiten.

Viele unbefriedigende Zustände und manche Tragödien ließen sich vermeiden, indem wir solchen Unglücklichen und überhaupt jedem Menschen mehr Beachtung schenken. Sie können an diesen Bedürfnissen nicht vorübergehen. Ihre Mühe ist gering, das Geschenk Ihrer mitfühlenden Beachtung von unschätzbarem Wert.

○ *Achtes Geschenk:* Geben Sie anderen das Gefühl, gebraucht zu werden.

Wer das Gefühl hat, von niemandem geliebt zu werden, wer weiß, daß er keine Lücke hinterläßt, wenn er einmal nicht mehr ist, der kann in seinem Leben keinen Sinn mehr erkennen. So geht es vor allem vielen alten Menschen. Ähnlich geht es aber paradoxerweise auch vielen Jugendlichen, die in unserer gesellschaftlichen Struktur keinen Platz entdecken können, an dem sie sinnvoll ihre Kraft einsetzen können. Und zahllose andere, vom Leben wenig begünstigte Menschen leiden unter dem Gefühl, unnütz zu sein.

Tragen Sie bei, das zu ändern. Lesen Sie nochmals Kapitel 67. Auch dieses Geschenk wird Ihnen möglich sein.

○ *Neuntes Geschenk:* Geben Sie anderen das Gefühl, daß sie mit Ihrer Hilfe rechnen können.

Niemand ist eine Insel, keiner genügt sich selbst, jeder braucht gelegentlich Hilfe. Sichern Sie den Menschen Ihrer Umgebung Ihre Hilfe zu für den Fall einer Notlage.

Dieses Geschenk kommt sozusagen einem Blankoscheck gleich. Kommt es zu dessen Einlösung, werden Sie staunen, welche Kraft Ihnen aus Ihrem seinerzeit gegebenen Versprechen erwächst: Sie werden wirklich helfen können! Mit diesem Geschenk beschenken Sie sich mehr als mit allen anderen selbst.

Damit sind Sie am Ende dieser Erinnerungsliste angelangt. Sie werden gemerkt haben, daß die vorgeschlagenen »Geschenke« einander recht ähnlich, ja eigentlich nur die einzelnen Aspekte derselben Sache sind: All den angeführten Einzelbedürfnissen *liegt das menschliche Urbedürfnis zugrunde, in dieser Welt nicht allein gelassen zu werden, sondern in der Gemeinschaft anderer positive Zuwendung und bejahende Anerkennung zu erfahren.* Es sind sicher nicht alle Menschen fähig, ihre anonymen Mitmenschen zu lieben, wie die Bibel es uns aufträgt. Aber wir alle können unsere Mitmenschen achten und in ihnen das menschliche Leben und den Funken des Göttlichen ehren, das in jedem von uns ist. *Unsere »Geschenke« sind nichts anderes als neun verschiedene Wege in Richtung dieser Zielsetzung.*

Vielleicht stellen Sie sich eine Kurzliste mit den Titeln der »neun Geschenke« zusammen und bewahren diese an einem Ort auf, an dem Sie sie täglich sehen, um sich so oft wie möglich der einzelnen Punkte zu erinnern – wenn Sie einen Brief schreiben, ein Telephongespräch führen oder mit Leuten zusammenkommen. Wenn Sie auf die seelischen Bedürfnisse Ihrer Mitmenschen eingehen, und zwar ohne Ansehung der Person und ohne eigennütziges Interesse Ihrerseits, dann nehmen Sie die vornehmste Aufgabe einer Persönlichkeit durch und durch positiver Eigenart- und Durchschlagskraft wahr, nämlich die, anderen Menschen das Leben zu erleichtern und zu verschönern, wo immer es geht. *Sie beschenken auf diese Art nicht nur die andern, sondern auch sich selbst.* Sie vervielfachen Ihre persönliche positive Kraft ×+ und werden aufgrund der Mechanismen Ihres Unterbewußtseins und seines Anteils am unendlichen Bewußtsein alles bekommen, was Sie sich im Leben wünschen.

×+

Kapitel 70

Wie man guten Willen »aussendet«

Der Mensch strahlt intensive Gedanken und Gefühle auf seine Umwelt aus, die diese empfängt. Es ist dies ein Phänomen, auf das man keinen Einfluß nehmen kann. Es geht vor sich, ob wir es wollen oder nicht; und es handelt sich dabei um eine Tatsache, die allgemein bekannt und heutzutage auch wissenschaftlich erwiesen ist.

Intensive Gefühle und Gedanken lassen sich Menschen nicht nur auf Sicht- und Reichweite mitteilen. Wie die moderne Parapsychologie aufgrund streng kontrollierter Experimente nachgewiesen hat, überwindet die AUSSERSINNLICHE WAHRNEHMUNG (ASW) – volkstümlich Telepathie (Gedankenübertragung) und Hellsehen – die Schranken der Zeit und des Raumes, *so daß eine solche Übertragung auch über Distanzen möglich ist.* Die grundlegenden Forschungsarbeiten zum Nachweis der außersinnlichen Wahrnehmung (Zehntausende von Reihenexperimenten) wurden an der Duke-Universität in Durham, USA, durchgeführt. Wer sich für die Wissenschaft der Parapsychologie näher interessiert, dem seien die leichtverständlichen Standardwerke von Dr. MILAN RÝZL, Professor an der John-Kennedy-Universität in Orinda, USA, und selbst ein Pionierforscher, empfohlen (*»Parapsychologie«*, *»ASW-Training«* und *»Der Tod und was danach kommt«*).

Wir alle wissen, daß Menschen, die extreme Angst vor Hunden haben, jedem Hund »mitteilen«, wie sehr sie sich fürchten. Sogar der friedlichste Schoßhund beginnt instinktiv zu knurren oder zu kläffen – oder springt den Ängstlichen sogar an. Hingegen bleiben Menschen, die zu Hunden kein gestörtes Verhältnis haben, unbelästigt, ja sie werden sogar von denselben Hunden mit einem Schwanzwedeln begrüßt. Wenn man nun seine Gefühle einem Hund »mitteilen« kann, sollte klar sein, daß das gleiche auch bei Menschen möglich ist – abgesehen jetzt davon, daß das Phänomen, wie gesagt, als wissenschaftlich erwiesen gilt.

Keine Angst bitte: Wir wollen Sie nicht mit wissenschaftlichen Beweisen langweilen. *In der Praxis geht die Übertragung gefühlsbesetzter Gedanken sehr einfach vor sich.* Der Effekt kann Ihr Leben wunderbar verändern. Sooft Sie einen Menschen treffen oder sich einer Menschengruppe (beispielsweise in einer Versammlung) gegenüber sehen, denken Sie so konzentriert wie möglich: *Ich sende Ihnen (dir) meinen guten Willen.* Dann schließen Sie in Gedanken einen freundlichen Wunsch an.

Ein Beispiel: Sie sehen Ihren Freund Hans, der über die Straße auf Sie zukommt. Hans hatte, wie Sie wissen, kürzlich einen Autounfall. Nun denken Sie so konzentriert wie möglich: »Hans, ich sende dir meinen guten Willen! Ich hoffe, du bist wieder gesund und glücklich.« Mit dieser Einstellung begrüßen Sie Ihren Freund, wenn er bei Ihnen angelangt ist. Hans wird – bewußt oder unbewußt – die Botschaft empfangen und von Ihrer Aussendung des guten Willens und Ihres herzlichen Wunsches berührt sein.

Es ist nicht einmal nötig, daß Sie die Menschen persönlich kennen, denen Sie Ihren guten Willen übertragen. Versuchen Sie es einmal probehalber mit der Frau an der Kasse des Großkaufhauses, die Sie bedient, mit dem Polizisten, der unten an der Kreuzung Dienst macht, mit dem behinderten Kind von gegenüber. Versuchen Sie es mit allen Menschen, die der Zufall mit Ihnen in einem Lift zusammenführt. Versuchen Sie es in Ihrem Büro, im Geschäft oder in der Fabrik, in der Sie arbeiten. Versuchen Sie es überall und mit allen Menschen, die Ihnen begegnen. Glauben Sie: Selbst fremde Menschen oder solche, die Sie nur flüchtig kennen, werden – bewußt oder unbewußt – auf Ihre Ausstrahlung des guten Willen und guter Wünsche reagieren.

Für die erfolgreiche Anwendung dieser Methode in der Praxis genügt es zu wissen, daß sie wirkt und daß es sich bei der Übertragung Ihrer Gedanken und Gefühle um eine wissenschaftlich erwiesenermaßen wirksame Methode handelt, *mit deren Hilfe Sie nicht nur anderen Menschen eine Botschaft des guten Willens übermitteln können, sondern durch die Sie zugleich Ihre eigene Einstellung anderen gegenüber positiv verändern können!* Zusätzlich noch stellt sie ein weiteres Mittel zur Steigerung Ihrer positiven Kraft dar.

Bevor Sie jemanden ansprechen – privat, beruflich oder als Vortragender –, bevor Sie einen Brief schreiben oder einen Anruf tätigen, sollten Sie sich ein bißchen konzentrieren, um dem oder der Betreffenden oder der ganzen Gruppe, an die Sie sich wenden wollen, Ihren guten Willen entgegenzusenden, Ihren guten Willen und gute Wünsche. Sie werden sich aufgrund dieser Gewohnheit in eine förmlich strahlende Persönlichkeit verwandeln – eine strahlende Persönlichkeit ×+.

×+

Kapitel 71

Setzen Sie Ihr Wissen in die Praxis um!

Nicht alle Menschen, aber doch dutzende Millionen, kennen wie Sie die bestmögliche Kapitalanlage. *Die bestmögliche Kapitalanlage ist die Investition in sich selbst!* Mit dem Kauf dieses Buches haben Sie Aktien Ihrer selbst erworben, die Dividenden abwerfen werden. Daß Sie es gekauft haben, ist der greifbare Beweis dafür, daß Sie genügend Vertrauen zu sich selbst haben, die Investition in Ihre eigene Person zu wagen. *Und das ist bereits der erste Schritt auf dem Weg zum Erfolg!*

Erfolg ist ein Naturgesetz. Pflanzen, Tiere und Menschen, alles Lebendige ist instinktiv darauf angelegt; Mißerfolge treten nur auf, wenn der angeborene gesunde Instinkt abhanden gekommen ist.

Sie werden Erfolg haben, ganz gleich, wer oder was Sie jetzt sind und in welcher Lage Sie sich augenblicklich befinden. Es gibt nur drei Punkte, die es zu beachten gilt: *Sie müssen wissen, was Sie wollen und wie Sie vorzugehen haben, und Sie müssen sich diesem Wissen entsprechend verhalten!*

Das in diesem Sachbuch vermittelte Wissen entstammt der ERFOLGSPSYCHOLOGIE, genauer: besonderen Gebieten derselben.

- *Die Motivationspsychologie* liefert Methoden, die Ihre innere Einstellung, Ihr Auftreten und Verhalten verändern. Sie werden das Gefühl haben, von bisher ungekannter Energie durchströmt zu sein. Nur vorwärts dann! Legen Sie los! Blasen Sie die Glut in Ihrem Inneren an, bis sich Wärme entwickelt, die nach außen zu strahlen beginnt – Sie erinnern sich: Vulkan, Geysir – kein kalter Fisch!

- *Die psychologisch angelegte Persönlichkeitsentwicklung* beruht auf Methoden, die Ihnen ermöglichen, Ihre Fehler abzulegen und dafür überraschende Fähigkeiten auf neuen Gebieten zu entwickeln. Ihre ganze Umgebung – Familie, Freunde, Arbeitskollegen – werden merken, welche erstaunliche Veränderung mit Ihnen vorgeht, sobald Sie begonnen haben, die bewährten Erfolgsmethoden anzuwenden.
- *Die psychologisch wirksame Menschenbeeinflussung* besteht in der Kunst, andere zu überzeugen, und versetzt Sie in die Lage, andere Menschen dazu zu bringen, daß sie Ihnen willig und freudig, ja sogar mit Begeisterung helfen werden, alles zu bekommen, was Sie sich wünschen.

Um aus dem vorliegenden *»Schlüsselwerk bewährter Erfolgsmethoden«* vollen Nutzen zu ziehen, müssen Sie es mehrmals lesen und immer wieder durchgehen. Nur so können Sie sich stufenweise alle Methoden und Techniken aneignen, die für Sie zielführend sind. Es ist ein Arbeitsbuch. Lesen Sie zumindest ein Kapitel pro Tag, am besten abends vor dem Einschlafen. Die Erfolgsmethode zum gewinnbringenden Lesen dieses Buches heißt: Legen Sie es nie beiseite. Unterstreichen Sie die Erfolgsmethoden, die Ihnen ganz besonders interessant vorkommen. Markieren Sie Passagen, die Ihnen bemerkenswert erscheinen, mit Pfeilen, Punkten, Kreuzen oder Farbgrundierungen, vor allem jene Erfolgsmethoden, die Sie in Ihrem Alltagsleben am leichtesten einsetzen können. Sie sollen dieses Buch *verwenden, nicht nur lesen. Es ist Ihr Werkzeug!*

Wenn Sie die empfohlenen Erfolgsmethoden anwenden, werden Sie es schaffen – auch wenn Sie durch Handikaps behindert sein sollten. Die Kurzbiographien erfolgreicher Menschen zeigten Ihnen, wie aus Schwächlingen Leistungssportler, aus Armen Multimillionäre und aus »alten Leuten« Unternehmer mit gigantischem Erfolg oder Urheber wissenschaftlicher und künstlerischer Arbeiten von höchstem Wert wurden.

Dieses Buch ist eine Schatztruhe für den, der es zu gebrauchen versteht. Sie brauchen die Erfolgsmethoden nur einzusetzen. Dabei werden Ihnen die »Schlüssel zum Erfolg« ebenso gute Dienste leisten wie die beiden Zauberwörter »fragen« und »bitten«, die Ihnen viele Schwierigkeiten aus dem Weg räumen werden. Sie wissen nun, wie Sie sich verhalten können, wenn Sie einmal eine abschlägige Antwort erhalten sollten. Und Sie wissen auch, warum Ihnen nach dem Gesetz der Wahrscheinlichkeit der Erfolg auf jeden Fall sicher ist.

Die Kraft unerschütterlichen Glaubens an den Erfolg wird Ihnen helfen, alle Schwierigkeiten zu überwinden, die sich Ihnen in den Weg stellen. Um diesen unwandelbaren Glauben zu stärken, haben wir Ihnen einige wirksame, wenn auch vielleicht auf den ersten Blick etwas naiv erscheinende Hilfsmittel an die Hand gegeben, deren Wirksamkeit aber schlechthin erstaunlich ist (die Methoden der magischen Münzen, der Knotenschnur und der Spielkarten). Und Sie haben ferner eine vereinfachte Technik der Selbsthypnose sowie der Benutzung des inneren Sprechgesangs in Form der von Ihnen zu kreierenden Erfolgsslogans kennengelernt.

Sie wissen, wie wichtig es ist, daß Sie Ihren Geist frei von vergiftetem Denken halten, damit Sie Ihre ganze Kraft für Ihre Gesundheit und die Erreichung Ihrer Lebensziele einsetzen können. Und Sie wissen, daß Sie die positive Kraft Ihrer Persönlichkeit immens zu steigern vermögen, indem Sie auf die seelischen Bedürfnisse Ihrer Mitmenschen eingehen.

Sie wissen jetzt alles, was Ihnen durch dieses *»Schlüsselwerk bewährter Erfolgsmethoden«* vermittelt werden sollte. Nun sollten Sie sich diese Erfolgsmethoden aneignen und sie anwenden. Sie haben das Kommando! Beginnen Sie heute damit, Ihren sehnlichsten Wunsch zu verwirklichen!

Vergessen Sie nicht: *Der Inhalt Ihres Denkens und Glaubens gestaltet Ihre Zukunft.* Ihr Unterbewußtsein wird, was Sie ihm durch Ihr Denken und Glauben eingeben, in Ihrem Leben verwirklichen. Prägen Sie es deshalb so, daß Sie durch die Steigerung Ihrer positiven Kraft zu einer Persönlichkeit werden, die den Erfolg wie ein Magnet an sich zieht. *Und Sie werden alles bekommen, was Sie sich wünschen!*

×+